23 dagen in juli

John Wilcockson

23 dagen in juli

Hoe Lance Armstrong zijn zesde Tour won

MET FOTO'S VAN GRAHAM WATSON

VERTAALD DOOR EDWIN KRIJGSMAN
& GERT JAN DE VRIES

UITGEVERIJ DE ARBEIDERSPERS · AMSTERDAM · ANTWERPEN

Omslagontwerp: Nico Richter
Omslagfoto: Graham Watson

ISBN 90 295 6256 0 / NUR 480
www.arbeiderspers.nl

Voor mijn moeder, Dorothy,
voor alle jaren dat zij mijn fietsverslaving verdroeg,

en voor mijn vrouw, Rivvy,
voor haar onwankelbare liefde en aanmoediging

Inhoud

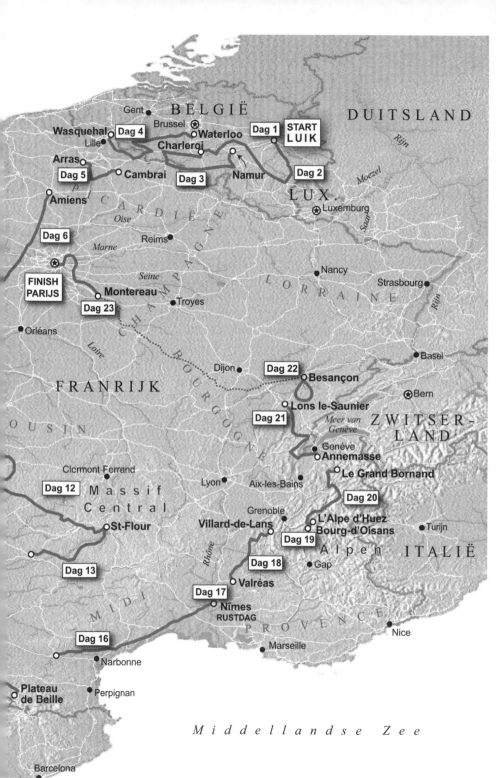

Ik vroeg aan Eddy Merckx, de grootste wielrenner aller tijden, of de Tour de France de moeilijkste race om te winnen is. 'Nee,' zei hij, 'het is de makkelijkste race om te winnen. Als je de sterkste bent, is de Tour de makkelijkste race om te winnen omdat het de moeilijkste van allemaal is.'

'Ik heb je gezegd dat niemand tegen hem op kan. Je moet de kracht van deze knaap kennen. Niemand heeft die kracht. Niemand.'
– Chris Carmichael, Lance Armstrongs coach

Inleiding Het lot tarten

Austin, Texas, 18 december 2003

Op de deurbel naast de voordeur zit een briefje geplakt, waar in keurige blokletters op staat: 'NIET AANBELLEN SVP, SLAPENDE KINDEREN.' Als ik op de zware eiken deur klop, doet er een kleine vrouw met asblond haar open. Ze heeft een schort voor. Haar enige zoon, gekleed in een blauwe trainingsbroek, staat achter haar, met zijn blote voeten op het donkere parket. 'Ik ben net op,' legt vijfvoudig Tour de France-winnaar Lance Armstrong uit. Na zijn ochtendtraining heeft hij een dutje gedaan, want de jetlag die hij overhield aan een weekje Europa is hij nog niet te boven. Hij was daar met zijn vriendin, zangeres Sheryl Crow, woonde haar concerten in Parijs, Brussel en Londen bij, en verrichtte tijdens haar repetities zijn urenlange trainingsarbeid. Op de terugweg heeft hij in Washington DC een lunchtoespraak gehouden voor de National Press Club over leven na kanker. En morgen gaat hij voor windtunnelproeven naar de universiteit van Washington in Seattle. Maar vandaag, nu, heeft hij tijd vrijgemaakt voor een gesprek.

Terwijl we stilletjes een grote woonkamer in lopen, zegt Armstrong dat zijn tweeling van twee, Grace en Isabelle, boven ligt te slapen. Zijn zoontje Luke van vier zit bij de oppas op schoot een boek te lezen. En Lance' moeder Linda staat in de keuken. 'Ik maak kip-enchilada's!' roept ze. 'Op zijn Texaans.' Het is een heel huiselijk tafereel waaruit allerminst blijkt dat de man om wie het allemaal draait een van de grootste sporters ter wereld is.

Armstrong gaat me voor naar een smalle eetkamer met een hoog plafond, die ook dienstdoet als studeerkamer. Hij neemt plaats op een leren eetkamerstoel en legt zijn voeten op tafel, waardoor zijn één meter vijfentachtig lange lijf nog langer oogt dan het is. Hij is ontspannen en spraakzaam, en zodra ik vragen op hem afvuur, ko-

13

men de antwoorden vanzelf. Maar als ik hem vraag hoe belangrijk het voor hem is om de Tour de France nogmaals te winnen – waarmee hij het recordaantal van vijf overwinningen zou breken – valt hij plotseling stil.

Na een lang stilzwijgen ontspant zijn vierkante kin en verschijnt er een trotse glimlach op zijn dunne bovenlip. Dan draait hij zijn hoofd naar links en wijst met een armzwaai op vier enorme schilderijlijsten die aan de muur tegenover mij hangen. Naast de doorgang naar de keuken hangt een vijfde. In die forse lijsten hangen vacuüm verpakte wielershirts – van die speciale glanzend goudgele die winnaars van de Tour de France krijgen. Ze hangen er ongewassen, met de rugnummers van de dag waarop hij er na een glorieuze Tour Parijs mee binnenreed er nog aan vast.

Armstrong blijft zwijgen, mijn vraag blijft onbeantwoord. Dat is abnormaal, want hij zit zelden om woorden verlegen. In een van de eerste interviews die ik hem afnam toen hij net wielrenner was, zei hij: 'De vorm van vraag-en-antwoord ligt me het meest. Ik lees graag wat mensen *zeggen*.' Hij vertrouwde me toe dat hij geen geduld kan opbrengen voor de woorden die de interviewer tussen de citaten in schrijft, woorden die bedoeld zijn om inzicht te verschaffen in het karakter van de geïnterviewde. Dat wil Armstrong zelf uitpluizen, niet opmaken uit wat de journalist opschrijft, maar uit wat die ander zegt. Hij gaat er per slot van rekening ook van uit dat men hem beoordeelt op *zijn* woorden. En hij praat graag.

Als hij ten slotte, zijn blik gericht op de vijf ingelijste truien, antwoord geeft, mompelt Armstrong bijna: 'Kan ze nauwelijks meer kwijt... geen plek meer... misschien nog een of twee om de hoek.' Hij maakt een melancholieke, bedachtzame indruk, misschien vanwege het besef dat nu de muur van de studeerkamer bijna vol is, zijn carrière als Tour-winnaar bijna voorbij is. Bij de start van de editie-2004 zal hij tweeëndertig zijn. Op die leeftijd waren de andere vier legendarische vijfvoudige winnaars al gestopt met wielrennen of zagen ze hun poging om een zesde overwinning te boeken mislukken. Die gedachte schrikt Armstrong niet af. Hij is ervan overtuigd dat hij de eerste zesvoudige Tour-winnaar kan worden. Maar hoe belangrijk is het voor hem om de Tour de France voor de zesde keer te winnen, voor de zesde keer op rij? Kan hij überhaupt nog even gretig zijn als in 1999, toen hij voor het eerst won?

'Het is héél belangrijk,' reageert Armstrong op luidere toon. Hij begint los te komen. 'Even belangrijk als de andere keren. Ik voel geen extra druk omdat het een unieke prestatie zou zijn of iets dergelijks. Het is belangrijk omdat het in feite het enige is wat telt...'

Het enige wat telt. Zo'n opmerking kan vermoedelijk alleen iemand met de bezetenheid van Armstrong maken, iemand die als Lazarus de kanker overleefde, een man die volgens zijn vrienden gedrevener is dan wie dan ook. Armstrong vervolgt, alsof hij zijn veelzeggende woorden wil rechtvaardigen, met te stellen dat de Tour de France de grootste wielerwedstrijd ter wereld is, van levensbelang voor zijn sponsor US Postal, en dat het de enige wielerwedstrijd is die het Amerikaanse publiek kent. 'Dus is het *reusachtig*,' zegt hij respectvol, vervolgens verklaart hij dat hij goed voorbereid moet zijn, en dan zegt hij met klem: '*Het is belangrijk*.'

Belangrijker dan alle andere zaken die in zijn leven spelen? Belangrijker dan zijn echtscheiding afwikkelen, zijn banden met zijn drie kinderen onderhouden, een nieuwe liefdesrelatie opbouwen, zijn kankerstichting beheren en de publicitaire en commerciële verplichtingen van een sportheld vervullen? 'Ik geloof dat ik alle ballen tegelijk in de lucht kan houden,' antwoordt hij, met een blik alsof hij zich plotseling realiseert hoeveel hem in het halfjaar tot aan de start van de Tour de France nog te doen staat. 'Het is een zware dobber. Maar als ik de Tour verlies doordat ik probeer mijn eigen leven te leiden – in Europa en hier, met mijn kinderen – als ik daardoor verlies, tja, dan was het dat waard.' Hij laat die woorden bezinken, zowel bij mij als bij zichzelf. 'Maar ik geloof dat ik het kan. Het is een enorme uitdaging – en ik ben altijd dól geweest op uitdagingen.'

* * *

Niemand beseft beter dan Armstrong hoe groot die opgave is: de Tour de France winnen. Hij weet dat zijn team en hij in juli in absolute topvorm moeten zijn om zijn titel te verdedigen.

De Tour winnen is een van de grootste prestaties op sportgebied en toch lijkt Armstrong het evenement, dat fysiek, emotioneel en mentaal op het sadistische af veeleisend is, door zijn herhaalde overwinningen en zijn bescheiden opstelling te trivialiseren. Als iemand vandaag de dag met het idee zou komen om zo'n zware wielerwedstrijd te organiseren – een heel land rond – dan zou hij vrijwel zeker worden weggehoond. Maar de Tour werd bedacht in een flamboyante tijd, toen stoutmoedige plannen in goede aarde vielen. Toen in januari 1903 de eerste Tour werd aangekondigd, werd die door het Franse dagblad *Le Figaro* verwelkomd als 'een kolossaal evenement'. En waarom niet? Het was even buitensporig als de gewaagde 320 meter hoge Eiffeltoren in de Franse hoofdstad, die tot 1930 het hoogste gebouw ter wereld zou blijven.

Die eerste Tour de France telde 'slechts' 2428 kilometer, verdeeld over zes marathonetappes, gescheiden door rustdagen, en duurde in totaal bijna drie weken. Slechts eenentwintig van de zestig renners bereikten de finish. Ze reden over stoffige, onverharde wegen en klinkerpaden. Hun stalen fietsen waren twee keer zo zwaar als de hedendaagse contrapties van koolstof, aluminium en titanium, en ze hadden geen twintig versnellingen, maar slechts eentje. De eindwinnaar, de Fransman Maurice Garin, was schoorsteenveger voordat hij beroepsrenner werd. Hij had vierennegentig uur nodig om de zes etappes met een gemiddelde snelheid van 25,7 kilometer per uur af te leggen. Honderd jaar later vestigde Armstrong het recordgemiddelde van bijna eenenveertig kilometer per uur en dat was inclusief de beklimming van twintig bergen – tegen nul in 1903.

In de loop der jaren breidden de organisatoren het aantal etappes uit om de belangstelling van het grote publiek te vergroten of de oplage te verhogen van *L'Auto*, de sportkrant die de wedstrijd sponsorde. Veel nieuwe etappes voerden door de bergen over modderpaden die verder uitsluitend door kuddes koeien en geiten werden gebruikt. In 1926 duurde de wedstrijd vier weken en was 5745 kilometer lang; de Belgische winnaar Lucien Buysse deed er meer dan 238 uur over. Dat was écht sadistisch, en dus nam het aantal dagen en kilometers gaandeweg af tot de wedstrijdlengte in 1989 werd vastgelegd op drie weken en twee dagen. In de drieëntwintig dagen van de Tour van 2004 moeten 3391 kilometers worden afgelegd en zal de winnaar daar vermoedelijk zo'n vierentachtig uur voor nodig hebben.

Met zijn honderd jaar is de Tour minder oud dan de Kentucky Derby (gesticht in 1875), het British Open (1860) of Wimbledon (1877), maar wereldwijd is de Tour wel populairder dan die drie evenementen. Een van de oorzaken daarvan is dat vrijwel iedereen op aarde weleens fietst, terwijl slechts een klein bevoorrecht clubje ooit plaatsneemt op een paardenrug, een golfclub rondzwiept of een klap uitdeelt met een tennisracket. De belangrijkste Amerikaanse sportevenementen als de World Series (gesticht in 1903) en de Super Bowl (1967) kunnen buiten de landsgrenzen op weinig interesse rekenen. En omgekeerd volgen maar weinig mensen in de Verenigde Staten het Formule 1-racen (sinds 1950) of de Champions League, voorheen Europacup 1 (1955). Alleen de Tour – Europa's populairste jaarlijkse sportevenement – heeft recentelijk de grenzen geslecht, voornamelijk doordat een Amerikaanse ex-kankerpatiënt de Europeanen op eigen terrein verslaat.

Maar wat de Tour vooral zo bijzonder maakt zijn de locatie en de duur. In tegenstelling tot de meeste Amerikaanse sportwedstrijden, die zich afspelen in stadions, parken en op velden en niet langer duren dan de *best-of-seven* World Series... hebben we het hier, *mesdames et messieurs*, over *le Tour de France*! Wat kan zich meten met een koers van pakweg 3500 kilometer door overvolle steden en middeleeuwse dorpjes, tussen grazige weiden en glooiende wijngaarden, langs winderige oceaankusten en over eenzame bergtoppen?

Op sommige Tour-dagen komen er miljoenen mensen uit tientallen landen opdagen. Ze komen kijken hoe de ruim 180 deelnemers voorbijsuizen met snelheden tot boven de honderd kilometer per uur of zuchten en steunen tijdens de beklimming van vreselijk steile hellingen naar een ver weg gelegen anderhalve kilometer hoge top. En de fans die in hun stoeltjes en vanachter picknicktafels in de berm toekijken maken met hun weinig respectvolle humor en aanmoedigingskreten, rammelende koebellen en zwaaiende vlaggen en borden deel uit van het spektakel.

Honderden miljoenen anderen volgen de wedstrijd in circa honderdzeventig landen via de televisie, stuk voor stuk vol ontzag voor het doorzettingsvermogen en de durf van de wielrenners die in brandende hitte of ijskoude regen en wind een heel scala aan beproevingen ondergaan, met als toppunt de loodzware beklimmingen en levensgevaarlijke afdalingen in de Alpen en Pyreneeën.

De Tour is van meet af aan vergeleken met andere heroïsche prestaties. De Franse auteur François Cavanna beweerde: 'De Tour de France, dat is onze *Ilias*, onze *Odyssee*, ons *Roelantslied*.' Na in 1912 een dag in de Tour te hebben meegemaakt, schreef Colette over de renners: 'Hun gezichten zijn zwart, hun snorren zitten onder een laag zweet en stof; met hun holle ogen tussen dichtgeslibde wimpers zien ze eruit als aan de dood ontsnapte grafdelvers.' Toen Ernest Hemingway in de jaren dertig in Parijs woonde, was hij een enthousiast bezoeker van de Tour. Hij schreef verhalen over wielerwedstrijden maar bood die naar verluidt nooit voor publicatie aan omdat 'Frans de enige taal is waarin er ooit goed over is geschreven en alle termen Frans zijn en het daardoor moeilijk te beschrijven is'. Drie decennia later kostte het de meest gelezen Amerikaanse sportcolumnist Red Smith van de *New York Herald Tribune* geen moeite om de Tour van 1960 te verslaan toen hij er enkele dagen van had meegemaakt. 'Er is in Amerika niets wat er in de verste verte mee valt te vergelijken,' schreef Smith, die verbaasd was over de menigte die de etappe naar Gap vanaf een bergtop gadesloeg. 'Niets en niemand kan eraan tippen, maar het deed denken aan de staantribune van het Yankee Stadium als de White Sox een topdag hebben.'

De Tour heeft schrijvers altijd gefascineerd, vooral de schrijvers die er de enige ooggetuigen van waren in de zes decennia voordat de televisie de wedstrijd begon te verslaan. Henri Desgrange, de autocratische Parijse hoofdredacteur die de Tour in het leven riep en de eerste drieëndertig jaar bestierde, beweerde: 'Lijden op een fiets is edel omdat het uiterste wilskracht vergt.' De wedstrijddirecteur die hem opvolgde, de gedistingeerde Jacques Goddet, was eveneens journalist en redacteur. Hij verwoordde de complexiteit van het evenement als volgt: 'De Tour de France is een reizende wereld, waarvan alle verschillende componenten een verbluffend samenspel vormen, zijn drama en vrolijkheid, zijn triomfen en catastrofes, zijn helden en zijn naamloze knechten.' De huidige directeur van de Tour, de voormalige sportjournalist Jean-Marie Leblanc, heeft gewezen op de grote maatschappelijke en economische invloed van het spektakel. 'De Tour de France draagt op zijn eigen manier bij aan de welvaart van het land,' zo stelt hij, 'maar het is bovendien een geweldig exportproduct.'

* * *

De Tour de France werd pas 'een geweldig exportproduct' naar Amerika toen Lance Armstrong de editie van 1999 won, slechts twee jaar na zijn herstel van levensbedreigende kanker. Dat wil niet zeggen dat hij de eerste Yank was die de Tour won. Die eer ging naar Greg LeMond, een pientere blonde Californiër die de editie van 1986 op zijn naam bracht, slechts vijf jaar nadat Jonathan Boyer als eerste Amerikaan aan de wedstrijd deelnam.

Maar bij het grote publiek in de Verenigde Staten raakte de Tour pas in 1989 bekend, toen LeMond hem voor de tweede keer won, door in de laatste etappe op indrukwekkende wijze een achterstand op de Fransman Laurent Fignon om te buigen tot de kleinste marge uit de wielergeschiedenis: acht seconden. LeMond werd door *Sports Illustrated* uitgeroepen tot sportman van het jaar, deels omdat hij zijn inspirerende overwinning behaalde terwijl de hagel van een bijna-dodelijk jachtongeluk uit 1987 nog in zijn lichaam zat. Er zijn maar weinig Amerikanen die zich herinneren dat LeMond in 1990 nog een derde Tour-overwinning boekte... maar de meesten weten wel dat Armstrong in 2003 zijn vijfde Tour op rij won. Door zijn suprematie denken velen zelfs dat Armstrong elke Tour heeft gewonnen waaraan hij meedeed.

Maar zo eenvoudig is een Tour-overwinning niet. Wielrennen op de weg is een van de weinige teamsporten met een individuele winnaar. Die winnaar moet fysieke aanleg paren aan mentale hardheid en zijn lichaam trainen om dag in dag uit acht uur aan een stuk in het zadel te kunnen blijven. Om de bergen op te komen moet hij met een gering lichaamsgewicht veel kracht kunnen produceren, beschikken over een sterk hart en uiterst efficiënt de pedalen rond laten gaan; en hij moet gewichtheffen en op hoge snelheden achter motoren rijden om tijdens de tijdritten gemiddelde snelheden te kunnen bereiken van tegen de vijfenvijftig kilometer per uur. Maar om de Tour te winnen heeft hij ook acht sterke ploeggenoten nodig.

Die toegewijde ploeggenoten ('knechten') moeten afzien van hun eigen ambities en een sterke, strategische eenheid vormen die alles in het werk stelt om de kopman te laten winnen. Ze moeten hem beschermen tegen valpartijen en op het vlakke uit de wind houden; en ze zullen urenlang op kop van het peloton moeten rijden om te voorkomen dat er rivalen van hun kopman ontsnappen en tijdwinst boeken. Ontsnapt er toch eentje, dan moeten de knechten de jacht op die concurrent aanvoeren. En tot slot moeten ze de kopman gangmaken tijdens de cruciale beklimmingen waarin hij moet aanvallen en tijd winnen om de tegenstanders af te troeven.

De knechten van een ploeg moeten ter voorbereiding op de Tour even hard trainen als hun kopman. De meesten van hen hebben een eigen trainer die trainingsschema's voor hen maakt en hen klaarstoomt voor de tientallen voorjaarswedstrijden die ze moeten rijden om in juli topfit te zijn. Alle circa twintig ploegen die voor de Tour worden uitgenodigd, mogen jaarlijks maximaal achtentwintig renners in dienst nemen, maar aan de wedstrijd doen negenkoppige ploegen mee, dus worden alleen de sterkste renners die in topconditie zijn voor de Tour geselecteerd. Daar zullen ze hun best doen om hun kopman te laten winnen, hun sponsor de naamsbekendheid te bezorgen waar hij op rekent en de wereld te tonen dat ze de beste ploeg van de Tour zijn.

Zelfs Armstrong zou niet in staat zijn de Tour te winnen zonder de optimale combinatie van ploeggenoten, vakkundige trainers om hen te begeleiden, ervaren ploegleiders om strategieën uit te stippelen, hoogopgeleide technici om hun fietsen te bouwen en een goed geolied team van masseurs, mecaniciens, artsen en diëtisten. De eerste vijf Tours waaraan hij na zijn genezing van de kanker eind 1996 deelnam won hij wél... maar daarvoor deed de Texaan viermaal mee aan de Tour de France en finishte hij slechts eenmaal: in 1995, als zesendertigste. De Tour verliezen was belangrijk om hem te kunnen winnen.

* * *

Tijdens zijn eerdere Tours maakte Armstrong kennis met de moeilijkheden van het evenement, de hardheid van de koers en enkele van de geneugten. Hij was pas eenentwintig en nog maar eerstejaars prof toen hij in 1993 in de Tour debuteerde. Het was een absurd jonge leeftijd om deel te nemen aan wat waarschijnlijk de zwaarste sportwedstrijd ter wereld is. Zelfs het Belgische wonderkind Eddy Merckx, die eind jaren zestig en begin jaren zeventig meer wedstrijden voor beroepsrenners won dan wie dan ook, begon pas op zijn drieëntwintigste, als vijfdejaars prof, aan de Tour. En dat vonden insiders eigenlijk nog te jong. Renners, zo weten zij, zijn pas achter in de twintig volgroeid.

Maar de jonge Armstrong wist helemaal niet hoe het hoorde. En ook toen was hij al uitzonderlijk gedreven. Nadat hij in zijn jeugd had geleden onder de echtscheidingen van zijn moeder en in zijn adolescentie had gemerkt dat zijn footballspelende leeftijdgenoten neerkeken op zijn talenten als duursporter, was hij van grote uitdagingen gaan genieten. 'Hij wilde het tegen de grote jongens opnemen,' herinnert Jim Ochowicz, de manager van zijn eerste profploeg, zich, 'maar we wilden hem niet aan een te zware wedstrijd laten meedoen. Dus spraken we af dat hij in de Tour mocht starten, maar we zouden hem niet meer dan tien, twaalf dagen laten rijden, maximaal veertien.' Ondanks die beperking werd Armstrong de jongste etappewinnaar in meer dan vijftig jaar. 'De etappe naar Verdun was niet eenvoudig,' aldus Ochowicz, 'maar hij klopte zes man in de sprint, en volgens mij toonde Lance die ene dag al zijn kwaliteiten.' Dat fraaie succes verloor zijn glans toen Armstrong in twee dagen in de Alpen bijna een halfuur moest toegeven op de eersten in het klassement, waarna hij halverwege de Tour volgens plan afstapte.

Dat tijdverlies tijdens de beklimmingen was Armstrongs eer te na, maar in de Tour van 1994 zou hij een nog geduchter lesje krijgen. Op een bloedhete middag in de Dordogne, in de heuvels tussen Périgueux en Bergerac, had Armstrong zijn zinnen gezet op een groots optreden in de tijdrit van die dag. Hij had zich al behoorlijk bekwaamd in de discipline, maar op een kwart van de vierenzestig kilometer kwam de Spanjaard Miguel Induráin, de winnaar van het voorgaande jaar, die twee minuten na hem was gestart, de jonge Amerikaan al voorbijgestoomd. Armstrong probeerde Induráin in zijn blikveld te houden om de kunst van het tijdrijden van de kampioen af te kijken, maar hij moest hem laten gaan en verloor uiteindelijk vier minuten op de Spaanse ster.

Een jaar later won Induráin *zijn* vijfde Tour op rij, terwijl de nog steeds erg jonge Armstrong een tragedie beleefde die hem voor het eerst met de dood confronteerde. Tijdens de vijftiende etappe stierf zijn pas vierentwintigjarige ploeggenoot Fabio Casartelli. De jonge Italiaan verloor tijdens een angstaanjagend steile afdaling in de Pyreneeën de controle over zijn fiets en klapte met zijn hoofd tegen een betonnen paaltje.

Casartelli was niet de eerste Tour-deelnemer die het leven liet door een ongeluk bij hoge snelheid, uitputting of dopinggebruik. Dat zijn de risico's waarvan alle Tour-renners zich bewust zijn.

De dag na de dood van Casartelli herdachten de coureurs hem

door de lange etappe door de bergen in een laag tempo te rijden, zodat iedereen gezamenlijk kon finishen. Terugkijkend zegt Armstrong over die sombere dag in de brandende zon: 'We deden weliswaar kalm aan, maar het was heet en fysiek verdomd zwaar. Ik was er totaal niet met mijn hoofd bij... Zo'n dag wil ik nooit meer beleven. Het was de zwaarste dag van de Tour de France.'

Vóór Casartelli's dodelijke ongeval was Armstrong een vrijgevochten drieëntwintigjarige Texaan die voor de Europese beroepsrenners weinig respect kon opbrengen. Die gevoelens sloegen op die slopende dag radicaal om toen de andere renners hem en zijn ploegmaats toestonden vooraan te finishen, naast elkaar en met gebogen hoofd. 'Als iedereen rechtop gaat zitten en zegt dat het geen wedstrijddag is maar een rouwdag... dan betekent dat heel veel,' aldus Armstrong. 'Mijn beeld van het peloton is die dag volledig veranderd. Ik was onder de indruk van hun klasse.'

* * *

Het jaar erop moest Armstrong zijn eigen sterfelijkheid onder ogen zien. Op 2 oktober 1996 werd er bij hem derdegraads zaadbalkanker geconstateerd, die bleek uitgezaaid naar zijn buikholte, longen en hersens. Zijn overlevingskans schatte men lager dan vijftig procent. Achteraf beseft hij dat zijn lichaam al was aangetast toen hij drie maanden daarvoor aan zijn vierde Tour de France deelnam. Die Tour was voor Armstrong vrij snel afgelopen. Na een week van aanhoudend koud, nat weer in Nederland, België en Noord-Frankrijk, kreeg hij ademhalingsproblemen. Op de zevende dag verslechterde het weer en viel de regen bij bakken uit de hemel in de bergen van de Jura. Doorgaans was Armstrong in dergelijke omstandigheden in zijn element, maar ditmaal kon hij de langzaamste coureurs niet eens bijhouden. Halverwege een lange beklimming kneep de Amerikaan, die zat te bibberen in zijn regenjack, in de remmen en stapte af. Nadat hij naar het hotel was gebracht en een douche had genomen, vertelde hij me: 'Ik ben kapot... ik had geen kracht... Ik heb vannacht een ontsteking gekregen. Ik had niet verwacht dat ik hier ziek zou worden. Ik ben nooit ziek. Maar nu wel dus.'

Ondanks die verwarrende ervaring deed Armstrong in augustus wel mee aan de Olympische Spelen in Atlanta. Hoewel de Tour teleurstellend was verlopen, was dat jaar met acht overwinningen tot dan toe het beste uit zijn carrière. Hij rekende op een medaille in Atlanta en begreep er dan ook niets van dat hij twaalfde werd in de wegwedstrijd en zesde in de tijdrit. Niet ontmoedigd keerde hij terug naar Europa, waar hij tweede werd in de Ronde van Nederland en tweede tijdens de GP Eddy Merckx in Brussel. Achteraf beschouwd lijken die successen – slechts enkele weken voordat er vergevorderde kanker bij hem werd geconstateerd – bijna bovenmenselijk.

Eind september van dat jaar interviewde ik Armstrong tijdens een wielerevenement in Bend, Oregon, en vroeg hem naar de Franse Cofidis-ploeg, waar hij het volgende jaar voor zou gaan rijden, en naar de verwachtingen van de Franse ploegleider Cyrille Guimard. 'Hij verwacht niet dat ik komend jaar de Tour zal winnen. Maar hij gelooft wel dat ik hem ooit zal winnen,' zei Armstrong. 'Ik weet niet of ik daar zelf wel in geloof. De eerste tien in de Tour halen is al geen sinecure.'

Slechts drie dagen na dat interview lag Armstrong op de operatietafel om een teelbal te laten verwijderen. Hij begon niet aan de zware training voor de beproevingen van de Tour van 1997 maar vocht in plaats daarvan tijdens de eerste van een reeks zware chemotherapiebehandelingen voor zijn leven. De chemokuur was nog pijnlijker dan strikt noodzakelijk omdat hij medicatie eiste die zijn longen zou ontzien, zodat zijn sportieve carrière geen gevaar zou lopen. Hij wist dat hij weer wedstrijden wilde gaan rijden en eind 1997 – toen hij zich na een korte verkeringstijd verloofde met Kristin Richard – begon hij weer serieus te trainen. Hij wist niet of hij ooit weer zo zou kunnen fietsen als vroeger en evenmin of de kanker weg zou blijven.

De Franse Cofidis-ploeg, gesponsord door een telecomfirma, behandelde Armstrong slecht. Ze hadden er geen vertrouwen in dat hij terug zou keren in het peloton en verbraken zijn tweejarige contract, ter waarde van 2,5 miljoen dollar. Armstrong en zijn zaakwaarnemer Bill Stapleton waren woedend, zeker toen andere vooraanstaande Europese ploegen de Texaan ofwel weigerden te contracteren ofwel een belachelijk laag salaris boden. Uiteindelijk accepteerde hij een grotendeels uit prestatiebeloningen bestaande regeling van een door US Postal Service gesponsorde Amerikaanse ploeg, die toen net op topniveau begon mee te draaien. Dankzij deze overeenkomst kon

Armstrong in februari 1998 weer in Europa fietsen. Maar toen het in maart op de tweede dag van Parijs-Nice ijskoud was en pijpenstelen regende, stapte Armstrong af. Hij besefte dat hij mentaal nog niet toe was aan de barre omstandigheden van het Europese wegrennen. Gedemoraliseerd zei hij dat hij nooit meer zou koersen, borg zijn fiets op en raakte hem wekenlang niet aan. Om de plotse leegte te vullen zocht Armstrong allerlei manieren om de tijd te doden. Zo schreef hij in zijn boek *Door de pijngrens*: 'Ik golfde elke dag, ik ging waterskiën, dronk bier en lag op de bank te zappen.' Maar hij had zich verplicht op 22 mei in Austin mee te doen aan een bijzondere wedstrijd, die de aftrap vormde van een weekend waarin hij fondsen zou werven voor zijn pas opgerichte kankerstichting.

Aangemoedigd door zijn vrienden nam Armstrong de uitdaging van zijn coach Chris Carmichael aan om een week met Bob Roll, zijn vroegere kameraad uit de Motorola-ploeg, te gaan trainen in de heuvels van North Carolina. Hoewel ze er urenlang in de stromende regen fietsten, hervond Armstrong zijn liefde voor het wielrennen. Aan het eind van de week deed hij mee aan een wedstrijd in Atlanta en eindigde als 52ste. Hij nam zijn fiets mee naar Santa Barbara, Californië, waar hij op 4 mei trouwde met Kristin Richard. Ruim twee weken later schreef hij de korte koers in Austin voor eigen publiek op zijn naam en presteerde vervolgens sterk in de langste Amerikaanse wedstrijd, de 250 kilometer lange USPRO-koers in Philadelphia. Hij was klaar voor Europa. Tot ieders verbijstering won hij onmiddellijk de vierdaagse Ronde van Luxemburg. Hij was nog niet klaar voor de Tour de maand erop, maar toen hij in september 1998 derde werd in de Ronde van Spanje, waarbij hij zijn nieuwe klimtechniek toonde, begon men te speculeren waar deze Amerikaanse sportman na zijn metamorfose toe in staat was – met name wat de Tour betrof.

Johan Bruyneel, de nieuwe ploegleider van US Postal, overtuigde de inmiddels zevenentwintigjarige Armstrong ervan dat hij in de Tour goed zou presteren – dat hij hem zelfs kon winnen!

Armstrong won de Tour in 1999, en bleef ook iedereen de baas in de volgende vier edities. Maar na zijn eerste Tour-overwinning sprak hij geëmotioneerd de woorden die zoveel over hem zeggen: 'Ik wil de geschiedenis ingaan als de eerste ex-kankerpatiënt die de Tour won.' Die nalatenschap wordt ieder jaar belangrijker voor hem. Het is een van de zaken die hem motiveren en hem onderscheiden van andere renners. En als overlevende van kanker heeft hij nog iets mee, een aura van onoverwinnelijkheid of onbevreesdheid die hij vroeger niet had. Dus wat doet het ertoe dat er nog niemand anders zes keer de Tour heeft gewonnen? Dus wat doet het ertoe dat hij nu tweeëndertig is en dat de meeste beroepswielrenners op die leeftijd hun fiets al aan de wilgen hebben gehangen? En wat doet het ertoe dat hij formidabele tegenstanders heeft – mannen als Jan Ullrich, de Duitser die de Tour in 1997 als vroegrijpe drieëntwintigjarige won en die daarna vijf keer als tweede eindigde, in 2003 luttele seconden achter Armstrong – die niets liever willen dan de Amerikaan verslaan? Of Tyler Hamilton, de uitbundige Amerikaan die ooit voor Armstrongs ploeg reed en hem aan drie Tour-overwinningen hielp, maar die nu voor de concurrent rijdt en zijn eigen bovenmenselijke ambities toonde door in 2003 als vierde te eindigen in de Tour – ondanks een op de tweede dag opgelopen sleutelbeenbreuk. Of Ivan Basso, de rijzende Italiaanse ster, die lijkt te zullen doorbreken.

Armstrong zal het ook moeten opnemen tegen machtige tegenstanders uit landen als Spanje, Italië en Rusland... mannen die hun halve leven hebben getraind voor deze unieke kans op een sportieve overwinning en wier ploegen die van Armstrong dag in dag uit zullen bestrijden om hun eigen kopman de gele trui te bezorgen. Ze zullen net als Armstrong het lot tarten zonder te weten of hun lichaam bestand is tegen de extreme omstandigheden, voldoende uithoudingsvermogen heeft en niet zal bezwijken aan ziekten, verwondingen of ongelukken, waardoor er jaarlijks veertig tot vijftig man uitvallen.

* * *

Op die middag in december, gezeten in zijn studeerkamer, wijst Armstrong op een lege plek op de muur waar een zesde gele trui zou passen. 'Het enige wat telt,' zegt hij, alsof daarmee alles is verklaard. En om dat te verwezenlijken moet hij nu maanden aan zijn vorm gaan werken, vele duizenden kilometers fietsen en zo intensief trainen als het menselijk lichaam toestaat, alvorens de strijd aan te gaan met zijn vele tegenstrevers in die koers van drieëntwintig dagen in juli.

Dag 1 Nog maar 3391 kilometer

3 juli: een vlakke tijdrit over 6,1 kilometer, de proloog, door de binnen-
stad van Luik. Korteafstandsspecialisten die na de bochten kunnen ver-
snellen en op het rechte stuk een hoge snelheid kunnen vasthouden, zijn
in het voordeel.

Het is kort na zevenen 's avonds. We bevinden ons op een winderige,
voorjaarsachtige avond in hartje Luik, het Belgische staalstadje dat
de groezelige resten van zijn industriële verleden van zich af tracht
te schudden. Op de Avenue Rogier, een fraaie boulevard waarlangs
nu duizenden luidruchtige toeschouwers staan, duwt Lance Armstrong zijn fiets omhoog naar een anderhalve meter hoog plankier
dat de startplaats vormt van zijn eerste tijdrit – en zijn tiende Tour
de France. Vanaf een kraan zwaait een op afstand bediende camera
omlaag om in te zoomen op Armstrongs gebruinde, broodmagere
gezicht. Zijn kortgeknipte haar gaat schuil onder de helblauwe gestroomlijnde helm. Op de plastic buitenlaag prijkt de witte Texaanse
ster. Tijdens de intense warming-up op de hometrainer, waarmee
hij net klaar is, voelde hij zich goed. Hij luisterde naar muziek op
zijn iPod, wiste met witte handdoeken het zweet van zijn gezicht en
hield alleen zo nu en dan de pedalen stil om zijn benen een voor een
achterwaarts te rekken, tot hij met zijn hiel zijn rug raakte.
   Er blijven vermoedelijk wel wat zweetdruppeltjes in het kuil-
tje van zijn hals achter, onder de ietsje openstaande witte nylon
rits van zijn blauwe us Postal-shirt. Het aërodynamische pak is zo
ontworpen dat het als een tweede huid om zijn gehavende lijf zit.
Het vormt een unieke combinatie van panden van glad materiaal
aan de voorkant die de luchtstroming bevorderen, donzige panden
aan de achterkant die wervelingen voorkomen en naden die parallel lopen met de luchtstroming. Misschien zal dat alles hem een
seconde of twee sneller maken in deze individuele tijdrit over 6,5

kilometer, de proloog van de 92ste Tour.

De afgelopen drie uur zijn de 187 andere deelnemers aan de Tour met tussenpozen van een minuut over dit volledig vlakke parcours gesneld met alle kracht die er in hun afgetrainde lijven schuilt. Ze schieten als centauren uit het ruimtevaarttijdperk door de straten, met snelheden van rond de vijfenvijftig kilometer per uur, en worden gadegeslagen door een kwart miljoen joelende, schreeuwende, fluitende, honende, toeterende en applaudisserende fans. Hun gehoor wordt bovendien geteisterd door het versterkte commentaar van de Franse wedstrijdleiding en het gebrom van de wieken van de televisiehelikopters.

De man die de snelste tijd klokt in deze openingsetappe wordt beloond met de symbolische gele trui, die hij mag dragen tot de koers een nieuwe leider krijgt. De organisatoren van de Tour houden van dramatische effecten en dientengevolge is de volgorde waarin de renners starten omgekeerd aan de uitslag van vorig jaar. Lance Armstrong is als winnaar van de vorige vijf edities de laatste die start.

Een stel schorre Duitse fans heeft zojuist hun landgenoot Jan Ullrich, tweede in 2003, luid toegejuicht bij diens start. Voor Armstrong hebben ze een andere begroeting: luidkeels boegeroep. De Amerikaan besteedt er geen aandacht aan. Hij staart voor zich uit en wacht tot de starter gaat aftellen.

Nog dertig seconden...

Achter de bolle acrylglazen van zijn bronskleurige Oakley-zonnebril richten Armstrongs helblauwe ogen zich op de weg vóór hem, terwijl hij het gejoel aan zich voorbij laat gaan. Hij zit op een smal racezadel, op een fiets met een laag koolstofframe dat nauwelijks meer weegt dan het toegestane minimum van 6,8 kilo, waaraan maanden is gewerkt om het naar wens te krijgen. Zijn vingers, die uit de handschoenen met zwartleren kussentjes steken, omklemmen de rechte koolstofstuurbeugel. Zijn linkerbeen zweeft boven de grond, de voet zit strak in een handgemaakte kunstleren raceschoen.

Nog twintig seconden...

Armstrong bereidt zich voor op zijn eerste trap met de stijve schoenzool op het aluminium pedaal waaraan die zit vastgeklikt. Door de druk zal hij een 175 millimeter lange crank in beweging zetten die verbonden is met een voorblad met 55 tanden. Dat zal een titanium fietsketting aandrijven die over een van de tien tandkransen

27

achter loopt en daarmee zal hij het dichte achterwiel van koolstof aan het draaien brengen. Dan zullen man en machine op gang komen.

Vijftien seconden...

De Texaan oogt kalm, maar inwendig is hij gespannen. Hij weet dat hij deze avond een psychologische voorsprong moet opbouwen om zijn tegenstanders te tonen dat hij zijn verlies in de Dauphiné Libéré, voorafgaand aan de Tour, te boven is en dat hij al hun aanvallen in de komende drie weken zal kunnen pareren. Een jaar geleden, toen de honderdjarige Tour de France bij de Eiffeltoren van start ging, eindigde Armstrong in de proloog slechts als zevende – en het kostte hem zestien van de drieëntwintig dagen om zijn tegenstanders de baas te worden. Vanavond moet hij beter presteren.

Tien seconden...

Voor een goede tijdrit moet een renner aan de start overbodige gedachten uitbannen. Een van Armstrongs belangrijkste rivalen, Tyler Hamilton, zei het als volgt: 'Ik mediteer niet, maar ik doe wel speciale dingen om te ontspannen, diep ademhalen bijvoorbeeld. Een tijdrit is een zeer zware opgave, waarvoor je je lichaam optimaal moet ontspannen. Als je hartstikke gespannen bent, werkt je lijf niet efficiënt. Dan ben je niet top.'

Toen ik Armstrong vroeg of hij ooit mediteerde, riep hij vol afschuw uit: 'Nééééé! Jezus!' Waarom zóú hij, de Texaan die volgens velen zo'n formidabele tegenstander is dankzij zijn ingehouden woede. Nu staat hij klaar om die energie in zeven minuten superieure inspanning om te zetten. Hij kan niet wachten. Op zijn eigen veeleisende manier loopt hij in gedachten zijn checklist langs. Ligt de ketting op de juiste tandkrans? Zit de sluiting van deze nieuwe helm strak genoeg? Zitten mijn aërodynamische overschoenen recht?

Vijf seconden...

De Franse starter begint af te tellen. '*Cinq.*' Er verschijnen vijf lange, slanke vingers voor Armstrongs gezicht. Ze behoren toe aan Jérôme Lappartient, een belangrijke Franse official die voor het eerst aftelt in de Tour. '*Quatre.*' Vier vingers. Armstrongs ogen blikken voorwaarts. De vingers gaan gelijk op met de doordringende digitale piepjes van de wedstrijdklok van Festina, die met zijn wijzerplaat van dertig centimeter doorsnee recht tegenover Armstrong hangt. De lange secondewijzer is bijna boven.

'*Trois.*' Drie vingers. Armstrong spant zijn machtige dijspieren aan.

'*Deux.*' Twee vingers. Hij klemt het stuur nog steviger vast. '*Un.*' Eén vinger. Op slag is zijn hoofd helder. Nu of nooit!

'*Partez!*'

Het is 19:08 uur. Armstrong lanceert de 77 kilo die zijn lichaam en fiets samen wegen vanaf het een meter twintig brede rubberen oppervlak van het startplateau naar het gladde asfalt van Avenue Rogier. Hij gaat op de pedalen staan teneinde zijn maximumsnelheid te bereiken, grijpt met zijn handen het opzetdeel van het stuur en duikt in een aërodynamische houding.

Nog maar 3391 kilometer te gaan!

* * *

De Tour de France volgt ieder jaar een andere route om trots verschillende delen van het land te kunnen tonen, maar eindigt altijd op de Champs-Élysées. De eerste etappes worden vaak in buurlanden verreden – afhankelijk van wie er het meeste biedt. Dit jaar gaat Wallonië voor twee miljoen euro met de eer strijken. Welbesteed geld, aldus de inwoners. Ze zijn verrukt dat de overzichtsbeelden die via de televisie 120 miljoen mensen wereldwijd bereiken, geen aandacht besteden aan de roestige staalfabrieken en de beroete rijtjeshuizen rondom het centrum, maar zich beperken tot de meanderende Maas, de historische kasseienstraatjes in het centrum en de schitterende gotische stijl van Luiks eeuwenoude kerken en standbeelden.

Anderhalve kilometer vanaf de start van de proloog, waar de in een bocht lopende Boulevard de la Sauvenière uitkomt op een van de belangrijke pleinen van de stad, de Place de l'Opéra, hangen de toeschouwers over de metalen hekken voor het luisterrijke hellenistische operagebouw. Aan de overkant van de straat vangen de gasten aan de tafeltjes op het terras van Café du Point de Vue reikhalzend een glimp op van de voorbijflitsende renners en hun volgauto's. Dit is de plek waar Adrie Houterman, een Nederlandse bankdirecteur, met een paar vrienden op Armstrongs doorkomst zit te wachten. 'Ik heb vijfenvijftig relaties meegenomen in een autobus,' vertelt hij. Zij maken deel uit van de tienduizenden bezoekers die Luik zijn binnengestroomd voor de *grand départ* van de Tour. Het is de grootste mensenmenigte die Luik heeft meegemaakt sinds er zes decennia geleden een kwart miljoen mensen het einde van de Tweede Wereldoorlog vierden.

Er is sindsdien veel veranderd, maar de zoete geur van uien en worstjes van de *friture* en de *frites* met mayonaise die met een glas Jupiler worden weggespoeld, zijn gebleven. De pubs en bistro's van het stadje zitten stampvol, vooral Point de Vue, dat niet alleen op de route van de proloog ligt maar zich bovendien op loopafstand bevindt van de Place Lambert, een recentelijk gerenoveerde verzamelplaats in het centrum waar wandelpromenades en brede stenen trappen op kunstzinnige wijze samenkomen. De nacht vóór de wedstrijd was dit plein gevuld met een mensenmassa die de festiviteiten rond de opening van de Tour bijwoonde: popgroepen in overvloed, de presentatie van de eenentwintig teams en een openluchtconcert door de plaatselijke zanger Frédéric François, die regelmatig optreedt in een uitverkocht Olympia in Parijs. 'Die is voor de omaatjes,' zei Laurie Di Stefano, een jonge vrouw die niet erg onder de indruk was. Naar haar idee hadden de organisatoren een ouder publiek verwacht.

Het publiek bestond uit mensen als de Amerikaanse emigrante Elise Edwards en Welshman Nick Corfield, beiden in de veertig. 'Ik ben er elk jaar bij en ontmoet steeds geweldige mensen,' aldus Edwards, die Corfield een paar jaar geleden tijdens de Tour leerde kennen. Corfield droeg het opvallende oranje wielershirt met pet van de Baskische Euskaltel-ploeg omdat de Basken en Welshmen dezelfde Keltische wortels hebben. 'Ik ben dol op de Basken en ik houd van Mayo,' zei hij over Iban Mayo, de kopman van Euskaltel, een van de favorieten voor de eindzege. 'Tot mijn verrassing zwaaide hij vanaf het podium naar me.' Edwards droeg als Armstrong-fan een honkbalpet van US Postal. Ze was een van de weinigen die met de stars & stripes zwaaiden. 'Ik denk dat Amerikanen liever niet met hun vlag zwaaien vanwege de sterke anti-Amerikaanse sentimenten in Europa,' zei ze. 'Maar van wielerfans heb ik niks te duchten.'

Na de plechtigheden aan de vooravond van de wedstrijd zijn enkele van die fans naar café Point de Vue verkast. Deze oude tapperij, die al sinds 1652 in bedrijf is, heeft muren van hout, baksteen en natuursteen en een puntdak van zwarte leistenen. Haar grootste knieval voor de moderne tijd, een kleinbeeldtelevisie, staat nooit ingeschakeld, maar hangt aan het plafond stoffig te worden. Vandaag is er trouwens geen behoefte aan een televisie, want de renners suizen pal langs de voordeur van het café. De meeste bezoekers zitten buiten, sommigen staan op rieten stoelen en tafels om het beter te kunnen zien. Onder hen de bankdirecteur uit Nederland die samen met een Belgische vriend op een tafel staat. 'Wie zal de Tour volgens jullie winnen?' roep ik boven het galmende gedreun van rock en rap van de straatfeesten en uit de overvolle kroegen uit. 'Armstrong,' antwoorden ze allebei. 'Hij is super.'

'En wie is zijn grootste concurrent?' 'Ullrich,' vinden ze. 'De Spaanse coureurs Roberto Heras en Mayo. En dan heb je ook nog Tyler Hamilton. De Amerikanen zijn goed.'

* * *

19:09 uur. Armstrong jakkert tussen café Point de Vue en de Koninklijke Opera van Wallonië door. De fans staan enthousiast te schreeuwen, blij dat Armstrong met zijn gebruikelijke passie koerst. Het gejoel gaat verloren in het gebrul van de motoren en auto's die achter de Texaan aan rijden. Zijn Belgische ploegleider Johan Bruyneel, die enkele meters achter hem rijdt in een van de Subaru-stationcars van US Postal, ziet de kilometerteller oplopen naar zestig per uur. Bruyneel probeert Armstrong via de radioverbinding door de komende bochten heen te praten, zoals een bijrijder tijdens een autorally de chauffeur van aanwijzingen voorziet. 'Lance heeft er weinig van gehoord, want de zender haperde,' onthult Jim Ochowicz, die achter in de auto zit, later.

Armstrong heeft tot nu toe weinig behoefte aan ondersteuning gehad, want het ging in één rechte lijn over een brede, pas opnieuw geasfalteerde weg met aan weerszijden kantoren en flats van zes verdiepingen. En doordat hij het parcours al had geïnspecteerd weet hij dat hij voorzichtig moet zijn op het klinkergedeelte naast de opera, alvorens hij een smal straatje inschiet dat uitkomt op een scherpe bocht naar links vlak voorbij het hoofdgebouw van de universiteit van Luik, waar hij afremt tot halve snelheid om vervolgens gaandeweg weer te versnellen tot aan de snelweg langs de Maas. Daar schakelt Armstrong naar het zwaarste verzet om te profiteren van de harde zuidwestenwind.

**

In Europa is de Texaan niet de populairste wielerkampioen. Dat bleek wel toen hij aan de start werd uitgejouwd. Men vindt hem afstandelijk en arrogant; hij wordt eerder bewonderd dan bemind. Jean-Marie Leblanc, die al vijftien jaar directeur is van de Tour de France, lichtte dat toe door Armstrong te vergelijken met de andere vier mannen die de Tour vijf keer op hun naam schreven: de Fransen Jacques Anquetil (wiens overwinningen plaatsvonden tussen 1957 en 1964) en Bernard Hinault (1978 tot 1985), de Belg Eddy Merckx (1969 tot 1974) en de Spanjaard Miguel Induráin (1991 tot 1995). Leblanc zegt: 'Lance heeft meer van een winnaar dan Anquetil, die niet altijd gemotiveerd was om te winnen. Hij was een groot kampioen, maar "cool". Hetzelfde geldt voor Induráin. Hinault was strijdlustiger ingesteld. Merckx wilde elke wedstrijd waaraan hij deelnam winnen, maar Lance wil de Tour winnen en verder niets. De rest zegt hem niets.'

Wat hun populariteit betreft merkt Leblanc op: 'Armstrong is wat minder geliefd dan de andere vier. Het publiek kende hen beter dan het Armstrong kent. Hij is ietwat mysterieus gebleven. Toen hij na de kanker zijn comeback maakte, kon men niet geloven dat iemand die bijna dood was geweest terugkeerde als groot kampioen. Het publiek had hem nog nauwelijks gezien of – hop! – hij won de Tour. Hij wordt dus wel bewonderd, maar hij is minder geliefd dan die anderen. Dat is overigens niet mijn mening. Het is een feit. *Voilà!'*

Dat feit bleek duidelijk toen Armstrong en zijn ploeggenoten van US Postal aan de start van de Tour van 2001 in Duinkerken behalve met applaus werden verwelkomd met een mengeling van boegeroep en gejoel. Maar de Belgen hebben aanzienlijk meer waardering voor Armstrong. Bij de ploegenpresentatie op de Place Lambert kreeg hij een warm onthaal, net als alle andere kanshebbers op de eindzege, de Duitser Ullrich, de Amerikanen Hamilton en Levi Leipheimer, de Spaanse coureurs Mayo, Heras, Haimar Zubeldia en Carlos Sastre, de Italianen Ivan Basso en Gilberto Simoni, en de Rus Denis Menchov.

**

19:11 uur. Na bijna twee kilometer vliegt Armstrong over de weg en snijdt hij dankzij zijn langgerekte houding soepel door de vlagerige wind. Zijn gestroomlijnde helm was de laatste van een reeks aanpassingen aan het materiaal waarmee in de herfst werd begonnen, bedoeld om zijn prestatie in tijdritten met misschien een procent te verbeteren. Bij de tijdrit van vanavond zou die schijnbaar geringe verbetering hem vier of vijf tellen kunnen schelen en prologen worden zelden met een groter verschil beslist.

In december had Armstrong het al over die aanpassingen, de dag voordat hij naar Seattle vloog voor een windtunneltest aan de universiteit van Washington. 'Bart Knaggs, een oude vriend van me, heeft er een soort missie van gemaakt om een compleet aëroplan op te stellen. We hebben iedereen bij elkaar gehaald, alle mensen die aan die fiets werken en aan mij... een totaalpakket.' Het resultaat van 'F-One', de bijnaam van het project, was een slankere fiets, een strakkere, lagere positie van het bovenlichaam en een aërodynamischer fietspak plus helm. Het ging zo ver dat zelfs de remhendels iets horizontaler werden gezet en dat er een ouderwetse voorrem werd gemonteerd omdat die door zijn symmetrie de luchtstroom rond de voorband bevordert. Armstrong zal echter nooit zo'n volmaakte aërodynamische houding krijgen als de Britse tijdritspecialist Chris Boardman, die halverwege de jaren negentig de snelste proloog uit de Tour-geschiedenis reed met een gemiddelde van ruim vijfenvijftig kilometer per uur op een traject van 7,2 kilometer in Lille, dat vergelijkbaar was met de route in Luik, zij het met meer bochten. 'Er bestaan allerlei lichamelijke verschillen,' aldus Armstrong, 'en die zijn uiteindelijk bepalend voor je houding. Boardman kon fietsen in belachelijk lage, ongemakkelijke houdingen. Met zijn lichaam kon dat. Met het mijne niet.'

Armstrongs lichaam staat het niet toe doordat zijn rug automatisch opbolt als hij zich vooroverbuigt in de racehouding. Het vertragende effect van die kromme rug is in de loop der jaren vrijwel geëlimineerd door de manier waarop zijn technici zijn fiets aan hem hebben aangepast. Zijn lichaamsbouw in aanmerking genomen heeft Armstrong tegenwoordig de optimale stroomlijn. De geringste verandering in luchtweerstand kan bij een snelheid van zestig kilometer per uur een enorm verschil opleveren. Dat komt doordat de luchtweerstand die een wielrenner bij deze snelheid zelfs in windstil weer veroorzaakt, aanvoelt alsof hij tegen een vliegende storm in rijdt. Dus zijn de windtunnelproeven in de winter, de tests op de weg in het voorjaar en de voortdurende aanpassingen de moeite waard. Maar of alles samen het door Armstrong gewenste resultaat oplevert?

Na dik drie kilometer tijdrit krijgt de kampioen zijn eerste indicatie, daar waar hij afremt om een u-bocht te maken rond een kleine rotonde aan het uiteinde van het Luikse proloogparcours. De officiële tussentijd geeft aan dat hij twee seconden achterligt op Fabian Cancellara, de snelste man op dit punt halverwege. De drieëntwintigjarige Zwitser heeft het respect van de menigte verworven met een slottijd van zes minuten en vijftig seconden – wat hem een gemiddelde snelheid van 53,5 kilometer per uur opleverde, zodat men het nu al heeft over 'de nieuwe proloogspecialist'.

Bruyneel geeft de informatie door aan zijn renner, die zodoende weet dat hij nog een minuut of drie heeft om die twee seconden op Cancellara goed te maken.

* * *

19:12 uur. Van Armstrongs belangrijkste concurrenten hebben Zubeldia (zevenentwintig seconden langzamer dan de huidige nummer één in het algemeen klassement Cancellara) en Sastre (vijftien seconden langzamer) de beste eindtijd. De andere tegenstrevers zijn nog onderweg, pal voor de kampioen. Ullrich en Hamilton zijn op dit moment tien seconden langzamer dan Cancellara, Mayo en Basso verliezen dertien tellen en Leipheimer is de beste op slechts acht seconden.

'Met welk van de concurrenten houd je het meeste rekening?' had ik Armstrong gevraagd. 'Alleen Ullrich,' zei hij. 'Ullrich is veruit de grootste concurrent. Hij is de enige die we echt in de gaten houden... waar hij koerst, wat voor uitslagen hij rijdt, wat hij zegt.'

Ullrich is net als Armstrong een wonderkind. De Amerikaan werd op zijn eenentwintigste wereldkampioen in zijn eerste profjaar, de Duitser reed in 1996 op zijn tweeëntwintigste zijn eerste Tour de France en eindigde meteen als tweede. Opmerkelijk was dat Ullrich de laatste tijdrit in die Tour won door vijfvoudig kampioen Induráin te verslaan en daarmee bijna zijn eigen kopman Bjarne Riis van de gele trui te beroven.

Toen hij het jaar erop de Tour won, werd Ullrich door de gezaghebbende Franse sportkrant *L'Équipe* bejubeld als een renner die de Tour vermoedelijk wel zes of zeven keer zou winnen. Na vier tweede plaatsen in zijn laatste vier Tour-optredens is hij vastbesloten de Tour nogmaals te winnen – zeker als hij zodoende Armstrong kan verslaan. 'Een Tour de France winnen waaraan Lance Armstrong niet meedoet, heeft veel minder waarde,' stelde hij.

Op een leeftijd waarop Armstrong en Ullrich elkaar al de winst in de Tour betwistten, maakte de Amerikaan Tyler Hamilton net kennis met de sport. Door zijn late start is hij, ondanks het feit dat hij een halfjaar ouder is dan Armstrong, lang niet zo opgebrand en vermoedelijk heeft hij dan ook nog heel wat meer wielerjaren te gaan dan de Texaan. Bovendien is Hamilton pas in 2002 kopman geworden, acht jaar later dan Armstrong.

Ten gevolge daarvan is Hamilton pas in brede kring erkend in de Tour van 2003 toen hij, afgezien van zijn vierde plaats ondanks een sleutelbeenbreuk, ook nog een beroemde Pyreneeënetappe won. Op die dag, op een parcours dat over zes cols voerde, demarreerde Hamilton in de steilste klim van de Tour en jakkerde de laatste achtentachtig kilometer solo in minder dan twee uur af. Een uitzonderlijke prestatie aan het slot van een zware dag in de bergen, zelfs zonder gebroken sleutelbeen. Armstrong noemde het 'de grootste sportprestatie van de Tour'.

Hamilton is nu een geduchte concurrent, niet voor een enkele etappeoverwinning, maar ook voor de hoofdprijs. Denkt hij dat hij een kans maakt op de eindoverwinning in 2004? 'Ik doe mijn best,' vertrouwde Hamilton me toe. 'Ik moet erin geloven en me daarop richten, daarvoor trainen. Wie aan de start van de Tour denkt dat de toptien of topvijf wel mooi zou zijn, staat al op achterstand.'

Tijdens de Tour van 2003 leerde het wielerpubliek ook de Bask Mayo kennen. Die reed zich spectaculair in de kijker in de Franse Alpen. In de beklimming naar Alpe d'Huez, waar men verwachtte dat Armstrong zijn indrukwekkende etappeoverwinning van 2001 nog eens dunnetjes zou overdoen, was het Mayo die aanviel om ten slotte meer dan twee minuten tijdwinst te boeken op de kampioen. Het publiek genoot van het lef waarmee Mayo won, van de kracht die van zijn manier van klimmen afstraalde en van zijn sensuele filmsterrenlook.

* * *

19:13 uur. Na de U-bocht zet Armstrong aan en al snel jaagt hij in zijn aërodynamische houding over La Batte, het plein aan de rivier waar elke zondagochtend een enorme vlooienmarkt wordt gehouden. De op de markt samengekomen bevolking slaat Armstrong nu gade, een man in een gele trui die voorbijfietst met een snelheid die hun op zaterdagavond een verkeersboete zou opleveren.

Nu komt voor Armstrong het lastigste stuk van het parcours, het deel waar stuurmanskunst even belangrijk is als pure snelheid. Nadat hij afbuigt van de rivier en café Chez Sam passeert, komt hij na een scherpe bocht naar rechts op de hobbelige Rue Léopold, die eindigt op de Place Lambert. Daar neemt hij een kort klimmetje over gladde klinkers, buigt links af voor het majestueuze zestiende-eeuwse Palais des Princes-Évêques en gaat dan opnieuw naar links een hellinkje af. Er volgen kort op elkaar twee bochten naar rechts, waarna hij nogmaals café Point de Vue passeert, en dan is het nog anderhalve kilometer rechttoe rechtaan naar de streep. De menigte moedigt hem aan. 'Hup Lance!' roepen ze in het Engels, Frans, Nederlands en Vlaams.

* * *

Wedstrijddirecteur Leblanc heeft er alle vertrouwen in dat dit een geweldige Tour de France zal worden. 'Als Lance voor de zesde keer wint, is hij de beste, de eerste. *Formidable!* Het zal enorm veel publiciteit geven, enorm veel enthousiasme losmaken... Als Lance wordt verslagen, door Ullrich of een ander, dan wordt degene die Lance verslaat een held, want dan heeft hij de favoriet van zijn voetstuk gestoten. Dus wordt dit een hele mooie Tour, hoe het ook uitpakt.'

Maar Leblanc gelooft niet in dat alternatieve scenario. 'Ik herinner me een bezoek aan Lance in 2002, een maand voor de Tour, toen hij hem al drie keer op zijn naam had gebracht. Ik was een kwartier in zijn kamer,' aldus de vaderlijke, kalende Fransman. 'In zijn blik las ik dat hij een vierde, een vijfde, een zesde overwinning wilde behalen. Ik begreep het. Ik was overtuigd.'

* * *

36

19:15 uur. Armstrong perst het uiterste uit zijn lijf. Hij scheurt over de Boulevard d'Avroy, de laatste krachtsinspanning van de avond. Op de stellage boven de finish zijn twee digitale tijden af te lezen. De tijd links is de snelste tijd tot nu toe, nog steeds die schitterende 6:50 van Cancellara. Rechts loopt de tijd van Armstrong met honderdste seconden tegelijk op. Met nog tweehonderd meter te gaan lijkt het of hij de beste tijd gaat verbeteren. Armstrong is een blauwe vlek die vooruit wordt gebruld door een schreeuwende mensenmassa op de tribunes. Hij schiet over de streep.

De officiële stem van de Tour, de Franse wedstrijdcommentator Daniel Mangeas, geeft onmiddellijk de uitslag: 'De tijd van Lance Armstrong is 6:52, tweede tijd!' Hij roept het met zijn Normandische tongval. Tweede. Die mededeling biedt het Duitse contingent dat Armstrong bij de start heeft uitgefloten, vermoedelijk wat houvast. Daar zullen ze zich aan moeten optrekken, want hun held, Ullrich, was een kwart minuut langzamer dan de gehate Yank.

* * *

Armstrong heeft de proloog weliswaar niet gewonnen, maar zijn uitgangspositie kon niet beter zijn: hij heeft tijdritspecialist Ullrich een verbluffende vijftien seconden achter zich gelaten, Hamilton staat op zestien tellen, Mayo op negentien en Basso op maar liefst zevenentwintig seconden. Het is een psychologische overwinning voor de Texaan, want de verschillen zijn groter dan verwacht. Dat wil niet zeggen dat zijn belangrijkste concurrenten slecht hebben gepresteerd, het bewijst veeleer hoe sterk Armstrongs prestatie is geweest. 'Ik verbaas me erover dat Jan veel achterstand opliep,' zegt Armstrong wanneer hij uitgereden is. 'Misschien had hij niet zo'n beste dag.'

Ullrich ontkent dat. 'Ik besloot geen onnodige risico's te nemen, want ik wilde niet dat mijn Tour in Luik zou eindigen.' Hamilton nam wel risico's. Hij vertelt dat hij langere cranks gebruikte dan anders in de hoop dat de langere hefboom 'me sneller zou maken op de rechte stukken. Maar achteraf beschouwd hebben ze me misschien te veel tijdverlies opgeleverd in de bochten.' Mayo geeft aan dat hij slechts twee tellen langzamer was dan Hamilton en Basso had nooit verwacht dat hij Armstrong in de proloog partij zou kunnen geven. En al deze concurrenten hebben in de aanloop naar deze Tour gezegd dat ze op ongeveer negentig procent van hun topvorm aan de Tour wilden beginnen om in de cruciale slotweek op de volle honderd te zitten – 'de helleweek', in Armstrongs woorden. Ja, de organisatie houdt van een dramatisch slot en dit jaar heeft ze dan ook een slotweek bedacht met zware bergetappes en tijdritten, waardoor de einduitslag tot op de allerlaatste dag kan veranderen.

Maar vooralsnog voert een jonge Zwitser uit de Italiaanse Fassa Bortolo-ploeg de Tour de France 2004 aan. Akkoord, proloogwinnaars behalen zelden de eindoverwinning, want het zijn doorgaans grote kerels als Cancellara, wier duurvermogen en klimcapaciteiten geringer zijn dan hun vermogen om op een kort, vlak tijdritparcours pure snelheid te ontwikkelen. Niettemin is het voor Cancellara een glorieuze dag. Op het podium wordt hij vier keer gehuldigd: hij krijgt een kristallen Saint Lambert-bokaal voor de etappewinst, de gele trui omdat hij het algemeen klassement aanvoert, de groene trui omdat hij eerste is in het puntenklassement en de witte trui voor best geklasseerde jongere. Cancellara glimlacht elke keer hartelijk en poseert voor de camera's, geflankeerd door steeds weer twee andere schoonheden die hem zoenen en bloemen overhandigen. Verslaggevers van radio en televisie verdringen zich om hem heen. Ze willen allemaal weten wie deze jongeman is, wat hij tot nu toe heeft gepresteerd en waar hij toe in staat is.

Tijdens zijn persconferentie in de mobiele interviewruimte onthult Cancellara dat hij op zijn vijftiende met wielrennen is begonnen, nadat hij in de garage van zijn vader een racefiets had gevonden. 'Vanaf dat moment was fietsen mijn grote passie.' Op zijn zeventiende werd hij wereldkampioen tijdrijden bij de junioren en het jaar erop weer. Als beroepsrenner heeft hij de proloog van diverse etappekoersen gewonnen, onder andere van de Ronde van Zwitserland. En nu, tijdens zijn eerste deelname aan de Tour de France, wordt Cancellara gehuldigd als leider – in ieder geval één dag lang – van het klassement van de grootste wielerwedstrijd ter wereld.

Er zullen deze Tour nog drie tijdritten volgen (een ploegentijdrit en twee individuele), zeventien etappes en twee rustdagen. Winnaar wordt degene die de kleinste hoeveelheid tijd verbruikt in deze drie-entwintig dagen. In theorie hoeft de winnaar dus geen enkele etappe te winnen, als hij in de tijdritten en de zware etappes maar goed presteert. Dat gebeurde dan ook bijna in 2000, toen Lance Armstrong drie dagen voor het einde nog geen enkele rit had gewonnen, maar wel met zes minuten voorsprong op de nummer twee het klassement aanvoerde. Meer vanwege het prestige dan uit noodzaak won hij toen de laatste tijdrit.

Cancellara kan hooguit hopen dat hij de gele trui een dag of twee om de schouders kan houden. Zijn vijftien minuten wereldfaam heeft hij al gehad en dat heeft hij uitgebuit. De lange Zwitser met zijn golvende lichtbruine haar en donzige baard probeert de persconferentie te rekken. 'De tijdrit is mijn ding,' zegt hij. 'Dit is mijn specialiteit. Maar ik ben meer dan een proloogspecialist. Ik ben jong, ik ben snel, ik ben explosief en ik kick erop dat ik Armstrong heb verslagen! Ik vond dat hij vandaag ontzettend snel was. Maar het is een lange, zeer emotionele dag geweest.'

De Tour de France is een zeer emotioneel gebeuren, net als een Franse film. De komende drie weken houden dan ook een belofte in van feestvreugde en wanhoop, akelige valpartijen en verbijsterende staaltjes topsport, spanning en teleurstelling, uitzinnigheid en pijn. Elke etappe is een spektakel op zich en elke nacht zal wijken voor een kansrijke nieuwe dag.

Op deze zaterdagavond in Luik, waar de restaurants, bars en disco's tot in de kleine uurtjes open zullen blijven, zit de Nederlandse bankdirecteur al weer met zijn relaties in de bus op weg naar huis; duizenden fans rijden in zuidelijke richting naar de heuvels, op zoek naar een plekje waar ze zondag de eerste etappe kunnen volgen; de journalisten voltooien hun stukken in de persruimte, waar ze al enkele dagen bivakkeren; en in het Post Hotel, waar de ploegen van Armstrong en Hamilton logeren, hebben de mecaniciens de tijdritfietsen voorlopig opgeborgen en de koersfietsen die de komende tweeëntwintig dagen het meest gebruikt zullen worden, geprepareerd.

Vanuit het restaurant van hun hooggelegen hotel kunnen Armstrong en Hamilton een prachtige regenboog gadeslaan, nu de stralen van de ondergaande zon op een plotse regenbui stuiten. Voor morgen, 4 juli, de Amerikaanse onafhankelijkheidsdag, worden meer buien voorspeld. Thuis zal er feest worden gevierd, maar hier in België zullen deze twee Amerikanen zich richten op een feestje dat voorlopig nog buiten bereik ligt, om precies te zijn op een afstand van 3384,5 kilometer.

ETAPPE-UITSLAG *1. Fabian Cancellara (Zwitserland), 6:50; 2. Lance Armstrong (VS), 6:52; 3. José Ivan Gutierrez (Spanje), 6:58; 4. Brad McGee (Australië), 6:59; 5. Thor Hushovd (Noorwegen), 7:00.*

ALGEMEEN KLASSEMENT *1. Cancellara; 2. Armstrong, op 0:02; 13. Levi Leipheimer (VS), op 0:15; 14. Carlos Sastre (Spanje), zelfde tijd; 16. Jan Ullrich (Duitsland), op 0:17; 18. Tyler Hamilton (VS), op 0:18; 70. Ivan Basso (Italië), op 0:29.*

Dag 2 Onafhankelijkheidsdag

4 juli: de eerste helft van de 202,5 kilometer lange etappe van Luik naar de industriestad Charleroi voert over vijf korte klimmetjes in de bosrijke Ardennen, terwijl de tweede helft gaat over golvend, open terrein. Dit is een etappe voor de sprinters, die aan het slot op een recht stuk van anderhalve kilometer kunnen strijden om de dagwinst.

De sfeer onder het publiek dat langs de kant van de weg naar de Tour de France staat te kijken is ontspannen, bijna uitgelaten. Aangezien de wegen minstens drie uur van tevoren voor alle verkeer worden afgesloten, komen de fans al vroeg, veelal in campers en busjes, en sieren dan hun blikveld op met reusachtige vlaggen van hun land of hun favoriete ploeg. Er zijn erbij die de kleuren van hun vlag op hun gezicht hebben geverfd en er paraderen mensen in idiote kostuums – de Belgen lopen vandaag rond met grote fluwelen hoge hoeden in hun nationale kleuren zwart, geel en rood. Hele gezinnen zijn in de weer met picknicktafels, koelboxen, draagbare televisies en barbecues. De fanatiekere types schilderen aanmoedigingskreten op kartonnen borden – 'Jan Ullrich. Hopp! Hopp!' – of kalken de namen van hun favorieten op de weg. En tijdens het wachten maakt iedereen een praatje met zijn of haar buren van de dag. Het is één groot reizend picknickfeest.

Vandaag staat het publiek hier om de eerste 'gewone' etappe van de Tour te zien – een lange dagmars waarin de renners het vooral van hun ploegentactiek moeten hebben. Het drukst is het doorgaans in de bergen, waar het peloton langgerekter wordt en langzamer rijdt, waardoor de fans meer kans hebben om de renners stuk voor stuk te zien langskomen. Soms staat er zo veel publiek dat de motoragenten die met zwaailicht en sirene voor de coureurs uit rijden, een pad voor hen moeten banen. Het publiek dringt echter toch weer naar voren op en deinst slechts enkele tellen voordat de renners passeren achteruit. 'Soms staan de mensen zo dicht op de weg dat we over hun tenen rijden,' aldus Christian Vande Velde, een in Chicago geboren renner van de Liberty-ploeg.

Vande Velde doet niet ter meerdere eer en glorie van zichzelf mee aan de Tour, maar is hier om zijn kopman Heras te assisteren. 'Ik weet niet hoeveelste ik in de proloog ben geworden,' vertelt hij me voor de start van de etappe. 'Ik heb de uitslag niet eens gezien. Maar ik heb wél vier mensen gezien uit Boulder,' de stad in Colorado waar hij tegenwoordig woont. 'Er zijn hier zo veel Amerikanen.'

Je ziet inderdaad overal mensen met de stars & stripes zwaaien, maar in de meeste gevallen zijn dat Belgen of Fransen. 'We zijn allemaal Armstrong-gek,' verklaart een Belg van middelbare leeftijd.

Op de Côte de Borlon, het vierde van de vijf klimmetjes van deze etappe, onmoet ik een Amerikaans stel met een Amerikaanse vlag, Jason en Lisa Alexander. Ze zijn ver van huis, want ze wonen in Virginia, maar op deze vierde juli hebben ze het in de wegberm in de Belgische Ardennen geweldig naar hun zin. Ze zijn van plan Armstrong en Hamilton en de andere vijf Amerikanen in koers toe te juichen. Ze maken zich alleen zorgen over het weer. Lisa, die met een klein parapluutje de motregen trotseert, vraagt: 'Denk je dat het de hele dag blijft regenen?' Ik vertel haar dat ze dat niet hebben voorspeld, maar aan de andere kant is dit wel België, waar het meestal regent. En als we eenmaal boven op de heuvel tussen een tarweveld en een weiland vol herkauwende witte koeien staan, zien we de lucht in de verte betrekken.

Tegen de tijd dat de renners deze heuvel halverwege de etappe bereiken, zijn er vijf man ontsnapt die een voorsprong van drie minuten hebben opgebouwd. Het is een kosmopolitische groep die bestaat uit renners uit Oostenrijk, Estland, Frankrijk, Duitsland en Italië en waarin vijf verschillende ploegen zijn vertegenwoordigd. Er zijn geen ploeggenoten van Armstrong bij, voornamelijk omdat etappewinst niet in hun strategie past. Ze moeten Armstrong uit de wind houden en hem in staat stellen zijn krachten te sparen voor de zware etappes die nog komen en tegelijkertijd is het natuurlijk hun taak de belangrijkste concurrenten van hun kopman in de gaten te houden.

'US Postal heeft de afgelopen vijf jaar de Tour gewonnen, maar behalve Lance heeft geen enkele renner een etappe op zijn naam geschreven,' benadrukt Hamilton. 'Dat is onvoorstelbaar! US Postal zet alles op één kaart. Hun strategie is: "We zetten alles op alles, allen voor één." '

Hamilton heeft gelijk. De meeste ploegen stimuleren hun renners om mee te gaan in ontsnappingen om te dingen naar een felbegeerde etappeoverwinning. US Postal mikt altijd uitsluitend op de hoofdprijs. En tijdens deze eerste etappe wil Armstrong zo veel mogelijk ploeggenoten om zich heen hebben, niet alleen voor dagelijkse klusjes als bidons uit de ploegleidersauto halen, maar ook om vóór hem te rijden en zodoende de kans op valpartijen te verkleinen. En valpartijen kun je vandaag verwachten, met al dat draaien en keren, al die afdalingen en die glibberige natte wegen.

De 'alles voor Lance-strategie' van US Postal is succesvol gebleken. Armstrongs ploeggenoten moeten hun eigen ambities ervoor opzijzetten, maar daar worden ze riant voor beloond. Net als alle Tour-winnaars verdeelt Armstrong de prijs van 400.000 euro onder zijn ploeggenoten en ander personeel, want als winnaar kan hij zelf veel meer verdienen, onder andere in de vorm van sponsorgelden. Hij hoopt dat die strategie ook dit jaar zal slagen. Een unieke zesde Tour-winst is goed voor iedereen en daarom accepteren zijn ploeggenoten hun rol zonder morren.

* * *

Het winnen van een zesde Tour de France is iets mythisch. Het is vergelijkbaar met gouden medailles winnen op vijf opeenvolgende Olympische Spelen of tien keer Wimbledon winnen, wat Martina Navratilova bijna lukte – een unieke sportprestatie.

Van de vier wielrenners die er niet in zijn geslaagd na hun vijfde Tour-overwinning een zesde te behalen, heeft er niet een zich zo op de Tour gericht als Armstrong. De Texaan pikt uiterst zorgvuldig voldoende wedstrijden mee om goed voorbereid, maar vooral niet te moe aan de start van de Tour te verschijnen. De legendarische Eddy Merckx daarentegen, de man die het dichtst bij een zesde Tour-overwinning kwam, reed jaarlijks drie keer zoveel wedstrijden als Armstrong.

'Ik richtte mijn seizoen nooit in op de Tour de France,' aldus Merckx, die in de jaren zestig en zeventig het grootste aantal wielerwedstrijden aller tijden won. 'In 1968 nam ik in plaats daarvan deel aan de Ronde van Italië omdat ik voor een Italiaanse ploeg reed. Ik denk dat ik dat jaar de Tour best had kunnen winnen als ik eraan had meegedaan. En als ik in 1973 had meegedaan, zou ik hem ook hebben gewonnen,' zegt hij met het zelfvertrouwen dat iemand past die door iedereen – inclusief Armstrong – wordt gezien als de grootste wielrenner ooit.

De vijf Tours waaraan Merckx tussen 1969 en 1974 wel meedeed, won hij allemaal. Hij was in 1975 de gedoodverfde winnaar en stond na twee weken al anderhalve minuut voor op zijn grootste concurrent, de Fransman Bernard Thévenet. Maar tijdens de veertiende etappe, waarvan de finishlijn boven op de Puy de Dôme was getrokken, sprong er op een smal steil paadje een verwarde man uit de menigte. 'Ik werd op nog geen driehonderd meter van de finish op volle snelheid door een toeschouwer in mijn nieren gestompt,' vertelt Merckx. 'Zo'n klap komt hard aan als je een topprestatie aan het leveren bent.'

De inmiddels negenenvijftigjarige Merckx zit op zijn praatstoel nadat hij enkele maanden voor de start van de Tour 2004 heeft deelgenomen aan een liefdadigheidswedstrijd in Luik. Zijn blozende ronde gezicht glimt van het zweet en hij klokt dankbaar een flesje Stella Artois weg op de stenen trap van het eeuwenoude Palais des Princes-Évêques. Merckx is lang, ruim één meter tachtig. Hij is de afgelopen jaren zwaar geworden en zijn elastische wielershirt staat dan ook strak gespannen.

Ondanks die klap op zijn nieren hoefde Merckx in 1975 op de Puy de Dôme maar een halve minuut toe te geven op Thévenet, maar hij zou nog meer tegenslagen te verwerken krijgen. 'De ploegarts gaf me medicijnen, enzymen die de zwelling in mijn nier moesten verminderen. En ik vermoed...' zegt hij, '...dat me dat tijdens de volgende etappe is opgebroken.'

Die volgende etappe was een klimtocht van bijna acht uur door de zuidelijke Alpen. Thévenet viel diverse keren aan om Merckx de gele leiderstrui te ontfutselen. Maar de vijfvoudige kampioen pareerde elke aanval. Vervolgens verraste Merckx zijn Franse rivaal op de slotklim door zelf aan te vallen. De Belg was uiterst behendig op de fiets. Hij raasde de slingerende bergweg af. 'Zo snel als toen heb ik nooit gedaald,' zegt Merckx, en zijn pretoogjes tonen dat die

enerverende soloactie van dertig jaar geleden in zijn geheugen ge-
grift staat. Hij reed zo hard dat een volgauto die hem trachtte bij te
houden in de slip raakte, van de weg af schoot en alleen dankzij een
rijtje bomen niet in het ravijn belandde.

Merckx' lef leverde hem een minuut voorsprong op als uitgangspositie voor de laatste bergetappe, die eindigde met een klim naar
Pra-Loup. Zijn zesde Tour-zege leek hem niet meer te kunnen ont-
gaan. Maar tijdens de klim verloor Merckx plotseling snelheid. Hij
viel stil; het leek of hij de hongerklop had, zoals wielrenners dat
noemen, in het Frans *fringale*.

'Het was geen *fringale*,' stelt Merckx. 'Volgens mij werd het enkel en alleen veroorzaakt door de bloedverdunner die de dokter me
had gegeven.' Thévenet boog een achterstand van een minuut om
in een voorsprong van twee minuten en nam de gele trui over van
Merckx. En twee dagen later, herinnert Merckx zich, 'kwam ik door
[de Deense coureur] Ole Ritter ten val en brak mijn kaak op twee
plaatsen. Toen had ik moeten stoppen.' In plaats daarvan besloot de
nog altijd optimistische Merckx, die door deze blessure geen vast
voedsel meer tot zich kon nemen, door te gaan. Hij behaalde een
heroïsche tweede plaats achter Thévenet, en kwam twee minuten en
zevenenveertig seconden tekort om het record van vijf Tour-zeges
te verbeteren.

* * *

Armstrong zou in zijn jacht op een zesde zege vergelijkbare problemen kunnen tegenkomen als Merckx in 1975. De toeschouwers
staan tijdens de beklimmingen nog altijd slechts centimeters verwijderd van de renners en het gevaar van valpartijen bestaat nog steeds
– dat heeft Armstrong in 2003 aan den lijve ondervonden. In een
binnenbocht van de klim naar Luz-Ardiden in de Pyreneeën bleef
Armstrong op volle snelheid met zijn remhendel aan het hengsel van
een schoudertas van een toeschouwer hangen. De Spanjaard Iban
Mayo, die de Amerikaan niet meer kon ontwijken, botste tegen hem
op en Armstrongs grootste rivaal, Jan Ullrich, wist ternauwernood
om hen heen te rijden. Armstrong stond op en viel bijna nogmaals
doordat zijn ketting vastzat tussen zijn achtertandkransen. Terwijl
Armstrong in de achtervolging ging, toonde zijn vroegere ploeg-

45

maat Tyler Hamilton zich uiterst sportief door naar het groepje toe te sprinten dat aan de leiding ging, teneinde Ullrich en de rest op Armstrong te laten wachten. Maar zodra de gewonde Amerikaan terugkeerde in de groep, pareerde hij een aanval van Mayo en plaatste vervolgens zelf een demarrage die zelfs Ullrich en Mayo niet konden volgen.

Armstrongs persoonlijke trainer Chris Carmichael zegt dat de dramatische val van de Texaan en het eropvolgende bijna waanzinnige verlangen om het verlies goed te maken en de etappe naar Luz-Ardiden te winnen, Armstrong kenmerken. 'Hij beseft dat je ervoor moet gaan, dat je risico's moet nemen. Je moet je kansen grijpen, dat is de instelling van Lance.'

Vrijwel al mijn gesprekspartners hebben wel een idee over de instelling van Lance, zijn gedrevenheid. Andy Horning, psychotherapeut en wielerfanaat uit Boulder, Colorado, denkt dat woede Armstrongs drijfveer is. Horning vond Armstrongs eerste biografie *Door de pijngrens* fascinerend. 'Er komt zo veel woede in dat boek voor, in zijn hele leven,' zegt Horning, doelend op Armstrongs relaas over zijn moeilijke jeugd en puberteit. 'Als Lance ooit in therapie zou gaan, zou hij die woede kunnen kwijtraken – en nooit meer een Tour de France winnen!'

De schrijver Willie Wilson is ervan overtuigd dat Armstrongs lot in zijn naam besloten ligt. 'De naam Lance, lans, roept natuurlijk het beeld op van ridders, de Ronde Tafel en een glanzende wapenrusting,' zegt Wilson. 'Als je dat combineert met Armstrong, sterke arm of krachtig wapen, dan heb je de perfecte bijnaam voor een Amerikaanse ridder.' We moeten volgens Wilson namelijk niet vergeten dat Amerikanen heroïek ooit vereenzelvigden met Jack Armstrong, de gewone Amerikaanse jongen uit een hoorspel dat tussen 1933 en 1951 op de radio was. 'Kanker overleven, de afgrijselijke kwelling van chemotherapie en dan de top in je sport bereiken, dat is ongekend inspirerend,' aldus Wilson. 'Het bevestigt het machtige, heroïsche lot dat in de naam Lance Armstrong ligt besloten.'

Tyler Hamilton beschouwt zijn vriend en rivaal als iemand die buitengewoon vastberaden is, overtuigd van zichzelf en begenadigd met een vechtersmentaliteit. 'Man, die kerel gelooft echt *altijd* dat hij kan winnen. Volgens mij dacht meer dan negentig procent van de mensen vóór Luz-Ardiden dat Ullrich de Tour zou gaan winnen. Je voelde de Tour-zege gewoon uit zijn vingers glippen...'

Na dat indrukwekkende, beslissende optreden op Luz-Ardiden zei Armstrong: 'Soms moet je overleven om te kunnen winnen.' En van overleven weet hij genoeg. Daarom was Merckx ervan overtuigd dat zijn vriend over alles beschikte om een zesde zege binnen te halen.

'Dit is niet Lance zijn eerste Tour,' zei Merckx enkele weken voor deze Tour. 'Het is zijn *tiende*, dus bezit hij ervaring, kennis en hoeft hij niets meer te leren, toch? Zolang er niets uitzonderlijks gebeurt, Armstrong niet ziek wordt of valt, kan niemand de Tour de France van hem winnen.'

Merckx is een van Armstrongs beste vrienden sinds ze elkaar troffen bij de Olympische Spelen van Barcelona in 1992. Als de Texaan in Brussel is, gaan ze samen fietsen en eindigen ze meestal in Merckx' favoriete Italiaanse restaurant. En al zijn ze van verschillende generaties, ze respecteren elkaar.

Armstrong beschouwt Merckx als 'de grootste renner ter wereld', maar ook als 'een gewone, bescheiden kerel met wie ik graag optrek'. Merckx zegt bewonderend over Armstrong, met wie hij ook intensief contact onderhield toen de laatste streed tegen de kanker: 'Hij heeft veel geleden, hij heeft hard gewerkt aan zijn comeback en hij is er sterker door geworden.' Merckx zag de veranderingen met eigen ogen toen hij begin 1997 naar Austin ging om samen met Armstrong deel te nemen aan een demonstratiewedstrijd. Armstrong had zware chemotherapie ondergaan en er waren uitzaaiingen uit zijn hersens verwijderd. 'Hij was niet veel veranderd, afgezien van zijn kaalheid en de littekens op zijn hoofd,' herinnert Merckx zich. 'Maar later veranderde hij wel. Hij werd slanker, kreeg een andere gestalte en verloor vooral veel gewicht. Ik vind dat hij als wielrenner een complete transformatie heeft doorgemaakt.'

* * *

Toen Armstrong begin 1998 weer volop in training ging, verbleef hij enkele weken in Santa Barbara, Californië, waar hij dagelijks werd gemasseerd door Shelley Verses, een zeer ervaren therapeute die in Europa voor diverse wielerformaties had gewerkt. Ze vertelt: 'Hij zei op een dag: "Ik ben magerder dan ooit. Ik ben zo sterk dat ik mijn krachten helemaal niet meer ken." Het was net of hij in een nieuw lichaam zat, alsof het een nieuwe auto was. Dat je nog niet weet wat er gebeurt als je hem in de turbostand zet.'

Doordat Armstrong vooral een lichter bovenlijf had gekregen, was hij beter in staat de cols te beklimmen; op kortere klimmetjes had hij altijd al met de besten mee gekund. Sterker nog, in de Ardennen – waar in 2004 de eerste etappe van de Tour wordt verreden – behaalde Armstrong in 1996 een van de opmerkelijkste overwinningen van zijn professionele wielerloopbaan. De *Flèche Wallonne*, de Waalse Pijl, een van de legendarische voorjaarsklassiekers, die in Huy eindigt met een anderhalve kilometer lange klim van maximaal achttien procent.

Als de etappe van vandaag over die klim, de Muur van Huy, zou lopen, zou er vermoedelijk een moeilijkheidsgraad van de derde of zelfs tweede categorie aan zijn toegekend. Zwaarder zijn uitsluitend de eerste categorie en het handjevol extreem lange en steile cols als Luz-Ardiden, die *hors catégorie* worden genoemd. Tot die topcategorie behoren dit jaar alleen een slotklim in de Pyreneeën en twee beklimmingen in de Alpen. Dat zijn bergen waarop de meeste punten zijn te vergaren voor het bergklassement, de bolletjestrui.

De Borlon, waar Lisa en Jason Alexander vandaag staan te kijken, is een klim van de derde categorie; de rest van de klimmetjes vandaag is van de vierde. De vijf beklimmingen van vandaag zijn samen goed voor ruim 1300 meter hoogteverschil, waarmee dit de zwaarste klimdag van de eerste week is. Desondanks kunnen de echte klimmers niet profiteren in de Ardennen. De eerste die boven komt op de Borlon en twee andere beklimmingen – en daarmee de eerste drager van de bolletjestrui wordt dit jaar – is Paolo Bettini, een Italiaanse coureur van Quick Step die op dit soort terrein goed uit de voeten kan, maar die moeite heeft met het hooggebergte. Armstrong blijft op de hellingen altijd voorin, omgeven door enkele ploeggenoten, maar hij laat Cancellara en zijn mannen van Fassa Bortolo de wedstrijd controleren. Ze houden een flink, soms straf tempo aan, waardoor de maximale voorsprong van de vijf vluchters beperkt blijft tot vier minuut vijfentwintig. Op de Borlon is dat geslonken tot twee minuten en op de vlakkere wegen voorbij Huy wordt de kopgroep ingelopen.

Armstrong wist aan het begin van dit wielerseizoen al dat het een moeilijk jaar zou worden, zij het wellicht minder zwaar dan vorig jaar. In februari 2003 scheidden zijn vrouw en hij van tafel en bed, in juli ondernamen ze een verzoeningspoging en later volgde de echtscheiding. En tijdens de Tour de France ondervond hij allerlei moeilijkheden die hem dat jaar bijna de eindoverwinning kostten. Hij ging van start met buikgriep, besmet door zijn zoon, kreeg door nieuwe schoenen en clips al snel een peesontsteking in zijn heup en raakte tijdens de eerste etappe betrokken bij een massale, pijnlijke valpartij. Hij had het moeilijk tijdens de klim naar Alpe d'Huez, nadat hij had ontdekt dat er al urenlang een verkeerd gemonteerd remblokje langs zijn velg sleepte; en de dag erop raakte hij even in paniek toen zijn rivaal Joseba Beloki vlak voor zijn neus over de kop sloeg. Vervolgens verloor hij mede door chronisch vochtgebrek zevenennegentig seconden op Jan Ullrich in een cruciale tijdrit en tot slot was er die angstaanjagende val op Luz-Ardiden, net toen hij bezig was met de aanval die hem de zege moest bezorgen. Armstrong won de Tour niettemin, maar met de kleinste voorsprong die hij ooit overhield – slechts eenenzestig seconden ten opzichte van Ullrich.

Toen ik Armstrong bij hem thuis interviewde, de winter voorafgaand aan deze Tour, probeerde hij zijn problemen van 2003 in perspectief te plaatsen. 'Ik had vorig jaar in het begin allemaal incidentjes, maar ik heb nooit iets gebroken, geen ernstige blessures opgelopen, ben eigenlijk wel oké geweest... Alleen die privé-dingen, die huwelijksperikelen zijn me vorig jaar zwaarder gevallen dan vermoedelijk dit jaar het geval zal zijn. *Veel* zwaarder. Het was zwaar, vorig jaar,' vertrouwt hij me toe, 'héél zwaar.'

Ik vraag hem hoe hij een leven weet te leiden waarvan zijn coach Carmichael zegt: 'Ik zou er stapel van worden.' 'Ik kan me ergens helemaal op richten,' antwoordt Armstrong, 'omdat ik weet hoe belangrijk mijn werk is. Ik weet hoe graag ik wil winnen. Ik denk dat ik ten diepste een optimist ben. Ik besef dat ik helemaal geen slecht leven heb, al kan het soms nog zo zwaar zijn en kan het soms dagenlang, tijdenlang beroerd verlopen... En daarom probeer ik daarvan doordrongen te zijn. Maar een echtscheiding, een opgebroken gezin, dat is een beproeving, ook tijdens de koers. Ik kon daar niet goed mee omgaan. En dat bleek. Maar zodra daar duidelijkheid in komt, zodra je daar je vinger achter krijgt en ermee leert leven, dan... gaat het een stuk beter. En zover ben ik nu. Het is ongelukkig; het is bepaald niet de plezierigste ervaring uit mijn leven geweest. Het is nu gelukkig achter de rug... en ik ben blij toe.'

Armstrong vertelt dat het moeilijkste van de scheiding eigenlijk de uitleg aan zijn drie kleine kinderen was. 'Vooral Luke, de oudste, raakte in de war, want we deden nog van alles in gezinsverband en dat begreep hij niet. Daar zijn we dus maar mee opgehouden,' legt Armstrong uit. 'Al wilden we het wel, want het was de bedoeling om vrienden te blijven en dingen samen te doen.'

Vervolgens legt hij uit dat zijn moeder uit Dallas overkomt om hem bij te staan als hij de kinderen heeft. Ze pendelen heen en weer tussen beide ouderlijke woningen die bij elkaar in de buurt staan. 'Luke heeft het over papa's huis en mama's huis,' vertelt Armstrong met een trotse glimlach. 'Het is een vreselijk slim kereltje; hij is echt ongelooflijk snugger. Ik wil je wel vertellen dat die hele echtscheidingstoestand nooit mijn bedoeling is geweest. Maar mijn band met mijn kinderen is wel beter dan hij ooit is geweest. Als ze hier zijn, ben ik verantwoordelijk voor ze. Als vader val je zo vaak terug op je vrouw, hun moeder. En nu... ik ben een alleenstaande vader. Het is fantastisch. Wij hebben met zijn vieren zo'n band. Ik bedoel, ik ben graag bij ze. Ik houd veel van ze.'

Ons gesprek wordt voortdurend onderbroken. 'Ze beginnen opdringerig te worden,' zegt Armstrong, als zijn mobieltje en zijn BlackBerry tegelijk overgaan. Zijn publiciteitsagent Mark Higgins komt een stapeltje boeken en posters brengen die gesigneerd moeten worden. En Armstrongs rode kater Chemo heeft ook behoefte aan hem. Als die hem kopjes begint te geven en begint te miauwen, legt het baasje uit: 'Ik ben zo lang weg geweest dat hij een beetje aandacht tekort is gekomen.'

De kampioen komt overeind als Grace en Isabelle, zijn blonde tweeling, na hun middagslaapje in identieke roze T-shirts met lovertjes de trap afkomen. Een van hen heeft een pop vast. Armstrong roept: 'Hé! Hé! Kom hier, prinsesje! Dat staat op je T-shirt. Kom eens, Grace. Is dat jouw baby'tje?'

Ik vraag Armstrong of hij extra zijn best doet omdat hij in zijn eigen jeugd geen vader had. Hij zegt dat dat niets met elkaar heeft te maken en vertelt over zijn kinderen: 'Ik kan me geen leven zonder hen voorstellen. Ik ben graag bij ze.'

Armstrong heeft geen herinneringen aan zijn eigen vader, Edward Gunderson, die bij de bezorgdienst van de *Dallas Morning News* werkt en die zijn tienerbruid vóór de tweede verjaardag van hun zoontje in de steek liet. Lance nam later de naam aan van zijn stiefvader, Terry Armstrong. Maar met die man, die hem afranselde met een houten peddel, had hij een gespannen relatie. Op zijn veertiende ontdekte Lance dat zijn adoptievader vreemdging. Hij hield het schokkende nieuws voor zich, maar zijn moeder kwam er ook snel achter en scheidde voor de tweede keer.

Het versterkte de toch al hechte band tussen moeder en zoon. Linda moedigde haar tienerzoon aan om aan sport te doen, eerst zwemmen en vervolgens triatlon. Op zijn zestiende koos Armstrong, die toen al beroemd was als triatleet, helemaal voor de fiets. Carmichael, in die tijd coach van de nationale wielerploeg van de VS, weet nog dat hij de achttienjarige Armstrong uitnodigde om met de veteranen mee te gaan op trainingskamp. Hij wilde zien of het wonderkind overeind zou blijven in een viermans tijdritformatie.

'Ik wilde dat hij met die jongens zou trainen en Lance had zoiets van: "En als ze me nou eens niet kunnen bijhouden?" Dus zeg ik: "Hoe bedoel je?"' Carmichael weet nog dat hij zijn oren niet geloofde. 'Hij zei: "Ja, jezus, en als ze me nou niet bijhouden?" Dus ik kijk of hij me in de maling neemt, maar hij was bloedserieus, weet je. En hij had gelijk. Ze konden hem níet bijhouden.'

Zodra Carmichael besefte over wat voor immense fysieke talenten Armstrong beschikte, maakte hij hem duidelijk dat hij met de juiste training en strategie wereldkampioen zou kunnen worden. Op zoek naar een beter oefenterrein verliet Armstrong zijn moeders huis aan de rand van Dallas en verhuisde naar Austin, van waaruit hij in de Texaanse heuvels kon gaan fietsen. Daar begon hij op te trekken met J. T. Neal, een trainer, masseur en vaderfiguur voor veel jonge sporters. Neal hielp Armstrong niet alleen aan een solide uitgangspunt voor zijn trainingen, maar verhuurde hem ook een appartementje van driehonderd dollar per maand in de buurt van de campus van de universiteit. Zodoende kon de negentienjarige Armstrong goed rondkomen van de beurs van 18.000 dollar die hij verdiende als amateur-wielrenner in een ploeg die werd gesponsord door Subaru en

Montgomery Securities. Desondanks was het een moeilijke periode voor Armstrong: een nieuw huis, een nieuwe stad en de noodzaak om nieuwe vrienden te maken.

Ik vraag Armstrong of Neal, een energieke, slanke man met een eeuwige glimlach op de lippen die toen in de vijftig was, voor hem ook een vaderfiguur was. 'Tja, J.T. deed alles voor me, dus eigenlijk wel,' erkent Armstrong. 'Hij kon je heel goed van al die ellende afhelpen waar je op die leeftijd in kunt vastlopen, en hij hield me uit de problemen. Het was een goeie vent. Interessante persoonlijkheid. Ja, oké, een beetje excentriek, maar dat was juist zo fantastisch aan hem. Hij kon urenlang vertellen...'

Neal bleef Armstrong als privé-masseur en manusje van alles begeleiden, ook toen Armstrong eind 1992 als beroepsrenner voor Motorola ging rijden. Zijn vaderlijke adviezen en de tijd die Armstrong in Neals gezin doorbracht, hebben veel invloed gehad op het karakter van de latere kampioen, met name op zijn zachte kanten. Een van de opdrachten in zijn autobiografie is gericht aan 'J. T. Neal, de taaiste patiënt met wie kanker ooit te maken kreeg'.

'Hij is lang ziek geweest, jarenlang,' aldus Armstrong. 'Hij is op 2 oktober 2002 overleden. Ik hoorde het van mijn moeder, die goed met hem en zijn vrouw bevriend was. Ik weet nog hoe heet het was tijdens de begrafenis.'

In de tien jaar die zijn verstreken sinds zijn kennismaking met Neal heeft Armstrong het door Carmichael voorspelde wereldkampioenschap veroverd, geknokt tegen en gewonnen van de kanker, is hij getrouwd, heeft hij drie kinderen gekregen, vier keer de Tour de France gewonnen, een succesvolle kankerstichting opgericht, is hij door *Sports Illustrated* uitgeroepen tot Sportman van het Jaar, wereldberoemd geworden en bijna gescheiden. Kristin en hij verzoenden zich vlak voor de Tour van 2003 met elkaar en samen met de kinderen vierde ze in Parijs zijn vijfde eindzege met hem. Maar in september van dat jaar werd het huwelijk alsnog officieel ontbonden.

Armstrong had altijd prachtige vriendinnen, en het viel dus te voorspellen dat hij al snel weer een schitterende vrouw zou treffen. Misschien was het gezien zijn superstersstatus en zijn leven vol bijzondere gebeurtenissen en televisieoptredens in talkshows van Jay Leno en David Letterman tot aan Paula Zahn al even voorspelbaar dat die vrouw even beroemd zou zijn als hij. In oktober 2003 maakte hij tijdens een benefietconcert in Las Vegas kennis met popster Sheryl Crow. 'Het leek wel of we elkaar al jarenlang kenden,' vertelt Crow met haar zuidelijke tongval. 'We blijken veel eigenschappen gemeen te hebben en we spreken dezelfde taal. We zijn allebei zeer gedreven. We hebben hetzelfde maffe gevoel voor humor. We nemen ons werk allebei serieus en we zijn allebei extreem competitief en ambitieus ingesteld.'

Hun verhouding ontwikkelde zich snel en werd al spoedig publiek. Gelukkig bleek Armstrongs moeder goed te kunnen opschieten met Crow en Armstrong kon tijdens Thanksgiving in het landelijke Kennett, Missouri, rekenen op een warm onthaal bij Crows ouders, Wendell en Bernice. 'Ze zijn dol op hem,' vertelt Crow. 'Hij heeft zo verbazingwekkend veel gemeen met mijn familie. Geboren in een klein plaatsje, een soort plattelandsdorp. We zijn allemaal zuiderlingen, afkomstig uit hechte gezinnen. Dat stemt iedereen tevreden.'

In Austin verhaalde Armstrong in december enthousiast over zijn Europese uitstapje met Crow. Hij had altijd popster willen worden en herinnert zich nog een concert van de Rolling Stones in San Antonio, december 1994, toen hij de band backstage ontmoette. 'In Londen had ik het er met Sheryl over, want zij is goed bevriend met al die jongens,' zegt Armstrong, waarna hij vertelt dat Bill Wyman en Ron Wood meededen aan Crows optreden in Londen. 'Met Woody is het altijd lachen,' grinnikt hij. 'Charmante oude gozer. Hij is zo grappig. Zegt hij bijvoorbeeld...', Armstrong gaat over op een lijzig, fluisterend cockney-accent, '"...Oy, jee, wat jij doe-oet, daar heb je vast veel houdvermoog voor nodig." Dus vraag ik: "Ronny, bedoel je uithoudingsvermogen?" "Ja, dat ook, natuurlijk."'

Al pratend streelt Armstrong Chemo, die zachtjes miauwend om aandacht vraagt. De vijfvoudige Tour-winnaar is thuis in Austin, met zijn moeder en zijn kinderen om zich heen, ontspannen en tevreden. Het is een cocon waarin hij veilig kan terugkeren van zijn vele reizen. In het gezelschap van zijn ploeggenoten, gezeten in de blauw met zilveren bus waarin ze tussen hotels en start- en finishplaatsen reizen, voelt hij zich evenzeer op zijn gemak. Dankzij die twee gezellige plekken en zijn verhouding met Crow kan Armstrong de uitputtende hoeveelheid verplichtingen aan.

Carmichael heeft een interessante kijk op de manier waarop Armstrong omgaat met alles wat er van hem wordt verlangd. 'Een belangrijk punt is dat hij het leuk vindt,' aldus Carmichael. 'Hij houdt van die opwinding, van al die mensen om hem heen. Ik heb weleens gezien dat hij er gek van werd, maar hij weet de zaken heel goed te scheiden. Dat merk ik in mijn eigen omgang met hem. Als hij gaat zitten, zegt hij: "Oké, bel me om zo en zo laat." En bel ik niet, of te laat, dan hangt hij aan de lijn: "Hé, wat is er aan de hand?" Volgens mij is hij in zijn omgang met de media net zo: je hebt twintig minuten; geen eenentwintig of negentien. Na twintig minuten gaat er een belletje rinkelen en is hij klaar. Maar die twintig minuten zijn *quality time*. Hij laat zich niet afleiden. Daar is hij werkelijk goed in en dat is hij altijd geweest.'

* * *

De tweede helft van de etappe blijkt zwaarder dan verwacht. Het begint te regenen, er zijn voortdurend valpartijen en een stevige tegenwind maakt alles nog onaangenamer. Ondanks het vreselijke weer daalt het tempo geen moment. Het daggemiddelde bedraagt drieënveertig kilometer per uur. De bonkige Deen Jakob Piil van de CSC-ploeg en de Belg Marc Wauters van Rabobank, net als Piil een bijzonder taaie renner, weten vijftig kilometer voor de finish in Charleroi te ontsnappen. Ze hebben allebei ooit een lange ontsnapping tijdens een Tour-etappe zegevierend afgesloten en ze lijken aan elkaar gewaagd, als je ze zo ziet jagen over de stijgende en dalende wegen in het bosrijke heuvelland en door de groezelige dorpjes aan de industriële oostkant van Charleroi.

Piil en Wauters hebben op zo'n vijfentwintig kilometer voor de finish een voorsprong van bijna twee minuten bij elkaar gefietst. Maar dan verhoogt de ploeg van Fassa Bortolo het tempo, teneinde zowel Cancellara's gele trui te verdedigen als de befaamde Italiaanse sprinter Alessandro Petacchi in stelling te brengen. Twee andere ploegen met topsprinters, Lotto–Domo (met de Australiër Robbie McEwen) en Quick Step (met de Belg Tom Boonen) doen mee aan de achtervolging.

Naarmate de snelheid oploopt en de achterstand op de vluchters kleiner wordt, neemt de kans op valpartijen toe. Niemand wil achterblijven bij het peloton nu alle sprinters zich naar voren begeven om een goede positie te hebben op het moment waarop Piil en Wauters worden ingelopen. En dan is er wéér een valpartij, een kilometer of drie voor de finish, waarbij een stuk of twaalf renners betrokken zijn – inclusief de prominente Italiaanse sprinter Mario Cipollini, die de Tour voor het laatst rijdt, en de altijd gevaarlijke Australiër Stuart O'Grady. Ze slagen er toch nog in aansluiting te vinden bij het peloton, maar ze komen te laat voor de sprint.

Piil en Wauters proberen uit alle macht uit de greep van het peloton te blijven, maar worden een kilometer voor de streep bijgehaald. Nu is het tijd voor de sprinters, die tot hun ongenoegen merken dat het laatste rechte stuk tot aan de finish minder recht is dan het op de kaart leek. Het is een straat in een buitenwijk met allerlei winkeltjes – Griekse eethuisjes, pizzeria's en benzinestations – die gaandeweg smaller wordt en aan het eind tussen rijtjeswoningen in ook steeds steiler. Er gaan vier Fassa Bortolo's op kop in de hoop dat hun Petacchi de winst in de benen heeft. Maar hij lijkt niet in goeden doen.

'Ik geloof dat Fassa Bortolo verrast werd,' aldus de Estse sprinter Jaan Kirsipuu, die op dat punt vlak achter Petacchi reed. 'Het was een hele moeilijke finish, bergop en met harde wind.' Dan trekt een Quick Step-coureur de sprint aan, maar als hij omkijkt ziet hij dat Boonen, zijn sprinter, daar niet zit – diens ketting ligt eraf.

Nu de drie gedoodverfde winnaars buitenspel staan, komt de Noorse kampioen Thor Hushovd voorop te zitten. Hij oogt sterk, maar wordt bedreigd door veteraan Kirsipuu van AG2R. En op het laatste moment werkt de behendige McEwen zich nog tussen de stilvallende renners door. De onbevreesde Australiër strekt zijn armen, blijft laag zitten en slingert zo zijn fiets naar voren, waardoor hij Hushovd op de streep passeert. Maar Kirsipuu is net buiten zijn bereik. Het is een onverwachte etappewinst voor de vierendertigjarige buldog uit Tartu, Estland, die misschien niet meer de snelste sprinter is, maar mogelijk wel de vasthoudendste. Hoewel hij de Tour nog nooit heeft uitgereden, is dit zijn vierde etappezege.

* * *

Armstrong komt achter het riskante sprintgeweld als achtenveertigste over de streep. Maar aangezien vrijwel iedereen tijdens een massasprint tegelijkertijd over de finish komt, krijgen alle renners dezelfde tijd als de winnaar. En zodoende krijgen Armstrong, Ullrich (tweeëndertigste), Mayo (vierendertigste), Basso (negenenveertigste) en Hamilton (tweeënvijftigste) en alle andere 173 renners uit het peloton die over de streep komen, dezelfde tijd als Kirsipuu: vier uur, veertig minuten en negenentwintig seconden. Dat betekent dat de verschillen tussen de renners in het algemeen klassement gelijk blijven – behalve voor degenen die bonusseconden hebben gepakt tijdens de tussensprints en aan de finish. Geletruidrager Cancellara heeft tweemaal vier seconden gewonnen door tweemaal tweede te worden in tussensprints. Daardoor worden er acht seconden van zijn totaaltijd afgetrokken en heeft hij dus een voorsprong op Armstrong van tien seconden. De Noor Hushovd van de Franse ploeg Crédit Agricole, die in de proloog als vijfde was geëindigd, heeft ook bonusseconden gepakt: zes bij een tussensprint en acht voor zijn derde plaats. Dankzij die aftrek van veertien seconden wordt hij tweede in het klassement op slechts vier seconden achter de gele trui.

Armstrong maakt zich zelden druk om die bonusseconden. Vandaag was zijn belangrijkste doel om beschermd door zijn ploeggenoten valpartijen te vermijden en daarin is hij geslaagd. Achter de finish stopt hij even opdat zijn soigneur zijn gezicht kan afvegen en een donkerblauwe handdoek om zijn nek kan hangen, en begeeft zich dan vlot – aangegaapt door fans – naar de rennersbus die in een zijstraatje staat. 'Het was een onrustige dag met al die regen, wind en valpartijen,' zegt Armstrong. 'Typisch Belgisch wielerweer.' Zijn eerste lange dag in het zadel zit erop. Hij zal zich in de bus wel wassen en droge kleren aantrekken alvorens ze het dertig kilometer verderop gelegen hotel bereiken.

Voor zijn rennersbus vertelt Ullrich de journalisten: 'Het was een rotdag, heel lastig met al die regen.' En vervolgens grapt hij: 'Het enige probleem is dat mijn shirt gewassen zal moeten worden, want dat ziet er niet uit!'

De vlekken op Hamiltons tenue zijn niet alleen het resultaat van opspattende modder. Op Radio Tour, de officiële wedstrijdinformatiedienst die alle incidenten onmiddellijk meldt, heb ik gehoord dat Hamilton een kilometer of tachtig voor de finish vertraging opliep en door vier ploeggenoten moest worden teruggebracht naar het peloton. Voorbij de finish wacht ik hem op en zie bloed op zijn linkerknie. 'Ik raakte een van de jongens van US Postal,' vertelt hij. 'Wij gingen pardoes onderuit,' voegt hij eraan toe. Bij de bus aangekomen verklaart hij: 'Voor mij was het een betere etappe dan vorig jaar.' Dat was de etappe waarin hij bij die massale, bloederige valpartij betrokken raakte en zijn sleutelbeen brak. Beter dus.

ETAPPE-UITSLAG *1. Jaan Kirsipuu (Estland); 2. Robbie McEwen (Australië); 3. Thor Hushovd (Noorwegen); 4. Danilo Hondo (Duitsland); 5. Jean-Patrick Nazon (Frankrijk), allen zelfde tijd.*

ALGEMEEN KLASSEMENT *1. Cancellara; 2. Hushovd, op 0:04; 3. Armstrong, op 0:10; 4. Jens Voigt (Duitsland), op 0:15; 5. Gutierrez, op 0:16; 12. Leipheimer, op 0:23; 13. Sastre, zelfde tijd.; 16. Ullrich, op 0:25; 18. Hamilton, op 0:26; 29. Mayo, op 0:29; 69. Basso, op 0:37.*

Dag 3 Herboren

5 juli: het bochtige parcours van 197 kilometer begint in Charleroi, voert halverwege een kilometer of vijftig door Frankrijk en eindigt weer op geaccidenteerd terrein in België. De laatste acht kilometers lopen parallel aan de Maas en de finish is in het centrum van Namen. Het algemeen klassement zal vermoedelijk nauwelijks veranderen in deze etappe, die hoogstwaarschijnlijk in een massasprint zal eindigen.

Eerst verschijnen zijn benen en blijft zijn bovenlijf onzichtbaar, als hij achterwaarts het steile trappetje van de rennersbus van t-Mobile afdaalt. Je kunt het profiel van zijn kuitspieren en van zijn zware dijspieren goed zien. Als zijn gezicht verschijnt, beginnen de toeschouwers die over de hekken rond het startgebied hangen, te applaudisseren. '*C'est lui. C'est Ool-risch!*' Ze hebben een gespannen ogende Jan Ullrich gespot. Het is tien minuten voor de start van de etappe Charleroi-Namen.

De dertigjarige Duitse superster begint aan zijn voorbereidingsritueel. Hij steekt de bidon die hij uit de bus heeft meegenomen in de houder op zijn framebuis en geeft zijn warming-upjack aan een assistent. Hij neemt zijn zonnebril af, zet de helm die hij van een hulpje krijgt op en doet zijn zonnebril weer op. Ullrich poseert met een jochie voor een foto en begint dan zelf zijn fiets na te lopen. Eerst kijkt hij of de remblokjes van zijn voorwiel wel op gelijke afstand zitten. Vervolgens bekijkt hij zijn achterwiel, klikt de uitvalnaaf los, draait hem aan en klikt hem weer vast. Hij laat het wiel even draaien om te controleren of de velg de remblokjes niet raakt.

Nu zijn fiets in orde is, gaat Ullrich erop zitten, hij zet twee handtekeningen en rijdt dan langzaam weg richting het startregister. Hij snijdt een stukje af tussen twee rennersbussen door, bonkt een paar stoepjes op en weer af, en vervolgt zijn weg achter de toeschouwers langs tot hij door een gat tussen de hekken glipt. De wedstrijdcommentator ziet hem en terwijl Ullrich het podium oploopt, wordt hij door de luidsprekers voorgesteld: 'En dan arriveert nu de man die de Tour in 1997 won, die zes keer meedeed en vijf keer als tweede eindigde, de Olympische kampioen... *Yan Ull-rique!*'

Terwijl de zon boven Charleroi door de wolken breekt, draait Ullrich zich om, glimlacht even en klimt weer op zijn fiets. Voordat hij verder fietst wordt hij door wat persfotografen gekiekt en stellen televisieverslaggevers hem een boel vragen. Hij zet nog meer handtekeningen voor nog meer jochies en als hij Duitse fans zijn naam hoort roepen – 'Ulle, Ulle' – steekt hij de straat over om ze een hand te geven en nog wat foto's te signeren.

'Ik ben gewoon gebleven,' zegt Ullrich, 'bereikbaar voor het publiek.' Hij denkt dat dat een van de redenen is waarom het Duitse publiek hem in 2003 tot Sportman van het Jaar heeft gekozen, en niet Formule 1-kampioen Michael Schumacher. Ullrichs toegankelijkheid en zijn fascinerende Tour-duels met Lance Armstrong hebben hem, niet alleen in zijn geboorteland maar wereldwijd, populair gemaakt. Zijn fans zijn lyrisch over zijn ongelooflijke macht in de bergen en de pure kracht en elegante stijl die hem in de tijdritten tot zo'n geduchte tegenstander maken. En hoewel hij ditmaal slechts vijftiende werd in de proloog – mogelijk als gevolg van een lichte verkoudheid – zegt men: 'Jan is geweldig in vorm, dit jaar; Lance zal ervan lusten.'

Met zijn één meter tachtig en zijn drieënzeventig kilo is Ullrich met zijn enorme borstkas veruit de zwaarste kandidaat voor de eindzege. Hij is een knappe man, met zijn bolle sproetenkop, zijn krachtige kaken, zijn zachtbruine ogen en zijn golvende rode haar. Tijdens zijn 'grote' dagen in de Tour oogt hij als een krijger: vastberaden, ongeschoren en in zichzelf gekeerd. Maar als hij glimlacht straalt hij als een mollige koorknaap.

Deze etappe leent zich niet voor een 'grote dag', al zullen de favorieten – nu er weer regen dreigt en het slingerende parcours door enkele steden, vervolgens platteland en tot slot over glooiend terrein voert – weer beducht moeten zijn op valpartijen. Ullrich kent het gevaar, maar hij voelt zich op zijn gemak hier in Charleroi, dat veel lijkt op zijn geboorteplaats Rostock in het noordoosten van Duitsland, waar zijn moeder, Marianne Kaatz, nog altijd woont. Het zijn allebei middeleeuwse stadjes met zo'n tweehonderdduizend inwoners, die na een recent verleden vol stakingen, rellen en criminaliteit ten gevolge van het wegvallen van de industriële voorspoed, nu enige tekenen van stadsvernieuwing beginnen te vertonen. Dat hebben ze gemeen met Ullrich zelf, die na een aantal ernstige problemen in 2002 zelf ook hersteld terugkwam.

De narigheid begon in januari van dat jaar, toen een hardnekkige peesontsteking in de knie zodanig verergerde dat hij niet meer kon fietsen. Er zat niets anders op dan opereren. 'Het ergste was dat die eerste operatie nauwelijks soelaas bood,' vertelde Ullrich me in het voorjaar van 2004. 'Ik ging weer fietsen, ondervond wat problemen, begon opnieuw, kreeg weer problemen en pas na de tweede operatie begon ik te geloven dat ik ooit weer wedstrijden zou kunnen rijden.'

Toen de pijn in zijn knie maar niet verdween, raakte Ullrich in de put en in mei 2002 was hij ronduit wanhopig. Hij besprak niet alles met zijn vriendin Gaby Weis, maar zocht naar andere uitlaatkleppen. Alsof hij iets wilde inhalen van zijn toch verre van vergooide jeugd, zocht hij zijn toevlucht in de drank. Nadat hij een avondje met vrienden op stap was geweest in Freiburg, reed hij met zijn Porsche achteruit tegen een fietsenrek. Hij werd gearresteerd wegens rijden onder invloed, zijn rijbewijs werd ingetrokken en hij kreeg een zware boete. Over de gevolgen van het incident schrijft Ullrich in zijn autobiografie *Alles of niets*: 'Ik was bang dat Gaby me zou afwijzen. Maar ze vond alleen dat ik een paar dingen moest veranderen en moest ophouden met drinken. Ze sneerde: "Schaam je je niet als professioneel sportman, Jan!"'

Beschaamd of niet, Jan had moeite om zijn gedrag bij te stellen. Enkele weken later was hij weer de hort op, onzeker over het resultaat van de tweede operatie en bang dat zijn carrière voorbij zou zijn. In een disco slikte hij xtc. De dag erop verscheen er bij toeval een dopinginspecteur in het revalidatieoord in Beieren waar Ullrich fysiotherapie onderging. Ullrich besefte dat deze tussentijdse dopingtest positief zou zijn, want xtc bevat de voor sporters verboden stof amfetamine. Na het vertrek van de inspecteur vluchtte Ullrich een boerenerf op, waar hij zijn tranen de vrije loop liet, bang als hij was dat zijn vriendin hem nu echt zou verlaten. Gaby bleef hem echter trouw.

Ullrichs wielerloopbaan liep echter nog steeds gevaar, want hij had geen benul wanneer zijn knie de beproeving van duizenden kilometers fietsen per maand weer zou aankunnen. 'Dat zou geen fraai einde van mijn loopbaan zijn geweest,' zegt hij. 'Dus heb ik mezelf steeds voorgehouden dat ik door zou gaan als mijn knie de belasting weer aan zou kunnen.'

De knie herstelde inderdaad en die herfst kon hij weer beginnen met fietsen. Maar vanwege de overtreding van het dopingreglement werd Ullrich een halfjaar geschorst door de Internationale Wielerunie (UCI) en verloor hij bovendien het kopmanschap van het machtige Deutsche Telekom, dat hem een miljoen euro per jaar opleverde. Het aanbod van de ploeg om tegen de helft van zijn vroegere salaris terug te keren, sloeg Ullrich beledigd af. 'Ze hebben me als een kind behandeld,' zegt hij, 'dus wilde ik bewijzen dat ik op eigen benen kan staan. Ik heb hen niet meer nodig.'

Met behulp van zijn trouwe zaakwaarnemer Wolfgang Strohband en zijn Belgische vertrouweling Rudy Pevenage, tevens eerste trainer van Telekom, verbond Ullrich zich aan een andere Duitse ploeg, Team Coast. Het was een wrange scheiding, vooral voor Pevenage, wiens beste vriend, de Belg Walter Godefroot, ploegleider was van Telekom. Voor Ullrich keerde het tij evenwel, zeker toen Gaby hem vertelde dat ze hun eerste kind verwachtte. Hij begon opnieuw hartstochtelijk te trainen en zwoer dat hij bij het begin van het nieuwe seizoen in april 2003 weer in vorm zou zijn.

Maar Ullrichs beproevingen waren nog niet over. Kort na zijn terugkeer in het peloton ging zijn nieuwe sponsor Coast failliet en moesten Strohband en Pevenage alles op alles zetten om een andere te vinden. Ze sloten een tijdelijke overeenkomst met de Italiaanse fietsfabriek Bianchi, die Ullrich in staat stelde mee te doen aan de Tour de France van 2003. Eindelijk was hij in staat achttien maanden van zenuwslopende ervaringen achter zich te laten. Hij was gezond, reed goed en had net samen met Gaby een prachtig nieuw huis betrokken in het Zwitserse dorp Scherzingen, met uitzicht op het Bodenmeer. 'Ik moest weg uit Duitsland, waar mijn huis een toeristische bezienswaardigheid was geworden,' zegt hij. Het stel kon hun geluk niet op toen Gaby ermee akkoord ging de bevalling twee weken voor de geplande datum halverwege juli te laten inleiden, zodat Jan bij de geboorte kon zijn en naar de Tour kon vertrekken als trotse vader van een dochter, Sarah.

Die Tour kende voor Ullrich een gunstig begin: hij werd vierde in de proloog, vijf seconden sneller dan Armstrong. Vervolgens behaalde zijn geïmproviseerde Team Bianchi een onverwachte derde plaats in de ploegentijdrit op de vijfde dag, slechts drieënveertig seconden langzamer dan Armstrongs US Postal. Het zag ernaar uit dat Jan opnieuw de kwelgeest van Lance zou worden, net als in de Tours van 2000 en 2001, toen hij als enige in staat bleek de Amerikaan partij te geven. Maar de volgende dag stond Ullrich op het punt om op te geven omdat hij, zoals pas weken later bekend zou worden gemaakt, leed aan ernstige maagkrampen en duizeligheid.

'Het was gelukkig een vlakke etappe,' vertelt hij. 'Ik had koorts, was misselijk en zat er helemaal doorheen. Maar je traint er een heel jaar voor en prepareert je er een heel jaar op, dus wil je dan ook knokken om in de wedstrijd te blijven. Daarom zette ik door.'

Hij werd nog steeds geplaagd door de ziekte tijdens de beklimming van Alpe d'Huez, waar hij anderhalve minuut op Armstrong moest toegeven. Maar vier dagen later bracht hij Armstrong in een individuele tijdrit zijn zwaarste nederlaag in vijf jaar toe. Ullrich eindigde vervolgens tijdens de eerste van drie bergetappes in de Pyreneeën vóór de Texaan en had nog maar een achterstand van vijftien seconden op diens gele trui. Volgens de critici had hij de Tour kunnen winnen als hij Armstrong eerder had aangevallen, maar Ullrich vindt niet dat hij iets fout heeft gedaan. 'Ik deed wat ik kon, toen ik het kon,' zegt hij terwijl hij me strak aankijkt. Uiteindelijk liet Armstrong zich weer gelden en voltooide de Tour als sterkste, maar het feit dat Ullrich tweede was geworden met slechts een minuut achterstand, maakte zijn comeback na de vernederende gebeurtenissen van 2002 nog boeiender.

Het publiek kiest graag partij voor de underdog en om die reden is Ullrich aan de vooravond van de Tour van 2004 populairder dan ooit. Zijn bewonderaars in Charleroi vormen een afspiegeling van de duizenden toeschouwers die zich bij de starts in andere steden komen verdringen. Deze menigten leggen enorme druk op de schouders van de renners – niet alleen op favorieten als Ullrich en Armstrong, maar ook op de knechts en zeker op de nieuwelingen. Christian Vande Velde uit de Liberty-ploeg beschrijft de spanning die zijn ploeggenoten en hij tijdens de eerste Tour-etappes ervaren: 'Zo'n etappe als deze kan angstaanjagend zijn, met het voortdurende geblèr van de ploegleider in je oor, de snelheid, de kasseien.

Angstaanjagend. Iedereen is doodsbenauwd en dat schept een hechte band,' aldus Vande Velde, die terugdenkt aan de vorige keer dat de Tour door België kwam, in 2001. 'Ik weet nog dat ik in Antwerpen met Victor Peña [zijn toenmalige ploeggenoot] naar de start liep. Hij zei: "Ik ben bang, echt bang." Ik zei: "Ik ook, man." '

De vrees van Vande Velde, Ullrich en de rest wordt vandaag veroorzaakt door de kans op valpartijen wanneer het enorme pak van 187 zenuwachtige, nog niet aan elkaar gewend geraakte renners zich op hoge snelheid voortbeweegt over smalle wegen met vaak slecht wegdek en aan weerszijden dichte massa's mensen, door krappe bochten en over rotondes. Het lastige parcours van vandaag maakt een slinger door Frankrijk, maar eindigt – vermoedelijk met een massasprint – in België. De gespierde sprinters maken weinig kans op de eindzege van de Tour, want ze hebben doorgaans onvoldoende duurvermogen en klimcapaciteiten om goed de bergen over te komen, maar dankzij hun explosieve kracht en hun ploeggenoten die hen tijdens de laatste kilometers uit de wind houden, zijn ze favoriet in zo'n vlakke etappe als vandaag. De meeste renners, zeker klassementsrijders als Ullrich, Armstrong en Hamilton, zijn al blij als ze de dag ongeschonden doorkomen, maar sprinters als Ullrichs oude Duitse ploeggenoot Erik Zabel zullen bij het binnenrijden van Namen krankzinnige risico's nemen in de hoop op een dagzege.

Tijdens relatief gemakkelijke etappes wanneer de ploegen van de sprinters nog fris en sterk zijn, valt het niet mee om te ontsnappen. Dat wil niet zeggen dat niemand het probeert. Piil is een van de zes renners die na 35 van de 197 kilometer demarreren. Hij neemt drie Fransen, een Duitser en een Ier mee. Het is geen actie waar Armstrong en Ullrich zich druk om maken, want geen van de renners vormt een potentiële bedreiging. Dus laten ze wederom Fassa Bortolo het tempo van het peloton bepalen en de kopgroep kort houden. Wanneer die na vijftig kilometer het oude stadje Mons binnenrijdt, bedraagt de voorsprong vijf minuten.

* * *

Ullrich heeft evenals Armstrong geen gemakkelijke jeugd gehad. In zijn boek onthult hij dat zijn vader hem op zijn vijfde leerde fietsen. Het is een van zijn weinige goede herinneringen aan Werner Ullrich, die aan de drank was en Jan, zijn oudere broer Stefan en hun moeder sloeg. 'Ik heb nog altijd een litteken,' vertelt Jan, 'van een pak slaag dat ik op mijn zesde van mijn vader kreeg.' Kort na die mishandeling liep zijn vader weg en keerde nooit meer terug.

Jans leven kwam daarna in rustiger vaarwater. 'We verhuisden van een dorpje in de omgeving naar de stad Rostock, waar we een appartementje betrokken in een flat van drie verdiepingen.' Jan was de middelste van drie zoons. Stefan was twee jaar ouder, Thomas vijf jaar jonger. In een tijd waarin hun moeder – in het armoedige Oost-Duitsland – als landbouwadministratrice moest zwoegen om haar zoons een gelukkige jeugd te bezorgen, trok Jan vooral op met Stefan. Sporten bood kinderen in de DDR het beste perspectief op enige welvaart, dus meldde Ullrich zich aan bij het sportprogramma voor de nationale elite. Hij begon ermee op een leeftijd waarop Lance Armstrong in Richardson, Texas, nog rondscheurde op wat hij zelf omschrijft als 'een lelijke bruine crossfiets met gele wielen'.

'Op mijn negende begon ik met trainen en wedstrijden rijden,' herinnert Ullrich zich. 'Op goede dagen reed ik twintig à dertig kilometer. Mijn broer Stefan deed meer aan atletiek, maar soms hadden we tegelijk wedstrijden, dus trainden we veel samen.'

Op zijn elfde won Jan Ullrich zijn eerste wielerwedstrijd en twee jaar later werd hij Oost-Duits jeugdkampioen baanrennen. Met die doorbraak veroverde de dertienjarige Ullrich een plekje bij SC Dynamo, een sportschool in Oost-Berlijn. Daar kwam hij in contact met de strenge leermeester Peter Becker en raakte hij bevriend met de achttien maanden jongere, magere Andreas Klöden uit Mittweida, een stad in het zuidoosten van Duitsland. Beide renners gedijden onder Beckers leiding: Ullrich werd nationaal jeugd- en juniorenkampioen, zowel op de weg als op de baan.

Twee jaar na de val van de Berlijnse muur, verhuisde Ullrich naar het westen. Becker bleef zijn coach. Wolfgang Strohband, inmiddels Ullrichs ploegleider, sprak zijn eigen middelen aan om Ullrich en nog negen Oost-Duitse renners in Hamburg onder te brengen. Strohband hoopte dat zijn renners goed genoeg zouden zijn voor deelname aan de Olympische Spelen van 1996.

Ullrich bleef zich als topamateur ontwikkelen en genoot in Duitsland steeds meer populariteit. In zijn boek beschrijft hij een verrassend incident, dat in 1993 plaatsvond. Vlak voor een wedstrijd die in hartje Berlijn begon, hoorde hij zijn naam roepen, maar niet door een fan. 'Daar stond mijn vader opeens,' vertelt hij. 'Hij schreef zijn adres op een papiertje en dat stopte ik in mijn koerstenue. Tijdens de wedstrijd regende het en toen ik het papiertje later bekeek was het alleen een doorweekt blanco blaadje.' Hij had zijn vader dertien jaar niet gezien en heeft hem sindsdien ook nooit meer ontmoet.

In augustus van dat jaar won de negentienjarige Ullrich in Oslo de wegwedstrijd van het wereldkampioenschap voor amateurs, een dag voordat de vroegrijpe eenentwintigjarige Lance Armstrong de titel bij de profs won. De Amerikaan was hard op weg naar wereldroem en Ullrich zat hem op de hielen. Ullrich beweert dat het simpel-weg zijn doel was 'om beroepsrenner te worden en wat wedstrijden te winnen'. Hij kreeg van alle kanten te horen dat hij meteen prof moest worden, maar in Oslo maakte Ullrich kennis met Pevenage, die hem aanraadde daar nog een jaartje mee te wachten. Hij wachtte af en tekende vervolgens bij Pevenages ploeg Deutsche Telekom.

De jonge Ullrich ontmoette Armstrong voor het eerst op het we-reldkampioenschap 1993, en hun wegen kruisten zich daarna zel-den, totdat ze in 1996 allebei in de Tour de France van start gingen. Dat was het jaar waarin Armstrong na tien dagen opgaf (minder dan drie maanden voordat er kanker bij hem werd vastgesteld), terwijl Ullrich bij zijn Tour-debuut sterk presteerde in de bergen, een indi-viduele tijdrit won en tweede werd in het eindklassement. Toen de Texaan het jaar erop thuis herstelde van de kanker, *won* de Duitser de Tour de France – en iedereen verwachtte dat hij de volgende vijf-voudige Tour-winnaar zou worden. Maar de getalenteerde Ullrich maakte als leider van het klassement in de Tour van 1998 fouten, waardoor hij uiteindelijk als tweede zou eindigen achter de charis-matische Italiaanse klimmer Marco Pantani. Vervolgens moest Ull-rich de Tour van 1999 laten lopen ten gevolge van kwetsuren na een valpartij in het voorseizoen – en boekte Armstrong zijn eerste van vijf opeenvolgende zeges. Het was alsof Ullrich zijn kans had gehad maar niet volledig had gegrepen en dat nu de beurt aan Armstrong was.

Velen denken dat Ullrich over meer pure kracht beschikt dan Armstrong en beschouwen deze Tour als zijn vierde en laatste kans om de Amerikaan te verslaan. Waarom heeft hij de Tour drie keer van hem verloren? 'Nou,' antwoordt Armstrong nuchter, 'omdat hij steeds tweede werd in de tijdritten... tweede.' Trainer Carmichael heeft een andere visie. Hij denkt dat Armstrong Ullrich telkens heeft verslagen dankzij zijn grotere psychische kracht. 'Het zijn beiden getalenteerde sporters,' bevestigt Carmichael, 'en in puur fysiek opzicht zijn er nauwelijks verschillen. Ze zijn allebei verrekte goed. Maar in mentaal opzicht verschillen ze wel. Een sportman als Lance heb ik nog nooit gezien. Hij is niet bang om te verliezen. Hij beseft dat je ervoor moet gaan, grote risico's moet nemen. Die houding zie je bij Ullrich niet.'

De krachtsverschillen tussen Armstrong en Ullrich zullen tijdens de etappe Charleroi-Namen geen rol spelen, want nu zullen ze uitsluitend trachten om, bijgestaan door hun ploeggenoten, uit de wind, uit de buurt van valpartijen en wellicht ook uit elkaars buurt te blijven. Ze hebben iets geestdodends, dit soort dagen die er vooral om draaien dat je veilig aankomt en uitziet naar een lekker rustig avondje. Sportverslaggever John Henderson van de *Denver Post* vroeg zich tijdens zijn eerste Tour de France in 2003 af: 'Waarom hebben ze eerst al die saaie vlakke etappes? Waarom niet uitsluitend bergetappes? Die zijn veel leuker.'

Zo simpel ligt het echter niet. De Tour zou onmogelijk zwaar zijn als hij zich helemaal in het hooggebergte afspeelde en vermoedelijk zou elke etappe door dezelfde renners worden gedomineerd. Een week vol vlakke etappes biedt alle renners de kans op een etappezege en de massasprints behoren tot de spectaculairste en opwindendste finales van de Tour.

* * *

Het is januari 2004 en Jan Ullrich, de verloren zoon, is terug bij Team Telekom, dat inmiddels is vernoemd naar de mobiele tak van het telefoonbedrijf: T-Mobile. De kwistig gefinancierde Duitse ploeg is ervan overtuigd dat alleen hij Armstrong van zijn troon kan stoten. Ullrich is terug bij zijn oude ploeg, waar hij onbetwist de kopman is. In de twee jaren die zijn verstreken sinds hij het roze tenue van de ploeg voor het laatst droeg, is hij veel volwassener geworden en heeft hij, vooral sinds hij vader is geworden, veel meer zelfvertrouwen gekregen. 'Ik wil zoveel mogelijk thuis zijn bij de kleine,' vertelt hij. Ullrich is op zíjn voorwaarden teruggekeerd bij

66

T-Mobile: naar verluidt tegen een salaris van twee miljoen euro en met zijn broer Stefan als mecanicien. Bovendien zijn twee van zijn ploeggenoten van Bianchi meeverhuisd. Nu is hij ook weer verenigd met zijn oude vriend Klöden, die zijn hele profcarrière, vanaf 1998, voor deze ploeg heeft gereden.

Het enige nadeel aan Ullrichs terugkeer is dat ploegleider Godefroot Pevenage buiten de ploeg houdt. Ullrich heeft Pevenage in dienst als persoonlijke coach, maar hij wordt niet betaald door T-Mobile en mag niet meerijden in de ploegwagens.

Tijdens de ploegpresentatie van T-Mobile, die in januari plaatsvindt op Mallorca, staat Ullrich centraal. Er zijn zo'n tweehonderd journalisten uit heel Europa uitgenodigd voor de protserige presentatie die rond de lunch wordt gehouden in een nachtclub die Gal Dent heet. Dit dure, modieuze, afgelegen etablissement ligt aan een smal landweggetje dat tussen gele boerderijtjes en kale wijngaarden door kronkelt. De club zelf bevindt zich onder de grond in de kathedraalachtige grotten van een in onbruik geraakte kalksteengroeve.

Gal Dent is ter gelegenheid van de ploegpresentatie omgetoverd in een roze paleis, dat wordt verlicht door middel van roze neonbuizen en -kubussen. Terwijl de journalisten samenstromen voor de show, dreunen de zware bassen van de technomuziek door de grotten. Maar helaas komen er geen dansende meisjes te voorschijn uit de discorook op het podium, maar een rij gespierde mannen in het donkerroze-met-witte wielertenue van T-Mobile. De presentatie doet denken aan een wedergeboorte, en de Duitse presentator lijkt een televisiedominee te imiteren die de gemeente enthousiast probeert te krijgen. Zijn act maakt geen indruk op de verslaggevers die, moe van de reis, al staan te loeren naar het warme buffet dat in de aangrenzende zaal wordt klaargezet. En als Ullrich eindelijk uit de kunstmatige rook te voorschijn komt, wordt hij niet ontvangen met het enthousiasme dat de marketingmensen van de ploeg hadden verwacht, maar met een lauw applausje.

Enkele uren later zit Ullrich met een groepje daartoe uitgenodigde sportjournalisten duidelijk beter op zijn gemak in het trainingscentrum van de ploeg in de exclusieve Club Robinson Cala Serena. De lounge van de bar kijkt uit op een kleine rotsachtige inham van de zuidoostkust van Mallorca en in de riante open haard liggen houtblokken te knetteren. De 'nieuwe' Ullrich is ontspannen en praatgraag, heel anders dan de Ullrich van vóór 2002, die zelden met verslaggevers sprak. Tijdens de persconferentie na zijn Tourzege van 1997 verwees hij liever naar zijn kopman Bjarne Riis dan zelf de vragen te beantwoorden. Hij ziet er ook gezellig mollig uit.

Ullrich staat niet alleen bekend om zijn gereserveerdheid, ook zijn vele winterse zondes tegen het sportdieet zijn berucht. Tijdens die lange, koude maanden geeft hij zich over aan chocolade en zijn favoriete Schwarzwalder Kirschtorte, waardoor hij in het voorjaar vele overtollige kilo's moet zien kwijt te raken. De verhouding kracht-lichaamsgewicht verandert door enkele pondjes gewichtstoename drastisch en dat kan hem op een klim als Alpe d'Huez zomaar enkele minuten kosten. Dat maakt dat aankomen zonder weer af te vallen vermoedelijk Ullrichs meest zelfdestructieve daad is. Zijn vroegere ploeggenoot Riis, inmiddels de gerespecteerde ploegleider van CSC, kan dat gemakkelijk verklaren: 'Hij maakt tijdens de training te veel kilometers en daarmee put hij zijn lichaam uit. Als je lichaam vermoeid raakt, wil je eten. En dan eet hij te veel.'

Sommige kenners verwijten Ullrich dat hij niet alles op alles zet en niet op tijd begint met zijn voorbereiding op de Tour. Dit jaar leek het anders te gaan, want ditmaal ging hij niet in januari maar al in november op trainingskamp naar Italië. Hij zei toen: 'Ik heb nog nooit met zo veel plezier de training hervat.' Maar in januari vertelt hij in Club Robinson: 'Voor grote evenementen bereid ik me altijd op mijn eigen manier voor.' En als ik hem vraag of zijn trainingsmethode even wetenschappelijk is als die van Armstrong en of hij gebruikmaakt van de diensten van een bepaalde trainer, antwoordt Ullrich in zorgvuldig Duits: 'Ik ben van mening dat *wij* [waarmee hij zichzelf en andere ervaren renners bedoelt] de beste trainers zijn. We hebben zo veel ervaring en doen dit al zo lang dat onze eigen conclusies vermoedelijk de beste wetenschappelijke basis vormen.'

Riis, die zelf trainingsdeskundige is, wijst die theorie van de hand. Hij vindt dat Ullrich zichzelf door dat gebrek aan wetenschappelijke training tekortdoet. 'Ullrich zal de Tour niet winnen voordat hij zich aan een goed trainingsprogramma houdt,' aldus Riis. Ullrich weet best dat hij moet veranderen. 'Mijn training was de afgelopen jaren wellicht niet honderd procent en verliep niet optimaal,' vertelt hij. 'De begeleiders kunnen ons adviseren en dingen aanbevelen, maar de dagelijkse praktijk blijft lastig.'

Als ik hem enkele maanden later in een hotel in Barcelona ontmoet waar hij verblijft vanwege een vijfdaagse wedstrijd in Catalonië
ter voorbereiding op de Tour, ziet Ullrich eruit alsof het dagelijks in
praktijk brengen van de adviezen inderdaad niets is geworden. Hij
oogt nog even zwaar als in januari, hoewel hij al weken aan het koersen is. De dag erop kan ik op de flanken van de ruige uitlopers van
de Pyreneeën met eigen ogen zien hoe gebrekkig zijn conditie is. Na
een ritje door sneeuwstormen over een smal, kronkelig landweggetje
kom ik aan in het saaie bergdorpje San Lorenzo de Morunys. Op
deze ijskoude middag komt Ullrich, met een wezenloze blik en een
kwartier na de koplopers, te midden van een groepje achterblijvers
voorbijpedaleren. Ik spring weer in de auto en volg Ullrichs groepje
tijdens hun laatste tien trage kilometers over het steile kronkelpad
naar de finish in een klein wintersportplaatsje. Slechts enkele wielerfans die in kleine plukjes aan de kant van de weg staan herken-
nen Ullrich, die zich in een plastic regenjack de berg op knokt. Drie
ploeggenoten van t-Mobile beschermen hem tegen de koude windvlagen en vuren hem aan, maar hun kopman zit aan zijn limiet. Hij
doet zijn best, gaat regelmatig op de pedalen staan om extra kracht
te zetten. Het zout staat hem op de lippen en zijn gezicht is rood van
de inspanning. Aan de finish, waar het ijs op de plassen staat, slaat
Ullrich een dikke handdoek om en trekt een warme badjas aan, als
een bokser na afloop van een gevecht. Als dit de manier is om zijn
overgewicht kwijt te raken, dan is Ullrich goed bezig. Hij moet ook
wel. Over drie maanden begint de Tour.

* * *

Eind april moest Ullrich het koersen even onderbreken. Hij was nog
steeds te zwaar, reed zijn wedstrijden met moeite uit en ging naar
huis om over te gaan op een intensiever trainingsregime. Een onderdeel daarvan was rijden op een hometrainer in de wijnkelder die hij,
om grote hoogten te simuleren, had omgebouwd tot zuurstofarme
ruimte. Armstrong gebruikt op trainingskamp en tijdens wedstrijden een zuurstofarme tent, zowel om herstel te bevorderen na zware
inspanningen als om het natuurlijke gehalte aan rode bloedlichaampjes te herstellen. En voor het eerst volgde Ullrich zijn rivaal ook op
een ander punt na: hij ging op trainingskamp in de Alpen, om er de

routes te verkennen van de drie Tour-etappes die er in juli zullen plaatsvinden.

Na dat trainingskamp was Ullrich zijn overgewicht grotendeels kwijt en toonde hij een opmerkelijk goede vorm tijdens de zevendaagse Ronde van Duitsland, waarin hij zevende werd, en de negendaagse Ronde van Zwitserland, die hij eind juni nipt won. Het was weliswaar geen optreden op Tour de France-niveau – Ullrich verloor in de bergetappes en won met slechts één seconde voorsprong op de Zwitserse veteraan Fabian Jeker – maar het was een teken van zijn verbeterde fysieke toestand. Ullrichs moraal kreeg nog een opsteker toen zijn ploegleider Godefroot en zijn privé-trainer Pevenage elkaar tijdens T-Mobiles verkenning van het tijdritparcours de hand schudden – al bleef Pevenage officieel persona non grata.

In tegenstelling tot Armstrong verwacht Ullrich niet dat alle acht zijn ploeggenoten tijdens elke etappe volledig in zijn dienst rijden. Daarom mag zijn vriend en ploeggenoot Zabel – die net als hij ooit uitkwam voor de Oost-Duitse ploeg – voor zijn eigen kansen rijden, wat hij vandaag dan ook van plan is. De vierendertigjarige Zabel nadert het einde van zijn Tour-carrière, die hem twaalf etappeoverwinningen en het recordaantal van zes groene truien heeft opgeleverd. Maar Zabel moet zijn weinige kansen grijpen wil hij in deze Tour een etappe winnen. Dat beetje extra dat hem in de jaren 1996-2001 favoriet maakte, is hij kwijt. Daar staat tegenover dat hij ervaren is en weet hoe hij valpartijen moet vermijden en hoe hij het wiel van de jongere sprinters kan houden om ze in de laatste honderd meter te kloppen.

De finish in Namen biedt de Duitser kansen: de kopgroep van zes man wordt op negentien kilometer voor de streep teruggepakt; het middagzonnetje heeft de vochtige wegen opgedroogd en de andere ploegen voeren het tempo op om verdere ontsnappingen onmogelijk te maken.

Als ze Namen langs de grazige oevers van de Maas binnenrijden, zit Zabel goed in stelling te midden van de voorste twaalf coureurs, die in een lint achter nota bene geletruidrager Cancellara aan rijden. De jonge Zwitser heeft er even van mogen genieten, maar nu moet hij weer in dienst van zijn ploeg rijden en dat betekent in dit geval zo veel mogelijk tempo maken voor zijn Italiaanse ploeggenoot, de topsprinter Petacchi, de man die in 2003 vier van de vijf etappes waaraan hij deelnam won, alvorens wegens ziekte op te geven. Petacchi, die inmiddels meedingt naar de titel 'beste sprinter ter wereld', die vroeger Zabel en Mario Cipollini toekwam, heeft nog steeds een goede positie als Cancellara van kop gaat, zo'n vierhonderd meter voor de finish. De twee minuten durende inspanning was al wat de geletruidrager kon opbrengen, en Petacchi is er niet tevreden mee. 'We wisten het peloton onvoldoende op te rekken,' zegt hij, in de wetenschap dat de kracht van zijn eindschot erin is gelegen dat zijn ploeggenoten de andere sprinters in de laatste kilometers uitputten. 'We maakten onvoldoende snelheid.'

De lange bocht naar links is bovendien geen finish die Petacchi ligt. Hij heeft liever een sprint rechtuit met een gestaag oplopende snelheid. Dit is veeleer een sprint voor een behendige coureur die rap kan versnellen, zoals de nummer twee van gisteren, McEwen, die er aan de binnenkant vandoor gaat met, in Petacchi's woorden, 'een ongelooflijke snelheid'. De Australiër wint gemakkelijk, enkele fietslengten voor de grote Noorse kampioen Hushovd.

De oudere generatie laat het afweten: Zabel wordt zevende, Petacchi achtste en Cipollini tiende. De klassementsrenners Ullrich, Armstrong en Hamilton finishen wederom veilig in het peloton, te midden van de 178 coureurs die allemaal dezelfde tijd krijgen als McEwen. De twaalf bonusseconden die Hushovd verdient met zijn tweede plaats, brengen hem in het algemeen klassement voorbij Cancellara en dus in de gele trui. Hij is de eerste Noor aan wie die eer te beurt valt.

Dankzij de sprinters zijn deze eerste Tour-etappes spannend... en gevaarlijk. Op het moment dat McEwen er in de binnenbocht vandoor ging, weken twee renners uit naar rechts en kwamen ten val. De Fransman Jimmy Casper en de Noor Kurt-Asle Arvesen waren allebei even van de wereld door de klap en bleven een tijdje liggen, maar ze hadden slechts lichte verwondingen. Het was een van de vijf valpartijen van de dag. Een stuk of tien renners zullen deze avond moeten worden behandeld aan knie-, elleboog- en schouderkwetsuren.

De mannen van Ullrichs T-Mobile-ploeg komen onbeschadigd uit de strijd. Zij keren met hun kopman terug naar het hotel in Nivelles. Dat is de plaats waar bijna twee eeuwen geleden het leger van Napoleon Bonaparte doorheen marcheerde op weg naar zijn laatste veldslag in Waterloo. Morgen zal Ullrich diezelfde route nemen, want Waterloo is het startpunt van de volgende etappe. Dat wordt een dag waarop hij zijn krachten zal moeten meten met die van Armstrong en zijn US Postals, op een parcours dat over enkele van de beruchte Noord-Franse kasseienwegen voert.

Volgens sommige critici heeft de Duitser wel de kracht om Armstrong te verslaan, maar mist hij de ambitie, een veronderstelling die Ullrich verwerpt. 'Ik begin altijd ambitieus aan een wedstrijd,' zei hij tijdens een interview aan het begin van deze Tour, 'maar anders dan de meeste anderen. Ik win graag, maar niet per se voor mezelf. Toen mijn maatje Andreas Klöden vorige week kampioen van Duitsland werd, gaf mij dat hetzelfde gevoel als wanneer ik die wedstrijd zelf zou hebben gewonnen. Maar je wint de Tour niet alleen met ambitie en tactiek. Lance heeft ook zwakke punten. Dus geloof ik niet dat hij onverslaanbaar is.'

ETAPPE-UITSLAG *1. McEwen; 2. Hushovd; 3. Nazon; 4. Hondo; 5. Stuart O'Grady (Australië), allen zelfde tijd.*

ALGEMEEN KLASSEMENT *1. Hushovd; 2. Cancellara, op 0:08; 3. McEwen, op 0:17; 4. Armstrong, op 0:18; 5. Voigt, op 0:23; 13. Leipheimer, op 0:31; 14. Sastre, zelfde tijd; 17. Ullrich, op 0:33; 19. Hamilton, op 0:34; 31. Mayo, op 0:37; 73. Basso, op 0:45.*

Dag 4 De kleine korporaal

6 juli: deze etappe van 210 kilometer begint bij het slagveld van Waterloo en volgt een grotendeels vlak, slingerend parcours door België en Frans Vlaanderen naar het nabij Lille gelegen Wasquehal. De lastige gedeelten van de etappe zijn de steile Mur de Grammont na zestig kilometer en twee korte kasseienstroken op vijfenzestig en zesentwintig kilometer voor de aankomst.

Vanaf de dertig meter hoge kegelvormige heuvel die ter nagedachtenis aan de slag bij Waterloo is opgericht, zie ik hoe het 4500 man sterke leger van de Tour de France zich opmaakt voor de volgende wedstrijddag. Alle mensen die nodig zijn om de Tour te laten plaatsvinden en er verslag van te doen, vormen in feite een reizende stad, een entourage die in zo'n zestienhonderd voertuigen van de ene naar de andere startplaats trekt.

Honderden wielerfans staan al sinds de vroege morgen van deze stormachtige, bewolkte dag rond het afgezette gebied in het centrum van Waterloo te wachten op de dingen die komen gaan. Daar introduceert vijftiger Daniel Mangeas, de officiële wedstrijdcommentator van de Tour, in rap Frans de 186 renners die ten teken dat ze die dag officieel van start gaan, stuk voor stuk hun handtekening zetten op het *fiche de départ*.

Op een sportveld daarnaast heeft de sponsor vannacht zijn tenten opgeslagen. Dat is de plek waar plaatselijke hoogwaardigheidsbekleders, genode gasten, wedstrijdpersoneel, pr-medewerkers, verslaggevers en cameraploegen 's ochtends bijeenkomen om de ochtendkranten te lezen, een praatje te maken aan het gratis buffet en wellicht een glaasje wijn te drinken. Ook veel renners brengen een bezoekje aan het dorp. Ze komen er om een afgesproken interview te geven, hun haar te laten knippen of voor een kop koffie in café Grand'Mère; met name de Spanjaarden haasten zich voor een gratis telefoontje naar de vestiging van France Telecom.

Op dit moment rijdt de kleurrijke publiciteitskaravaan, bestaande uit honderden reclamewagens en luidsprekerauto's, het plaatsje uit. Op het moment dat ze het slagveld passeren, vermengen de sinistere soundtrack van *Spiderman 2*, de goed in het gehoor liggende jingle van Grand'Mère-koffie en de van her en der komende discodreun zich tot een dissonante symfonie die opstijgt naar mijn 226 treden hoger gelegen zitplaats. Het is net een scène uit de culttekenfilm *Les Triplettes de Belleville*, die aan de Tour is gewijd.

De karavaan rijdt tijdens alle etappes een uurtje of wat voor de wedstrijd uit om het publiek bezig te houden totdat het peloton passeert. Ondertussen leggen 160 kilometer verderop in Wasquehal driehonderd man de laatste hand aan de kolossale infrastructuur die in elke finishplaats nodig is: zes kilometer dranghekken, staantribunes voor enkele duizenden toeschouwers, twee lagen commentaarhokjes voor de televisieverslaggevers, vip-boxen, een technisch park van dertigduizend vierkante meter waar de honderd vrachtwagens van de televisieproductie, voorzien van satellietschotels en kilometers kabels, kunnen parkeren, en een perszaal voor vijfhonderd journalisten in een tennishal.

Rond elf uur beginnen de eenentwintig wielerploegen Waterloo binnen te druppelen – de renners in hun grote luxe touringcars, het personeel in drie of vier stationcars met reservefietsen en losse wielen op het dak. De meeste geaccrediteerde volgers van de koers, vips en mensen van de media hebben hun auto's inmiddels ergens geparkeerd en begeven zich naar het tentendorp.

De heuvel waarop ik me bevind, bestaat uit drie miljoen kubieke meter aarde die afkomstig is van de velden vol gerst, rogge en klaver – velden waarop de bloedige slag bij Waterloo werd uitgevochten. Er vielen naar schatting 54.000 doden op die achttiende juni 1815, toen het keizerlijke leger van Napoleon Bonaparte werd verslagen door de geallieerde legers onder aanvoering van de Britse hertog van Wellington. Het was destijds de veldslag met de grootste menselijke verliezen uit de wereldgeschiedenis. Als ik vanaf mijn positie naar boven kijk, zie ik op de top van deze met gras begroeide herdenkingsheuvel een vijf meter hoog gietijzeren standbeeld van een leeuw, het symbool van het Britse leger, dat op een granieten plateau staat.

Waterloo maakte een einde aan Napoleons droom om heel Europa tot een groot Frans rijk te maken. Zijn troepen noemden hem tot op het laatst liefhebbend 'de kleine korporaal', een bijnaam die hij tijdens de officiersopleiding in Parijs al had verworven. Zijn Keizerlijke Garde, een elitekorps bestaande uit ervaren manschappen, was tot aan Waterloo nog nimmer verslagen. In hun rood-witte uniformen boezemden ze ontzag in, vooral de cavalerie. 'Ik zal die aanblik nimmer vergeten,' schreef een korporaal van de Scots Greys, die de gewapende divisies in Waterloo tegen zijn regiment zag optrekken. 'De *Cuirassiers*, met hun glanzend stalen borstplaten en helmen, galoppeerden me tegemoet, gezeten op sterke zwarte paarden, met grote blauwe kleden rond hun kroep, en de kluiten modder vlogen alle kanten op...'

Die Franse ruiters galoppeerden over de velden ten zuiden van de heuvel terwijl de mannen van de Tour nu uit het noorden aankomen en dan naar het westen rijden, in de richting van de frontlinie van het Britse leger uit 1815. Voordat ze de voet van de heuvel en de officiële start van de etappe bereiken, passeren de renners de knallende musketten van soldaten – acteurs verkleed als Keizerlijke Gardisten – en horen ze een groep doedelzakspelers opzwepende muziek uit de Napoleontische tijd spelen. De volgende etappe van de Tour de France is begonnen.

* * *

Het hedendaagse sportieve equivalent van de machtige blauwgejaste Keizerlijke Garde is Lance Armstrongs us Postal-ploeg, die de 'blauwe trein' wordt genoemd en bestaat uit renners uit Amerika, Tsjechië, Portugal, Rusland en Spanje. Wanneer ze de gele leiderstrui verdedigen, rijden deze sportmannen in hun blauwe tenues in gesloten formatie voor aan het peloton om de tegenstanders de lust tot ontsnappen te benemen. Ze hebben Armstrong tijdens vijf overwinningen in de Tour de France terzijde gestaan en staan ook nu paraat tijdens deze zware rit van 210 kilometer over het vlakke Vlaamse land van België en Frankrijk.

Ook de in roze gehulde renners van t-Mobile, die hun Duitse generaal Jan Ullrich steunen, zullen vandaag op de proef worden gesteld. Maar de mannen die vooral moeten tonen dat ze hun klassementsrenner kunnen beschermen, zijn de in groen, geel en wit gehulde renners van Phonak, een Zwitserse ploeg die voor het eerst aan de Tour meedoet. Hun kopman is Tyler Hamilton, de onbevreesde drieëndertigjarige Amerikaan die een snelle opmars door de rangen heeft gemaakt nadat hij drie jaar geleden nog een 'kleine korporaal' was in het privé-leger van Armstrong. Hamilton voert nu het bevel over zijn eigen rennersgroep – vijf man uit Spanje, eentje uit Frankrijk, een Duitser en een Zwitser – die de komende twintig dagen alles in het werk zal stellen om Armstrongs 'blauwe trein' te laten ontsporen. Volgens William Hill uit Londen geven de bookmakers kilometervreter Hamilton een kans van één op zes op de Tourzege, Ullrich één op twee en Armstrong één op één. Volgens een kleine enquête onder deskundigen heeft Hamilton echter een goede kans, heel anders dan voorgaande jaren toen iedereen in Armstrong de winnaar zag. Velen voorspellen dat Hamilton de Tour zal winnen, omdat hij moedig is en omdat hij zich er even gedegen op heeft voorbereid als Armstrong. En in een lijst van favorieten die de invloedrijke krant *L'Équipe* voorafgaand aan de wedstrijd publiceerde, kreeg Hamilton net als Ullrich vier sterren, tegen Armstrong vijf.

Om zich te meten met die raspaardjes zal de minder krachtige Hamilton al zijn vaardigheden optimaal moeten benutten: zijn conditie, zijn vermogen om snel te herstellen, zijn klimvaardigheid, zijn talent voor het rijden van tijdritten, zijn sterke moraal en zijn volledig toegewijde ploeg. Een van Hamiltons acute zorgen is dat hij nog nooit op 'echte' kasseien heeft gekoerst en daar valt vanmiddag niet aan te ontkomen. Enkele dagen voor de start van de Tour heeft hij erop getraind, dus hij weet wat hem te wachten staat. 'De eerste strook is moeilijk. Hij is bijna drie kilometer lang, maar leek veel langer,' vertelt Hamilton en hij toont me zijn handpalmen met ronde blaren ter grootte van een halve euromunt, die hij heeft overgehouden aan het getril van zijn fiets op de kasseien. 'Ik had geen handschoenen aan.' De renner uit Colorado beseft dat de kasseienstrook tijdens de koers heel anders zal zijn, wanneer door de razende snelheid, de grootte van het peloton en de dichte menigte aan weerskanten van de weg, valpartijen vrijwel onvermijdelijk zijn. Het is voor het eerst sinds de jaren tachtig dat er kasseienstroken in de Tour zijn opgenomen. Vijfvoudig Tour-winnaar Bernard Hinault, die sinds het einde van zijn actieve wielercarrière in 1986 deel uitmaakt van de technische staf van de Tour, was daar fel op tegen. Hij vond de kans op valpartijen en eruit voortvloeiend oponthoud te groot en meende dat kasseien een eerlijke uitslag van de Tour onmogelijk maakten.

Nu zijn ze voor minstens één keer terug en de klassementsrijders zullen hun ploegmaats meer dan ooit nodig hebben om hen veilig door deze etappe te loodsen. 'Ik heb de beste ploeg,' zegt Hamilton voor de start en daar zijn veel kenners het mee eens. Phonak toonde zijn kracht, eenheid en topvorm enkele weken voor de Tour in de befaamde Dauphiné. 'Het is een uitstekend stel kerels,' aldus Hamilton. 'Ik heb alle vertrouwen in ze.'

Dat is wederzijds. Hamilton heeft zich een degelijk kopman getoond die het ondubbelzinnige respect van zijn ploeggenoten verdient. Ze zijn bereid tijdens deze moeilijke etappe te doen wat ze kunnen om hun Amerikaanse baas voor in het peloton te brengen wanneer dat zich samenperst op de smalle landweggetjes voor de eerste kasseienstrook. Hamilton moet elke gelegenheid aangrijpen om kostbare seconden te winnen op Armstrong en dus zou het rampzalig zijn als hij achter in het peloton bleef hangen met alle risico's op valpartijen of vertraging.

* * *

'Die etappe met de kasseien zou weleens veel renners kunnen opbreken,' zegt Hamilton wijzend op een zwart lijntje boven aan een kaart op het scherm van zijn laptop. Het is nog maar half december, maar hij zit de route van de Tour de France al te bestuderen, inclusief deze derde etappe door het zuiden van België, die begint in Waterloo en eindigt in Noord-Frankrijk. Hij doet zijn laptop dicht en leidt me vervolgens rond door zijn nieuwe huis, een grote moderne woning in de bergen bij Boulder, Colorado. Hamilton en zijn vrouw Haven moeten nog wennen aan de ruimte die ze hebben vergeleken bij hun vorige woning, een honderdvijftig jaar oud houten huis in Marblehead, Massachusetts, dicht bij de familie. 'We hebben drie jaar in deze omgeving gezocht,' vertelt Hamilton, die tijdens het wielerseizoen van februari tot oktober ook in Gerona in Spanje woont.

Hun woningen hebben dezelfde kenmerken als de Hamiltons zelf: compact, ordelijk en bijzonder gastvrij. Tylers ronde gezicht ziet er goedverzorgd uit en zijn dikke, achterovergekamde zwarte haar ziet er altijd uit alsof hij net onder de douche vandaan komt. Hij heeft slaperige grijze ogen, een kleine mond en is goedlachs. Zijn kleren ogen ouderwets gemakkelijk: in het voorjaar een wit shirt met open kraag en een beige jack en 's winters een dikke coltrui met een dun leren jack.

Haven was hoofd marketing toen ze in 1996 tijdens een wieler-wedstrijd aan de Amerikaanse oostkust kennismaakte met econo-miestudent Tyler. Ze heeft haar carrière opgegeven om als assistent voor haar man te gaan werken en is deze middag even de deur uit om iets te regelen. Hun derde gezinslid, Tugboat, een oude golden retriever, ligt op een leren speelgoedbuffel te knauwen. Als de witte wollen ingewanden te voorschijn komen, wijst Hamilton de hond vriendelijk terecht en zegt quasi-geërgerd: 'Dat doet Tugs nou al-tijd.'

Aan de andere kant van het kamerhoge raam van de split-level-woonkamer valt het duister over de besneeuwde toppen van de Front Range, en honderden meters beneden het kasteelachtige onderko-men van de Hamiltons begint de verlichting van de buitenwijken van Denver aan te gaan. Hamilton sluit de openslaande deuren naar het terras. De warmte van de dag verdween opeens toen de zon ach-ter de nabijgelegen Bighorn Mountain dook. 'We zitten hier hoog,' zegt hij met jongensachtige trots, '2295 meter.'

De ijle lucht op deze hoogte biedt Hamilton de gelegenheid om zich aan het wereldwijd gehuldigde trainingsmotto 'Leef hoog, train laag' te houden. Volgens de theorie maken sporters meer rode bloedlichaampjes aan als ze op grote hoogte slapen terwijl de spieren sterker worden dankzij training in lagere, zuurstofrijke lucht. Dus fietst Hamilton dagelijks de berg af naar Boulder, om er meer dan zevenhonderd meter lager te trainen en krijgt hij als bonus een uit-stekende klimoefening op de terugweg naar huis. 'Ik vind het lekker om de dag met deze klim vanuit Boulder af te sluiten,' zegt hij. 'Het is zwaar hoor, dik zevenhonderd meter klimmen. Daar houd ik van. Ben opgegroeid op ski's.'

Hamiltons ouders leerden elkaar op de skipistes van Mount Wa-shington in New Hampshire kennen. Ze brachten hun liefde voor avontuurlijke sporten – samen met hun vechtersmentaliteit – over op hun kinderen. 'Ik kon niet tegen mijn verlies,' herinnert Hamil-ton zich. 'Als ik verloor, deed ik de volgende dag harder mijn best.

Anderen mochten ook nooit zien dat ik pijn had. Ik gaf nooit op als ze wisten dat ik pijn leed.' Hamilton en zijn broertje deden aan skiën, zeilen en ook wat aan wielrennen. Maar wat Tyler betrof was wielrennen uitsluitend zomertraining voor het skiën in de winter, vooral nadat hij een skibeurs had gekregen voor de universiteit van Colorado in Boulder. Hij kon een van 's lands beste slalomskiërs worden, maar aan zijn wintersportambities kwam op een dag in de herfst van 1990 plotseling een einde.

Hamilton voelt nog de pijn van die dag. Hij trainde samen met andere skiërs uit het team op een plaatselijk mountainbikeparcours. Waaghalzerig als altijd jakkerde hij over de zogeheten 'kamelenbulten' op het terrein, toen hij de macht over het stuur verloor en door de lucht vloog. Hamilton probeerde de fiets in balans te krijgen en had het stuur nog vast toen zijn voorwiel de grond raakte en hij werd gelanceerd.

'Mijn hoofd sloeg ergens tegenaan,' vertelt hij. 'Mijn helm versplinterde. De lucht klapte uit mijn longen en ik kon zeker een minuut lang geen adem halen. Doodeng. Toen ik weer adem kreeg, stond ik op en dat had ik beter niet kunnen doen.'

Hamilton wist niet dat hij door de val breuken had opgelopen in zijn derde en vierde rugwervel en dat hij door zo snel op te staan zijn ruggengraat kon beschadigen. 'Het waren gelukkig slechts barsten,' legt hij uit, 'maar ik moest wel bijna twee maanden plat liggen. Ik baalde dat ik niet kon skiën. Dat was echt een grote teleurstelling. Ik moest toch iets doen, dus ging ik maar op mijn gewone racefiets rijden, gewoon wat kilometers maken, zonder te weten waarvoor ik trainde. Ik heb nadien nooit meer een wedstrijd geskied. Maar zo ben ik aan het fietsen geraakt. Toen ik het jaar erop wedstrijden ging fietsen, was ik tien keer zo sterk als eerst.'

* * *

Kenmerkend voor de wielrenner Hamilton zijn fysieke kracht en eindeloos doorzettingsvermogen. Hij staat tevens bekend als een van de aardigste mensen uit het peloton. Volgens sommigen is hij zelfs te aardig om de Tour te kunnen winnen – maar niet volgens zijn intimi.

Een van zijn vroegere ploeggenoten, Christian Vande Velde, vertelde me: 'Tyler is bijzonder gedreven... vooral in de zin dat hij meer pijn kan doorstaan dan de meeste mensen überhaupt ooit voelen. Dat zit ergens diep in hem en waar dat tijdens het fietsen door wordt gewekt, weet ik niet. Hij heeft zonder meer twee gezichten. Als de koers zwaar is, kan hij dieper gaan dan iedereen die ik ken.'

In de zware etappe van Waterloo naar Wasquehal zal Hamilton die vechtlust moeten tonen. Vanaf de start in Waterloo gaan Bram de Groot van de Rabobank-ploeg en Jens Voigt van CSC ervandoor. De lange magere Duitser Voigt is op zijn tweeëndertigste bezig aan zijn zevende Tour. Hij houdt van dit soort marathonontsnappingen en staat nu al eerste in het klassement van de meest strijdlustige renner. Voigt en De Groot werken goed samen, al rijden ze voor verschillende ploegen: ze rijden om de beurt op kop, de enige manier om weg te blijven. Hopelijk tot aan de finish.

Ze rijden al zo'n anderhalf uur samen als ze de Mur de Grammont bereiken, een colletje van de derde categorie dat in wielerkringen befaamd is om zijn scherpe bochten en zijn aanloop over de kasseien. Bijna vier minuten na de twee koplopers zet de Italiaan Bettini fel aan in de klim teneinde zijn leidende positie in het bergklassement te versterken. Hamilton behoort tot de circa twintig renners die op Bettini's aanval reageren en bereikt de top enkele tellen voor de rest van het peloton. Maar het peloton hergroepeert en Voigt en De Groot hebben hun voorsprong tot zeseneenhalve minuut vergroot bij het binnenrijden van het grensplaatsje Doornik. Ze zijn nog een kleine vijftig kilometer verwijderd van de eerste gevreesde kasseienstrook. De spanning stijgt voor de klassementsrenners, onder wie Hamilton.

* * *

Nadat hij in 1991 omschakelde naar een andere sport, ontwikkelde de twintigjarige Hamilton zich snel als wielrenner. Hij won het nationale studentenkampioenschap in 1992 – het jaar waarin Lance Armstrong werd getipt als winnaar van de gouden medaille op de Olympische Spelen van Barcelona – en in 1993 werd hij geselecteerd voor de nationale amateurploeg van de VS. In 1995 tekende Hamilton zijn eerste profcontract bij de Californische Montgomery-Subaruploeg, waaruit de US Postal-ploeg zou voortkomen. Maar Hamilton zette zijn zinnen pas na 1997, het jaar waarin Armstrong genas van kanker, op het winnen van de Tour de France. 'Dat was een geweldig jaar voor mij, en het eerste jaar dat ik in Europa koerste,' aldus Hamilton, 'dus was ik zo groen als gras. Ik had echt het gevoel dat ik net van de universiteit kwam en had ook nog een studentenmentaliteit. Maar nadat ik de Tour eenmaal had uitgereden, nam ik me voor om op een dag terug te komen om een rol te spelen in deze wedstrijd.

In '98 was ik veel sterker, klom ik heel wat beter en was ik een betere tijdrijder – en ik was *serieus*. De eetgewoonten waren belangrijk voor me; in 1998 was ik zo'n tien pond lichter dan in '97.'

Dat is een fors gewichtsverlies voor iemand van nog geen één meter vijfenzeventig. 'Ik weeg 's winters ongeveer 65 kilo,' legt hij uit, 'en tijdens de Tour daalt dat tot 62,5 à 61,5 kilo. Je Tour-gewicht kun je niet het hele seizoen vasthouden.'

Verhoudingsgewijs kwam Hamiltons gewichtsverlies in 1998 overeen met de zeveneneenhalve kilo die Armstrong tijdens zijn ziekbed verloor. Bij beide coureurs verbeterde dat de verhouding gewicht-kracht, die zo'n grote rol speelt tijdens de lange beklimmingen en heuvelachtige tijdritten.

Dat bleek tijdens de Tour van 1998, toen Hamilton zijn enorme capaciteiten even toonde door in Correze als tweede te eindigen achter Ullrich in een zware tijdrit van achtenvijftig kilometer. Gezien zijn talent en gedrevenheid had Hamilton zich tot de kopman van de us Postal-ploeg kunnen ontwikkelen, maar Armstrong was dat jaar ook bij de ploeg gekomen en daardoor moest Hamilton genoegen nemen met de rol van knecht. Dat kostte hem geen moeite.

'Toen ik in 1999 Lance hielp om zijn eerste Tour-zege te behalen, werd ik niettemin dertiende in het algemeen klassement en zat ik tijdens enkele tijdritten bij de beste vijf. Toen dacht ik: wauw, na al dat werk, jemig, als ik kopman van een andere ploeg was geweest, was ik misschien wel in de toptien gekomen. Dat gaf me veel vertrouwen in de toekomst. Het leek me verstandig om bij Postal te blijven en daar de kunst van de beste renners ter wereld af te kijken.'

In 2000 kwam Hamiltons wieleropleiding in een stroomversnelling, want hij verhuisde naar Nice, waar hij op ongeveer een kilometer afstand van Armstrongs toenmalige zomerhuis aan de Middellandse-Zeekust ging wonen. 'We reden dezelfde wedstrijden, dus trainden we ook zo ongeveer elke dag samen,' aldus Hamilton. 'Tot die tijd dacht ik dat ik hard trainde en serieus was, maar in dat jaar leerde ik mijn grenzen behoorlijk verleggen. Ik had regelmatig trainingsdagen met Lance die veel zwaarder waren dan wedstrijddagen, veel zwaarder. Haven kan bevestigen dat ik regelmatig helemaal gesloopt thuiskwam.'

Dankzij de zwaardere trainingen herstelde Hamilton steeds sneller. 'En dat wierp zijn vruchten af,' zegt hij, 'want in 2000 boekte ik mijn belangrijkste overwinning tot dan toe, de Dauphiné Libéré.' Hamilton reed tijdens die mini-Tour de France sterk in de bergen en in de tijdritten, maar de begeleiding door zijn ploeggenoot Armstrong gaf de doorslag. De vrienden ontsnapten tijdens een steile beklimming naar Digne-les-Bains uit het peloton, kwamen als eerste en tweede over de streep en staken zegevierend hun armen op. Hamilton heeft een ingelijste foto van die gebeurtenis in zijn huis in Marblehead hangen.

Ondanks hun vriendschap en Hamiltons onbaatzuchtige bijdrage aan Armstrongs jaarlijkse Tour-zege, wilde de ex-skiër meer uit zijn wielercarrière halen. Medio 2001 was het zover. 'Ik had het idee dat ik drie jaar terug kon kijken en drie jaar vooruit met mezelf steeds in precies dezelfde rol in de ploeg. Voor het einde van de Tour besloot ik uit de ploeg te stappen, al waren we nog druk bezig die derde opeenvolgende Tour-zege binnen te halen.' Armstrong maakte er geen bezwaar tegen dat zijn vriend een tweejarig contract tekende bij het Deense CSC. 'Ik vond het een mooie gelegenheid om alleen verder te gaan,' verklaart Hamilton.

* * *

De persoonlijke verhouding tussen Hamilton en Armstrong is zich ook in de jaren nadat de leerling de meester verliet, blijven ontwikkelen en ze zijn nog altijd bevriend. Tijdens het wielerseizoen bewonen ze verschillende verdiepingen van een middeleeuws landhuis in Gerona dat is omgebouwd tot chic appartementencomplex. Ze treffen elkaar daar zelden en communiceren meer door middel van sms'jes dan in levenden lijve. Maar tijdens deze Tour van 2004 lijkt er sprake van een soort onderlinge spanning. Ik proef een ondertoon van mogelijke jaloezie en irritatie als ik met Hamilton spreek over Armstrongs ononderbroken Tour-zeges.

'Ze zeggen allemaal: "O, Lance gaat weer winnen," ' zegt Hamilton. 'Maar dat staat allerminst vast, weet je. De Tour winnen blijft moeilijk. Vorig jaar was het bijzonder zwaar. Het is altijd zwaar, ook al wint hij met zes minuten verschil. Dat hij veel sterker is dan iedereen, biedt geen enkele garantie, want er kan van alles gebeuren.'

Er kan inderdaad 'van alles gebeuren' tijdens deze enerverende etappe van Waterloo naar Wasquehal. Het kleine groepje waarin Hamilton en Armstrong de top van de muur van Grammont bereikten, werd snel bijgehaald door het peloton, maar de twee klassementsrenners laten zich niet uit de kop van het peloton zakken en houden voortdurend enkele ploeggenoten voor zich en een of twee achter zich. Hun ploegen moeten uiterst alert zijn en paraat om hun kopman snel terug te brengen naar de groep wanneer hij valt of lek rijdt. En naarmate ze de kasseien naderen, is het cruciaal dat hun kopmannen voor in het peloton zitten om valpartijen, kwetsuren en tijdverlies te voorkomen.

* * *

In 2002 verruilde Hamilton Armstrongs ploeg voor CSC, deels vanwege het vertrouwen dat de nieuwe eigenaar en ploegleider Bjarne Riis in hem had. 'Bjarne wilde dat ik een van de kopmannen zou worden,' vertelt Hamilton. De kalende, blauwogige Riis die in 1996 de eerste Deense Tour-winnaar was, stelde de doelen van zijn Amerikaanse rekruut al snel naar boven bij. 'Als je voldoende gemotiveerd bent, kun je alles,' zei Riis nadat hij lang genoeg met Hamilton had samengewerkt om hem goed te kunnen inschatten. 'We voelen elkaar goed aan. Ik ken hem en weet waaraan hij behoefte heeft.' Hamilton begon te trainen met Riis' vroegere coach Luigi Cecchini uit Toscane. In overleg besloten ze dat Hamilton een poging zou wagen de Giro d'Italia 2002 te winnen als opmaat naar winst in de Tour de France 2003.

Hamilton had er geen weet van hoe grillig die Giro in 2002 zou verlopen. Het begon met de steilste beklimming, de Colletto del Moro, tijdens de vijfde etappe. Op de top was Hamilton de enige renner die naast de drie Italiaanse favorieten stand had weten te houden. 'Het was mijn eerste echte test dat jaar en ik wist dat ik alles op alles moest zetten,' aldus Hamilton. 'Op zo'n steile klim kun je niet doen alsof. En in de afdaling voelde ik vervolgens dat er iets aan de hand was met het achterwiel, maar ik had geen tijd om uit te zoeken wat. Ik kwam de laatste bocht van de afdaling door, dus op volle snelheid. Ik ging uit het zadel, sprintte uit alle macht en toen opeens: *knal*! En voor ik het wist lag ik op de grond.'

Hij viel doordat zijn derailleur was vastgelopen. Hamilton stond snel op, nam een fiets over van een ploeggenoot en ging door – wat door een gebroken bot in zijn bovenarm en een gescheurde pees in zijn linkerschouder nauwelijks vol te houden was. Om de pijn te kunnen verdragen, beet hij zijn kiezen gedurende de volgende vijftien etappes elke dag harder op elkaar. 'Ik knarste ze gewoon weg,' verhaalt Hamilton en hij vervolgt met de mededeling dat hij later kronen op elf kiezen moest laten zetten. 'Ik had werkelijk geen keuze, want het was te pijnlijk. En ik leed er in bed evenzeer onder als wanneer ik fietste.'

Hamilton wist de helse pijnen op een of andere manier te dragen en won de cruciale tijdrit van de Giro, waarna hij tweede werd in het algemeen klassement dat vrijwel altijd door Italianen wordt gedomineerd. De enige Amerikaan die het beter deed, was klimspecialist Andy Hampsten, die de Giro in 1988 won, en Greg LeMond werd ooit derde. Belangrijker echter was dat Hamilton Riis en zijn ploeggenoten van CSC bewees dat hij niet alleen een leider was, maar ook dat hij de verbetenheid bezat die nodig is voor het winnen van de Tour de France.

In Lance Armstrong voelt iedereen de woede smeulen, maar de ontspannen houding van Tyler Hamilton maakt niet minder indruk. Zijn rustige manier van doen is echter een façade waarachter een zeer competitieve geest, pure vastberadenheid en een onvoorstelbare gedrevenheid schuilgaan. En hoezeer Armstrong en hij ook van elkaar verschillen, ze delen een cruciale eigenschap: een buitengewoon vermogen om pijn te verdragen en te verdringen. Armstrong staat erom bekend, en Hamiltons gewaagde optreden tijdens de Giro toonde aan dat hij op dat terrein iedereen aankan.

In het voorjaar van 2003 behaalde Hamilton de status van groot internationaal sportman door als eerste Amerikaan de klassieker Luik-Bastenaken-Luik te winnen, een van de vier monumenten van de wielersport. Zelfs Armstrong is er nog niet in geslaagd een van deze vier op zijn naam te schrijven. Hamilton won een week erop nog een befaamde koers, de zesdaagse Ronde van Romandië, in Zwitserland. Slechts zes jaar na zijn eerste Tour-deelname behoorde Hamilton nu dus tot de serieuze kanshebbers op de hoofdprijs van het wielrennen. 'Ik was in de vorm van mijn leven, ik was er echt helemaal klaar voor, mijn zevende Tour de France, de eerste waarin ik me echt volledig op het algemeen klassement zou richten,' vertelt hij. 'Ik was er klaar voor. Dit was mijn jaar.'

En de Tour de France 2003 begon ook goed voor Hamilton. Hij legde de proloog in Parijs een seconde sneller af dan Armstrong. Maar de dag erop werd Hamilton getroffen door het noodlot, dat hem beter weet te vinden dan andere toprenners. Toen tijdens de etappe naar Meaux het 198 man sterke peloton op een halve kilometer voor de finish bergaf op volle snelheid een bocht nam, kwamen twee renners met elkaar in botsing, waarna de rest eroverheen buitelde en er een angstaanjagende ravage ontstond.

'Ik zag iemand voor me liggen,' vertelde Hamilton die avond. 'Ik had geen tijd om te reageren. Voor ik het wist, lag ik op het asfalt. Ik kwam eerst op mijn hoofd en rug terecht... maar aan de voorkant brak ik mijn sleutelbeen. Ik denk dat ik tegelijkertijd op mijn schouder en hoofd terechtkwam.'

Ole Kaere Føli, de osteopaat van de CSC-ploeg, was die avond twee uur lang met zijn schouder bezig en de volgende ochtend nog eens anderhalf uur. Hamiltons gebroken sleutelbeen werd verbonden, zijn stuur werd voorzien van drie rollen schokabsorberende geltape en geheel in stijl besloot hij door te rijden. Drie weken later sloot hij de Tour, hoewel hij geen meter pijnloos had gereden, met een vierde plaats af – slechts zes minuten langzamer dan Armstrong.

Dat was het moment waarop de media begonnen over de Amerikaanse explosie in de Tour. In het honderdjarige bestaan ervan hadden slechts twee Amerikanen, Armstrong en LeMond, de wedstrijd ooit gewonnen. Maar nu leek het erop dat de Tour van 2004 twee Amerikaanse kanshebbers zou hebben. Sterker nog, als iemand Armstrong kon verslaan dan zou het eerder de strijdlustige Hamilton zijn dan de majestueuze Ullrich.

* * *

Tijdens de Tour van 2003 beseften slechts weinigen dat Hamilton toen al overwoog CSC te verlaten. Dat was op dat moment in zijn loopbaan een logische stap. Hij wilde een ploeg die zich met hem als kopman helemaal op de Tour zou richten, in plaats van een ploeg met renners die zelf etappes wilden winnen of reden voor een eigen hoge positie in het algemeen klassement.

'Ik had er tijdens de laatste week van de Tour over nagedacht,' erkent Hamilton, terwijl hij wat meer onderuitzakt op zijn leren stoel in zijn huis in Colorado. 'Ik had nog geen besluit genomen... maar mijn voorkeur ging al wel uit naar Phonak. In de wetenschap dat ik CSC zou verlaten, voelde het succes in de Tour een beetje...'

Hij weet niet hoe hij onder woorden moet brengen hoe het voelde om een ploeg te gaan verlaten die op het punt stond de Tour met drie etappezeges en winst in het ploegenklassement af te sluiten.

Hij doet nog een poging: 'Aan het eind van de Tour was ik blij. Tuurlijk, het was afgelopen, ik was vierde geworden, had een etappe gewonnen, maar zelfs toen ik tweede werd in de laatste tijdrit en daarmee twee man voorbijging in het algemeen klassement, kon ik me niet echt laten gaan, want ik wist wat er stond te gebeuren. Ik ging weg. En het viel me zwaar. En ik vond het afschuwelijk dat ik dat tegen Bjarne moest zeggen. We moesten allebei huilen.'

Met een brok in zijn keel fluistert Hamilton: 'Het was vreselijk, echt vreselijk. Het was werkelijk een van de rotste dagen van mijn leven. Maar soms moet je doen wat je denkt dat het beste is voor jou en je carrière. Het was afschuwelijk, afschuwelijk. Ik heb het hem na afloop van de Tour gezegd. Ik heb het hem onder vier ogen verteld.'

'Het was een enorme verrassing voor me. Ik had het niet verwacht,' zei Riis toen ik hem vroeg naar dat onderonsje met Hamilton na afloop van de Tour. 'Wat moet je zeggen als je zoiets te horen krijgt? Dan zeg je niks. Je bent geschokt, natuurlijk. Je weet domweg niet wat je ermee aan moet.'

Snapte Riis waarom de ster uit zijn ploeg besloot te vertrekken? 'Nee, nee,' antwoordt hij op treurige toon. 'Dat zal ik nooit kunnen begrijpen.'

* * *

Na het emotionele uiteengaan van Hamilton en Riis – die allebei beweren nog steeds met elkaar bevriend te zijn – tekende Hamilton dat najaar bij de Zwitserse Phonak-ploeg. Phonak bood hem niet alleen een hoger salaris, maar ook de gelegenheid zijn eigen ploeg samen te stellen voor de Tour.

Hamilton is ervan overtuigd dat hij de juiste beslissing heeft genomen. 'In de eerste plaats was het een goed afgewogen gok. In de tweede plaats ben ik niet bang om een dergelijk risico te nemen,' zegt hij. 'Maar ik heb moeite met mensen die eraan twijfelen. Laat ze maar zeggen dat we een halfbakken ploeg zijn. We vormen een bijzonder sterk geheel en ik sta te trappelen om dat aan te tonen.'

Dat zegt Hamilton in januari 2004, gezeten aan de bar van hotel Esmeralda in Calpe, een fraaie badplaats aan de Spaanse Costa Blanca. Hij heeft net met zijn nieuwe ploeggenoten van Phonak gedineerd. Ze zijn op trainingskamp. Tussen slokjes *latte* door somt hij trots zijn ploegleden op, te beginnen met de bekende Oscar Sevilla. Die blozende jonge Spanjaard zit in de lobby met zijn luidruchtige vriend José Enrique Gutierrez. Ze komen Phonak versterken na de eerste zes jaar als beroepsrenner voor het Spaanse Kelme te hebben gereden.

Klimspecialist Sevilla was in de Tour van 2001 de beste jongere. Tijdens de bergetappes zal hij Hamiltons belangrijkste knecht zijn, en Gutierrez zal gedurende de hele Tour van groot belang zijn.

Hamilton beweert zelf acht renners te hebben uitgekozen uit de groep van vierentwintig, onder wie ook zijn Franse kameraad en vroegere ploeggenoot bij CSC, Nicolas Jalabert. 'Ik heb hem gevraagd mee te verhuizen,' vertelt Hamilton en hij memoreert vervolgens een gesprek met Jalabert uit 2003 dat ze voerden na Hamiltons val tijdens een kermiskoers in Nederland. 'Toen ik was gevallen, stond hij naast me,' aldus Hamilton, die onmiddellijk geheel in stijl op zijn fiets wilde springen om de groep te achterhalen. 'Het bloed stroomde uit mijn vinger en drupte op mijn wiel, dus zei Nicolas: "Tyler, dit is de Tour de France niet. Je hoeft niet door te rijden tot je erbij neervalt." '

Jalabert, die een paar jaar jonger is dan Hamilton, ziet er met zijn korte rossige haar, ronde neus en vooruitstekende kin meer uit als een bokser dan als een wielrenner. Hij is afkomstig uit de Tarn in Zuid-Frankrijk en is de jongere broer van Laurent, die meer dan honderd overwinningen behaalde voordat hij in 2002 stopte met koersen. Nicolas heeft geen last van de faam van zijn broer; hij is tevreden met zijn rol als knecht. Hij is al tien jaar beroepsrenner en heeft veel ervaring in het koersen over de kasseien in België en Noord-Frankrijk. Jalabert is een van Hamiltons belangrijkste vertrouwelingen tijdens deze Tour, vooral tijdens zware etappes als die van vandaag. Hij moet Hamilton uit de wind houden bij de eerste kasseienstrook, die ze nu met rasse schreden en bange voorgevoelens naderen.

* * *

Om dit cruciale deel van de rit te kunnen zien, ben ik met een collega-journalist een halfuur vooruitgereden. We hebben geparkeerd in Wandignies-Hamage, een gehucht van kleine huisjes met pannendaken vlak na een twee kilometer lange kasseienstrook die in het dorp Erre begint. We lopen terug naar de granieten kasseien, waar de weg slechts drie meter breed is en aan de zijkanten verzakt doordat er twee eeuwen lang karrenvrachten bieten, aardappels en kool over zijn vervoerd. De rug die zodoende in het midden is ontstaan, vormt een gevaar voor zowel fietsen als auto's. Een busje van een cameraploeg rijdt precies op het moment dat we komen aanlopen met een knal tegen het ruggetje op. De toeschouwers joelen de chauffeur sarcastisch uit. Er staan hier vermoedelijk zo'n tienduizend fans te kijken. Tina Müller uit Dortmund draagt een witte Jan Ullrich-vlag om haar middel. 'Hoe schat je Jans kansen in?' vraag ik. 'Ik heb goede hoop,' antwoordt ze, 'maar ik vind Armstrong erg sterk rijden. Ik heb in de krant gelezen dat Jan nu ziek is, maar ik hoop dat hij heel goed wordt.' Haar bezorgdheid is op zijn plaats, want Ullrichs verkoudheid is omgeslagen in een lichte bronchitis.

Twee tieners uit een groepje Franse toeschouwers blijken beginnende wielrenners. De ene zegt dat hij fan is van Ullrich, de ander van Armstrong. 'Wie denkt u dat de Tour gaat winnen?' vraag ik vervolgens een oudere toeschouwer uit het naburige Valenciennes. 'Le Tour? Ik zou graag zien dat er dit jaar eens iemand anders won dan Armstrong,' zegt hij. 'Ik weet niet wie hem kan verslaan, hopelijk een nieuw iemand.'

Dat geluid hoor ik steeds vaker. De media hebben voor de Tour zo overdadig aandacht besteed aan Lance, wiens foto op vrijwel alle tijdschriftomslagen verscheen, dat velen nu behoefte hebben aan een nieuwe naam, een nieuwe held.

Op de kasseienstrook druk ik een kleine scanner tegen mijn oor om de nieuwtjes van Radio Tour te kunnen horen. Er wordt gemeld dat het peloton nu het plaatsje St. Amand-les-Eaux passeert, twintig kilometer eerder op de route, met meer dan zes minuten achterstand op de twee koplopers. De Amerikaan Levi Leipheimer is lek gereden en afgestapt voor een nieuw wiel; vier ploeggenoten van Rabo staan te wachten om hem terug te brengen naar het peloton. Dan komt het nieuws dat het peloton wordt aangevoerd door 'US Postal, Crédit Agricole en Euskaltel-Euskadi, waardoor het tempo na St. Amand flink omhoog is gegaan'.

Vijftien minuten later raakt de commentator van Radio Tour opgewonden: '*Attention, attention! Le maillot jaune* [de gele trui] is gevallen, maar hij staat op het punt weer op te stappen. Er liggen coureurs van Illes Balears, Saeco, Quick Step op de grond alsmede de *maillot à pois* [bolletjestrui] Bettini, die hulp krijgt. Cipollini ligt ook op de grond en Iban Mayo is in de greppel beland. Er zijn ook twee mannen van Crédit Agricole gevallen, Hushovd en Christophe Moreau. De valpartij vond plaats op kilometer 139. Het peloton is in vier stukken gebroken doordat de knechten op hun kopmannen wachten.'

De valpartij vond plaats op een overzichtelijk stuk weg, een kilometer of zes voor de eerste kasseienstrook. Enkele renners zijn in een boerenslootje beland. De ploegen van Armstrong, Ullrich en Hamilton voeren het tempo op tot bijna zestig kilometer per uur op dit deel van het parcours, dat door kleine dorpjes slingert. Voor de vooraf als kanshebbers getipte renners Mayo en Moreau is dit een ernstig incident dat hun podiumkansen in Parijs vrijwel zeker tenietdoet. Maar Hamiltons terreinverkenning loont: hij is ontkomen aan de valpartij en zijn hele ploeg werkt hard in dienst van hem.

Ik vertel wat ik net heb gehoord aan de twee enthousiastelingen die naast me staan. Ze komen uit Adelaide in Australië, en zien de Tour voor het eerst. 'Hoeveel man breed komen ze hier straks langs?' vraagt een van hen, 'vier, vijf man?'

'Nee,' antwoord ik. 'Een voor een.'

'Een voor een? Jeetje, dat is mooi.'

'Ze rijden hier wel hard, hoor,' leg ik uit. 'Op kop zul je mensen zien als George Hincapie en Vjatsjeslav Ekimov van US Postal.'

Radio Tour meldt dat de twee koplopers aan de kasseienstrook zijn begonnen. We kijken naar het zuiden en zien vier heli's laag boven het maïsveld zweven. Koerswagens en motoragenten komen ruim baan maken en veroorzaken stofwolken. Maar de menigte staat al snel weer op de weg, halsreikend uit te kijken naar Voigt en De Groot. Opeens duiken de twee koplopers op. Ze rijden op de strook modder met grind aan de zijkant van de weg, vermijden de stenen en dwingen de fans om met een sprongetje naar achter de weg vrij te maken. Voigt maakt de sterkste indruk, maar beiden zien er getekend uit, na vier uur keihard vooruit te hebben gereden. Geklap en geschreeuw van de toeschouwers vermengen zich met het geraas dat de autowielen op de kasseien maken, het getoeter van de claxons en het ratelen van de wieken van de heli.

Nog geen drie minuten later horen we de achtervolgers naderen. Volgens Radio Tour komen ze in razend tempo en in één langgerekt lint aanrazen. We kijken allemaal weer de weg af. Sommigen wijzen. Anderen roepen: 'Daar heb je ze!' De menigte wijkt uiteen om de renners te laten passeren. Ze rijden werkelijk als gekken, hun wielen stuiteren over de kasseien, hun armen trillen, hun blikken staren in de verte. Drie blauwe tenues voorop – Hincapie, Ekimov en Armstrong van US Postal! En Ullrich zit pal achter Armstrong! Daarna volgen de beroemde Italiaanse renner Michele Bartoli, de Franse sprinter Jean-Patrick Nazon en het Duitse sprintkanon Erik Zabel. Ik zie ook vier man van Phonak in deze eerste groep van ongeveer twintig man: Santos Gonzales, Oscar Pereiro, Nicolas Jalabert en Hamilton. Dan duurt het eventjes voordat de favoriete Italiaan Gilberto Simoni voorbijraast. Na een veel groter intermezzo jakkert de volgende groep van een man of veertig langs, merendeels met open mond vanwege de inspanning en met zwarte koppen doordat het stof van de weg aan hun bezwete huid plakt. In deze groep zitten Roberto Heras van Liberty, Leipheimer van Rabobank en Ivan Basso van CSC. Geletruidrager Hushovd en zijn ploeggenoot Moreau voeren de volgende groep achtervolgers aan, die op één minuut twintig achterstand passeert, en Mayo, gegangmaakt door twee ploeggenoten, volgt op meer dan twee minuten van Armstrongs groep.

'De kasseien zelf waren een verrukking,' zal Armstrong later vertellen. 'Maar er komen was het probleem... gestrest gedoe de avond tevoren en aan het begin van de etappe. En de laatste kilometers voor de kasseien waren echt hectisch.'

* * *

Als de renners allemaal zijn gepasseerd, springen we weer in onze perswagens en volgen de hekkensluiters een kilometer of wat. De ploeg van Armstrong heeft inmiddels vanwege de harde tegenwind besloten het tempo niet verder op te voeren en zodoende versmelten de twee voorste groepen. Maar het tempo loopt al snel weer op als de ploegen van Armstrong, Ullrich en Hamilton hun best gaan doen om de beide vluchters Voigt en De Groot terug te halen en de voorsprong op de achterblijvers te vergroten. Tegelijkertijd brengen Mayo's ploeggenoten hun kopman terug bij de tweede groep achtervolgers, waarin ook Hushovd en Moreau zitten, en verder gaat het, met een achterstand van twee minuten, op weg naar de finish, nog altijd een kilometer of vijftig koersen.

Wij hebben de koers inmiddels verlaten en rijden met dik honderdvijftig kilometer per uur over de snelweg naar Lille, waar Wasquehal vlakbij ligt. Na een speurtocht door een doolhof van straatjes bereiken we de aankomstplaats en rennen naar de eindstreep om de laatste kilometers van de wedstrijd te volgen via de televisie in de perszaal. De voorste groep van inmiddels negentig man boekt gestaag winst op de groep volgers van zestig man, waarin drie man van Euskaltel (voor Mayo) en twee van Crédit Agricole (voor Hushovd en Moreau) een verloren strijd voeren. De verslagenheid in de ogen van deze renners neemt toe naarmate ze de tweede kasseienreeks naderen, die weliswaar veel korter is dan de eerste, maar even lastig. Hier tracht een Sloveen uit de ploeg van Alessio-Bianchi, ene Martin Hvastija, te ontsnappen uit de eerste groep. Die actie brengt een onverwachte reactie teweeg.

'Toen Hvastija demarreerde maakte ik een foto waarop ik nooit had durven hopen,' aldus Graham Watson, een door de wol geverfde Engelse fotograaf. 'Lance Armstrong ging in de aanval op de kasseien. En hij glimlachte!'

De versnelling van de Texaan was van korte duur, maar ze vormt de opmaat tot een reeks van andere ontsnappingen in de resterende vijfentwintig kilometer. Tegelijkertijd vervliegt de strijdlust van de achtervolgende groepen. In de laatste kilometers rijdt alleen Unai Etxebarria, een in Venezuela geboren Bask uit de Euskaltel-ploeg, nog op kop van Mayo's groep, en de achterstand van twee minuten groeit uiteindelijk uit tot bijna vier minuten. 'Mayo kan de Tour nu niet meer winnen,' zegt een collega. 'En in de tijdrit van morgen gaat hij nog meer verliezen.'

De rit naar Wasquehal eindigt net als de vorige twee etappes: een chaotische sprint tussen mannen die bereid zijn om valpartijen te riskeren om een dagoverwinning te behalen. Net als een etmaal geleden in Namen gaat McEwen er aan de linkerkant van de weg vandoor, maar hij heeft geen rekening gehouden met de harde windvlagen aan die kant. Hij wordt in zijn laatste vijftig meter teruggeworpen door de wind en rechts door twee man gepasseerd: Ullrichs ploeggenoot Zabel en de Franse sprinter Nazon. Zabel lijkt het sterkst, maar in de allerlaatste tel schiet de Fransman hem voorbij.

De zevenentwintigjarige Nazon wilde eind 2002 bijna stoppen met wielrennen toen hij werd ontslagen door Français des Jeux. Hij werd vervolgens in dienst genomen door de armlastige ploeg van Jean Delatour, waarin Nazon werd beschouwd als een van de weinige kanshebbers op dagwinst. Het was een goede overstap, want Nazon won in de Tour van 2003 de prestigieuze slotetappe op de Champs-Élysées. Daardoor kostte het hem geen moeite om voor 2004 een lucratiever contract te sluiten. Hij werd door een derde ploeg gecontracteerd, AG2R, als opvolger voor de ouder wordende Jaan Kirsipuu. Twee man die etappes winnen aan het begin van de Tour, dat is een enorme opsteker voor het Franse verzekeringsconcern dat de ploeg sponsort.

McEwen zegt dat hij teleurgesteld is dat hij deze etappe niet heeft gewonnen en hij toont zich onverschillig als hij te horen krijgt dat hij dankzij de zes bonusseconden die zijn derde plaats hem oplevert de gele trui krijgt. 'O ja?' reageert hij. De Australiër weet dat het slechts symbolische waarde heeft om als sprinter de leiderstrui te dragen, want hij heeft onvoldoende klimcapaciteiten om de trui te behouden zodra de bergen in zicht komen.

In de rennersbus van US Postal hangt een heel andere sfeer. Wanneer de renners vanaf de finish daar aankomen, klinkt overal dat de ploeg het zo goed heeft gedaan op de kasseien, met name Hincapie en Ekimov. Zowel Hincapie – dertig jaar oud en geboren in New York – als Ekimov – Rus, achtendertig jaar en woonachtig in Spanje – is een serieuze kanshebber in de klassieker Parijs-Roubaix, die over vergelijkbaar terrein voert. Hincapies kracht en ervaring als klassiekerrenner zijn gedurende deze eerste Tour-week cruciaal voor Armstrong. Geen wonder dat de Texaan Hincapie, de enige ploeggenoot die Armstrong gedurende al zijn gewonnen Tours terzijde heeft gestaan, zijn 'beste maatje' noemt.

Die avond op weg naar het hotel hangt in de US Postal-bus een enigszins opgewonden stemming, wat met het oog op de ploegentijdrit van de volgende dag alleen maar goed is. 'Triki kreeg van iedereen complimenten omdat hij in de eerste groep zat,' vertelt Hincapie, verwijzend naar zijn Spaanse ploeggenoot Manuel Beltran. 'Ik denk dat hij het zenuwachtigst was van iedereen en hij staat er niet om bekend dat hij op de kasseien uit de voeten kan. José [Azevedo] had zoiets van: "Ik wil nooit meer over die kasseien rijden." Chechu [Rubiera] zei dat hij me een godheid vond en dat hij zo veel ontzag voor me had. Die Spaanse jongens waren zwaar onder de indruk van de kasseien. Ze konden het domweg niet geloven.'

Tyler Hamiltons Phonak-ploeg is deze etappe ook goed doorgekomen. Voordat ze na de finish in de rennersbus stappen, zegt Hamilton: 'Ik voelde me lekker... de ploeg reed vandaag sterk; ze deden wat ze moesten doen.' Vervolgens vertelt hij over zijn eerste wedstrijdervaring met de *pavés*, de kasseien. 'De groep raakte een kilometer of veertig voor de kasseien ontzettend gespannen,' zegt hij. 'Het is zonde dat jongens als Mayo zo veel tijd verliezen. Ik heb medelijden met hem. Het is natuurlijk heerlijk om zo veel tijd op hem te winnen, maar de kasseien zijn voor Parijs-Roubaix. Ik ben niettemin blij dat ik voor en niet na de breuk zat.'

Hamilton zal nooit weten hoe weinig het allemaal heeft gescheeld. Kort nadat hij zijn fiets tegen de rennersbus heeft gezet en erin heeft plaatsgenomen, klapt zijn achterband. Er zat een klein scheurtje in de zijkant, een beschadiging die je op de kasseien gemakkelijk oploopt. Hij vertelde dat de ploeg vandaag met iets bredere en minder harde banden reed dan anders. Waren ze harder opgepompt geweest, dan zou de zijkant vermoedelijk tijdens de koers al zijn geknapt. Je zou het geluk kunnen noemen, of een vooruitziende blik. Maar misschien was het ook een teken dat Hamiltons lange reeks ongelukken in belangrijke wedstrijden ten einde is. In de ploegentijdrit van morgen, weer zo'n cruciale etappe, kan hij dat geluk goed gebruiken. Hoe schat hij de kansen van zijn Phonak-ploeg in? 'Volgens mij zijn we heel sterk. Ik zie het zitten.'

ETAPPE-UITSLAG *1. Nazon; 2. Zabel; 3. McEwen; 4. Tom Boonen (België); 5. Kim Kirchen (Luxemburg), allen zelfde tijd.*

ALGEMEEN KLASSEMENT *1. McEwen; 2. Cancellara, op 0:01; 3. Voigt, op 0:09; 4. Nazon, op 0:12; 5. Armstrong, op 0:16; 9. Leipheimer, op 0:24; 15. Sastre, op 0:29; 18. Ullrich, op 0:31; 20. Hamilton, op 0:32; 42. Basso, op 0:43; 101. Mayo, op 4:23.*

Dag 5 In de loopgraven

7 juli: een ploegentijdrit van 64,5 kilometer die door twintig dorpjes voert in het geaccidenteerde boerenland tussen de middeleeuwse steden Cambrai en Arras. Alle ploegen worden geplaagd door harde windstoten en zware regenval. Dit is een van de 'grote' etappes van de Tour.

Het canvasdak boven mijn hoofd wordt geteisterd door dikke regendruppels. Het regent zo hard dat ik de donderslag die de hemel boven de leistenen daken van Arras doorklieft, nauwelijks kan horen. Plotseling begint een helper van de Franse ploeg RAGT Sémences die op de drijfnatte markt staat, te schreeuwen naar zijn verzopen renners en gebaart in de richting van de perstent waarin ik me bevind. De renners, die zojuist hun tijdrit over 64,5 kilometer hebben voltooid, komen schuilen met aan de hand hun exotisch ogende tijdritmachines voorzien van dichte wielen, dezelfde die ze tijdens de proloog hebben gebruikt. Ze blijven met moeite overeind op hun schoenen met klikplaatjes. De tent is snel overvol en geanimeerd geklets vult de ruimte: 'Die laatste bochten op de klinkers waren pure waanzin!' 'Wat voor tijd hebben we gereden?' 'Ik geloof 1:17:40.' 'Niet slecht, toch?' 'Die tegenwind, zwaar was dat.'

Ze trekken hun doorweekte groen-wit-oranje tenues uit, krijgen handdoeken van de trainer en beginnen in microfoons te praten die ze door Franse radio- en televisieverslaggevers onder de neus krijgen geduwd. 'Iedereen kan zien dat het regent,' zeggen ze, 'maar hoe is het onderweg?'

Enkele renners vertellen hun heldenverhalen en ondertussen verzamelt de ploegassistent van RAGT, die een diamanten wenkbrauwpiercing draagt, de helmen van de renners, geeft hun allemaal een tasje met een droog shirt en een droge trainingsbroek en wijst ze vervolgens de weg naar de rennersbus: '*Suivre la direction l'autoroute. C'est environs cinq bornes.*' *Cinq bornes?* Vijf kilometer? Een van de renners protesteert: 'Ik wil zo geen *cinq bornes* afleggen.' 'Nou, misschien zijn het er maar drie of vier,' zegt de assistent vaag. 'Als je een beetje bij mij in de buurt blijft, kijk ik wel of er niet een plekje voor je is in de auto.' 'Nee, laat maar, ik fiets wel...'

Wordt er werkelijk van hen verlangd dat ze nog eens vijf kilometer door die bui afleggen naar een geparkeerde bus, nadat ze zich kapot hebben gefietst op glibberige wegen in de koude regen en zich in de vochtige buitenlucht hebben moeten omkleden? Geen wonder dat Amerikaanse journalisten de RAGT-ploeg de bijnaam 'zootje ongeregeld' hebben gegeven. Een ploegleiding die haar renners zo onwaardig behandelt en het risico laat lopen op verkoudheden en erger, is geen knip voor de neus waard. En een dermate slechte organisatie leidt tijdens de Tour de France gegarandeerd tot een nederlaag. De bus van Lance Armstrongs ploeg staat pal om de hoek, vlak na de finish. Als zijn mannen de streep zijn gepasseerd, zitten ze enkele tellen later in de bus waar hun hete douches en warme, droge trainingspakken wachten.

De geoliede organisatie van de Amerikaanse ploeg vormt een cruciaal onderdeel van Armstrongs aanspraak op de eindzege, en die organisatie moet vooral goed zijn tijdens de etappe van vandaag, de enige ploegentijdrit tijdens de Tour van dit jaar.

Naast US Postal beschikt slechts een handjevol ploegen – T-Mobile, Phonak, CSC, Rabobank en wellicht Liberty Seguros of Illes Balears – over de benodigde rennerscapaciteiten en voldoende verzorgers om deze zware etappe te winnen. Wat maakt die etappe zo zwaar? 'De ploegentijdrit is zeer beladen. Aanvankelijk maak je je enorme zorgen omdat je weet dat je super moet zijn en op elkaar ingesteld,' aldus Christian Vande Velde, de Amerikaan die het afgelopen jaar overstapte van US Postal naar Liberty. 'Een individuele tijdrit is één verhaal, maar het is andere koek als je te midden van je complete ploeg rijdt en iedereen van jou afhankelijk is.'

Het gaat in grote lijnen als volgt: de negen man sterke formaties vertrekken om de vijf minuten met als doel het neerzetten van een zo snel mogelijke gezamenlijke tijd. Ze rijden kop over kop, zoals dat heet, of ook wel 'een carrouselletje'. De ploeg krijgt de tijd van de vijfde renner die over de streep komt, dus is het zaak met minstens vijf man bij elkaar te blijven, en uiteraard wordt de eindtijd van de ploeg opgeteld bij de tijd die de renners individueel in het algemeen klassement hebben staan.

Dit jaar is er een nieuwe regel van kracht geworden die voorschrijft dat de ploeg die als tweede eindigt niet zijn eigen tijd krijgt, maar die van de winnaar plus twintig seconden. De derde ploeg krijgt dertig strafseconden, de vierde veertig enzovoorts, tot aan de laatste ploeg, die drie minuten aan de koersbroek krijgt. Voor renners die ver na hun ploeg over de streep komen geldt een uitzondering, zij krijgen hun feitelijke tijd doorberekend. Die verliestijd zou weleens veel forser kunnen uitpakken en daarom wil geen enkele ploeg onderweg renners kwijtraken door een val of een lekke band, zeker geen klassementsrenners.

* * *

Drie minuten voordat de RAGT-ploeg de tijdrit in Arras voltooit, prepareert CSC zich in Cambrai op het vertrek vanaf het middeleeuwse Aristide Briand-plein. De sterkste ploegen starten, vergelijkbaar met de gang van zaken tijdens de individuele tijdrit, het laatst. De negen man van de gerespecteerde CSC-ploeg dragen rode tenues met op de rug de grote witte initialen van hun sponsor Computer Services Corporation en op de borst een gestileerde adelaar. Die adelaar hebben ze te danken aan eigenaar en ploegleider Bjarne Riis, die in zijn rennersdagen de bijnaam 'de Adelaar van Herning' droeg. Riis is een welwillende, slimme baas met een betere kijk op talent dan alle andere ploegleiders. Hij is een goede scout en een briljant ploegleider die ondanks een krap budget het beste uit zijn renners weet te halen. Toen zijn vorige kopman Tyler Hamilton in 2003 zijn vertrek aankondigde, was Riis in alle staten. Hij wist echter onmiddellijk wie zijn plek kon innemen: de zesentwintigjarige Italiaan Ivan Basso.

Basso was bereid om weg te gaan bij het Italiaanse Fassa Bortolo, de ploeg die onder leiding staat van Giancarlo Ferretti, een kalende, godfather-achtige figuur van begin zestig bij wie het *ciclismo* in de genen zit. Toen ik Ferretti eind 2002 om zijn oordeel over Basso vroeg, zei hij: 'Hij heeft dit seizoen geen enkele wedstrijd gewonnen en gezien zijn kwaliteiten en mogelijkheden is dat zonde.' Toch was dat het jaar waarin de toen vierentwintigjarige Basso in de Tour de France beste jongere werd en op een elfde plaats eindigde in het algemeen klassement. Basso kreeg in 2003 een veel hoger salaris, maar Ferretti ging steeds negatiever over zijn pupil oordelen ook al werd Basso dat jaar zevende in de Tour. Toen Riis om Basso's gunsten kwam dingen, zei Ferretti: 'Ik kan een renner die nooit wint onmogelijk zo goed blijven betalen.' Basso beweert dat hij bij Riis tekende omdat de Deen hem als eerste benaderde, ook al zwaaiden andere ploegen, zelfs die van Armstrong, met lucratievere contracten.

Ivan Basso is een plattelandsjongen. Trots draagt hij een brede gouden trouwring en smalle, zwarte bakkebaarden. In tegenstelling tot de meeste Italiaanse renners draagt hij geen lang haar en een strak pak dat regelrecht van de Milaanse modebeurs komt en hij rijdt niet in een sportwagen die op de *autostrada* 250 kilometer per uur kan halen. Nee, Basso is bescheidener. Hij is bijna één meter tachtig lang en weegt iets meer dan drieënzestig kilo. Hij praat niet luid, maar wel zelfbewust, overeenkomstig het zelfvertrouwen waar zijn wielerloopbaan van getuigt. Hij heeft het vak met veel geduld onder de knie gekregen en niet gegokt op snel succes.

Basso is in tegenstelling tot zijn flitsende leeftijdsgenoten een huiselijk type. Hij heeft een goede band met zijn ouders en is op jonge leeftijd getrouwd. Toen ik hem in november 2002 voor het eerst interviewde, in Colorado, vertelde hij zeer enthousiast over de eerste zwangerschap van zijn vrouw Michaela. Hun dochter Domitilla werd in februari van het jaar daarop geboren. Toen we afscheid namen stond hij op het punt een bezoek te gaan brengen aan een Gap for Kids-winkel. Toen hij in 2004 naar de Tour de France kwam, werd hij weer in beslag genomen door familiekwesties. Ditmaal betrof het niet zijn dochter of zijn vrouw, maar zijn moeder Nives, die in het ziekenhuis lag met kanker.

'Ik weet dat ze me volgt op tv,' zegt Basso, wiens moeder en vader Franco, beiden wielerliefhebbers, hem hebben gesteund toen hij in zijn tienertijd begon te fietsen. Hij was een jong talent en zijn ouders kwamen altijd kijken: toen hij op zijn zeventiende tweede werd tijdens het wereldkampioenschap voor junioren in San Marino en toen hij drie jaar later in Valkenburg wereldkampioen werd bij de renners tot drieëntwintig jaar.

Basso begon in 2001 op drieëntwintigjarige leeftijd aan zijn eerste Tour, maar viel na een week uit nadat hij in een glibberige afdaling was gevallen. In die etappe eindigde hij nog als vijfde, maar de volgende dag startte hij niet meer vanwege een gebroken sleutelbeen. 'Natuurlijk vind ik het jammer om naar huis te moeten,' zei Basso toen, 'maar ik ben blij dat ik een wedstrijd heb ontdekt die me echt ligt. Ik besef dat ik een Tour-renner ben.'

Toen ik hem in 2002 weer sprak, nadat hij in zijn tweede Tour als elfde was geëindigd, zei Basso: 'Ik denk dat ik in de topvijf kan eindigen als ik me nog beter op de Tour voorbereid. Ik beschik niet over het soort motor dat Armstrong heeft. Dus moet ik een specifieke training volgen en geen standaardprogramma om in de Tour honderd procent te zijn. Armstrongs eigen ploeggenoten volgen overigens ook een ander trainingsschema dan hij.' Na zijn zevende plek in de Tour van 2003 kwam Basso dit jaar terug met podiumambities; hij wil in Parijs eerste, tweede of derde zijn.

Toen ik Riis een week voor de Tour sprak, zei hij dat Basso in een uitzonderlijke conditie verkeerde en klaar zou zijn voor de Tour, want hij had een extra trainingskamp gepland voor de hele ploeg ergens in de buurt van zijn huis in Toscane. Riis sprak bovendien zijn vertrouwen uit in zijn Spaanse klimmer Carlos Sastre, een toptienkandidaat, en verklaarde dat hij met Jens Voigt, Jakob Piil en Bobby Julich een 'sterke ploeg voor de tijdrit' had.

* * *

Cambrai, de startplaats van de tijdrit, bevond zich tijdens de Eerste Wereldoorlog in de frontlinie. In november 1917 bestookten Britse tanks tien dagen lang de Duitse versterkingen in Cambrai, echter zonder een doorbraak te forceren. Een van de Duitse soldaten die de stad verdedigden was de jonge schrijver Ernst Jünger, wiens debuut *In Stahlgewittern* [een Nederlandse vertaling verscheen onder de titel *Oorlogsroes*, noot vertalers] over die overwinning handelde. 'We voelden de adem van de strijd die ons deed beven,' schreef hij. 'De oorlog had ons als een vreemde roes in de greep. En we vertrokken in een regen van bloemen, bevlekt met rozen en bloed.'

De eenheden die elkaar vandaag tijdens deze tijdrit bestrijden, zullen geen bloed vergieten, maar de stad wordt wel beheerst door een 'vreemde roes' en een soort oorlogssfeer, zeker gedurende deze middag vol apocalyptische regen op een parcours tussen tarwe- en roggeakkers. Langs de weg groeien wilde rozen en klaprozen, elk dorp heeft zijn oorlogsmonument voor '*nos disparus*', grijze betonnen bunkers vormen de lugubere souvenirs van de Duitse verdedigingslinie en op ieder kruispunt staan wel bordjes die verwijzen naar kerkhoven met de graven van duizenden Britse, Canadese, Australische, Zuid-Afrikaanse en Duitse soldaten die in de donkere dagen van de loopgravenoorlog zijn omgekomen.

Ook de ploegentijdrit van vandaag kent zijn landmijnen, zijn verborgen gevaren. Het risico op lekke banden is groot vanwege de landweggetjes vol grind en zand en plassen. Ook valpartijen liggen voor de hand, met name in de bochten waar de keihard opgepompte bandjes met ongeveer een centimeter breed loopvlak gemakkelijk hun grip op de weg verliezen.

De CSC-ploeg heeft meteen al problemen. Kort na Cambrai moet Basso vanwege een lekke voorband een nieuw wiel steken. Vervolgens rijdt zijn Duitse ploeggenoot Voigt achter lek en krijgt een reservefiets. Beide keren laat de groep het tempo zakken en blijven enkele ploeggenoten vrijwel stilstaan om de achterblijver daarna weer terug te brengen naar de groep. Telkens opnieuw moeten ze accelereren tot topsnelheid, hun strakke formatie hervinden en zich opnieuw concentreren op hun trapfrequentie en het juiste verzet. Doorgaans houden ze een cadans van tachtig tot negentig slagen per minuut aan en rijden ze in het zwaarste verzet, bestaande uit vijfenvijftig tandjes voor en elf achter, waardoor ze met elke omwenteling een meter of tien afleggen en een snelheid behalen van acht- à negenhonderd meter per minuut.

In de eerste negentien kilometer tussen Cambrai en de eerste tijdmeting in Metz-en-Couture moeten de renners voortdurend schakelen om de zeven korte klimmetjes met een gezamenlijk hoogteverschil van 135 meter te nemen. Door de problemen onderweg is CSC bij dat meetpunt slechts twaalfde, bijna een minuut langzamer dan de snelste formatie, Illes Balears, die Metz-en-Couture passeert in een tijd van eenentwintig minuten en tweeëntwintig seconden, met een gemiddelde snelheid van 52,8 kilometer per uur.

Misschien halen de renners van Illes Balears inspiratie uit de felrode halsdoekjes die ze ter ere van San Fermin om hebben geknoopt – de feestdag die in Pamplona wordt gevierd met het stierenrennen door de straten. In Pamplona zetelt de ploegleiding, ook al wordt de ploeg gesponsord door het provinciale bestuur van de Balearen, die door middel van deze ploeg reclame willen maken voor de vakantie-eilanden Mallorca, Menorca en Ibiza. De beste rijders uit deze ploeg zijn de Spaanse kampioen Francisco Mancebo en de twee jonge Russen Vladimir Karpets en Denis Menchov.

Het is harder gaan regenen in het halfuur sinds Illes Balears langs het meetpunt in Metz kwam, dus tegen de tijd dat de Phonak-ploeg van Tyler Hamilton doorkomt, is hun tussentijd van 21:52 – hoewel dertig seconden langzamer dan de tijd van Illes Balears – nog steeds uitstekend, en blijkt het de beste tijd van de laatste tien ploegen die zijn gestart. Deze prestatie is conform de verwachting van Hamilton dat Phonak deze etappe gaat winnen en de Postal-ploeg van Armstrong een mentale klap zal toebrengen. Het enige minpunt tot nu toe is dat ploeggenoot Nicolas Jalabert lek heeft gereden en men hem achter heeft moeten laten. 'We waren overeengekomen om iedereen te helpen die gedurende de eerste tien kilometer in de problemen zou komen, maar Nicolas kreeg daarná een lekke band,' legt Hamilton uit. Hij en zijn ploegleider hadden van tevoren uitgedokterd dat een halve minuut verlies in de beginfase door het wachten op een dan nog frisse renner, zich zou laten uitbetalen doordat je de hele afstand over negen sterke renners kon beschikken. Als ze hadden geweten wat er stond te gebeuren, dan hadden ze misschien op Jalabert gewacht.

Ruim anderhalve kilometer na het meetpunt in Metz krijgt Phonak met tegenslag te maken wanneer twee van hun Spaanse renners problemen krijgen. Het stuur van Santos Gonzales is los gaan zitten en hij heeft daarom een nieuwe fiets nodig, terwijl Santiago Perez lek rijdt en een ander wiel moet hebben. Met nog bijna vijftig kilometer voor de boeg beseft Hamilton dat het rampzalig zou zijn om de rest van de tijdrit maar zes renners te hebben. Van achter uit de groep roept hij 'Stop!' en negeert daarmee de instructies die de renners door hun koptelefoontjes horen. Hamilton wacht zelf om Gonzales en Perez weer terug naar de ploeg te brengen, maar de Amerikaan onderschat de snelheid van het Spaanse duo dat op een open stuk tussen velden met bieten en andijvie wordt voortgejaagd door een stevige wind. Nadat ze hem achter zich hebben gelaten, moet hij er flink aan trekken om weer aansluiting te krijgen.

Voordat de Phonak-renners kunnen hergroeperen, moeten ze opnieuw wachten omdat de sterke José Gutierrez lek rijdt. Maar dat doen ze niet meer wanneer op zo'n vierentwintig kilometer van de eindstreep Oscar Pereiro als vierde renner van Phonak een lekke band krijgt. De ploeg heeft er duidelijk niet verstandig aan gedaan om te kiezen voor de lichte tijdritbanden, die wat sneller zijn maar ook kwetsbaarder. Het is een gok geweest die bij de natte weersomstandigheden niet goed heeft uitgepakt.

Ondertussen hopen de CSC-renners, vijf minuten achter Phonak, dat ze met de twee lekke banden in de eerste kilometers hún dosis ongeluk voor die dag hebben gehad. Maar die hoop blijkt ijdel. Na zo'n vierentwintig kilometer razen ze Bertincourt binnen, terwijl ze proberen de verloren tijd terug te winnen. Ze hebben het parcours van tevoren verkend en weten dat dit oude plaatsje vijf verraderlijke bochten kent: links, rechts, links, rechts, links. Ploegleider Riis roept door de oortelefoontjes tegen zijn mannen dat ze niet te hard moeten gaan.

'Ik weet dat ik langzamer moet rijden,' zegt Basso later, 'maar opeens lig ik op de grond. Er is geen tijd om na te denken. Instinctief sta je onmiddellijk op.' Basso verloor de controle bij het uitkomen van de tweede bocht en slipte tegen de stoeprand. De twee renners achter hem gaan ook neer, maar Julich en de Deense kampioen Niki Sørensen weten net als Basso meteen overeind te krabbelen en zonder acht te slaan op hun schaafwonden halen ze de groep zo snel als ze kunnen weer bij.

Met hun drievoudige oponthoud heeft zowel CSC als Phonak minstens een minuut verloren, waarschijnlijk meer. Maar ze hebben nog altijd de tweede helft van de tijdrit om tijd goed te maken en zelfs om andere topteams te bedreigen. Misschien raken ze aangespoord door de mensen in het kleine plaatsje waar ze nu doorheen razen. Het is Bapaume, waarvan de naam afkomstig is van het Franse *battre des paumes* (in de handen klappen), hetgeen de lokale bevolking in de Middeleeuwen deed wanneer reizigers het plaatsje wisten te bereiken door de omliggende wouden, waar het wemelde van de rovers. De wouden zijn allang verdwenen, maar de plaatselijke bevolking heeft zich even onverzettelijk getoond als die reizigers van weleer, want de afgelopen duizend jaar herbouwden ze hun stadje dertien keer. In 1914 tijdens de Eerste Wereldoorlog werd Bapaume door de Duitsers bezet en het front bleef dichtbij door de slag bij de Somme. Het plaatsje was het decor voor bloedige gevechten, werd diverse keren ingenomen en weer bevrijd, en aan het eind van de oorlog in 1918 lag het totaal in puin.

Misschien kunnen CSC en Phonak weer voorin meedoen wanneer het parcours noordwaarts gaat voor de laatste zevenentwintig kilometer, het stuk waar de renners de koude noordoosten wind meer tegen dan mee hebben.

Vanwege de harde wind heeft Jan Ullrichs ploeg T-Mobile besloten niet de dichte achterwielen te gebruiken die alle andere ploegen wel verkozen. Gesloten carbonfiberwielen veroorzaken minder turbulentie dan gewone gespaakte wielen en zorgen voor een betere aërodynamica. Maar T-Mobile-ploegleider Godefroot was van mening dat door de sterke zijwinden het enige nadeel van dichte wielen zou opspelen: de wind heeft er vat op, waardoor de fiets moeilijk te besturen is. Het lijkt een verkeerde beslissing, want T-Mobile heeft geen oponthoud gehad maar bij doorkomst in Bapaume heeft de ploeg maar een paar seconden voorsprong op het veelgeplaagde Phonak.

Beide teams hebben vandaag de nadelige gevolgen ondervonden van bepaalde materiaalkeuzes. Zal een van beide ploegen Armstrong en zijn Postal-ploeg, die als laatste uit Cambrai vertrekken, van de etappezege af kunnen houden?

* * *

In de stromende regen houden koersofficials paraplu's boven de hoofden van de negen Postal-renners, die zich naast elkaar aan de start hebben opgesteld. Vreemd genoeg houden plaatselijke schonen, deelneemsters aan een missverkiezing die later zal plaatsvinden, de zadels van de renners vast, zodat die kunnen blijven zitten tot ze het startsein krijgen. Zo gauw ze op weg zijn, over de zo toepasselijk genaamde Avenue de la Victoire, gaan de negen mannen met hun blauw-witte helmen, hun nauwsluitende hemelsblauwe tenue met lange mouwen en hun waterdichte rode schoenovertrekken als een treintje achter elkaar rijden. Ze wonnen de ploegentijdrit in 2003, en die prestatie willen ze herhalen. Armstrong is dol op ploegentijdritten en hij weet hoe hij het beste uit zijn ploeg kan halen. Zijn gebruikelijke strategie is om betrekkelijk rustig te beginnen en de tweede helft voluit te gaan. Dat wordt bevestigd door Postal-ploegleider Johan Bruyneel, die zegt: 'We wilden geen risico's nemen en niet te snel beginnen, maar de regen gedurende het eerste gedeelte heeft ons flink wat tijd gekost. Het is waarschijnlijk een combinatie van die factoren waardoor we na tien kilometer zevenentwintig seconden langzamer waren dan T-Mobile.'

Die achterstand werkt inspirerend op het team, stelt Bruyneel. 'Toen ik het tijdsverschil zag, liet ik hun weten dat ze sneller moesten gaan. Het was al de bedoeling dat ze sneller zouden gaan, maar ik zei dat ze nog harder moesten dan we hadden gepland.' Als gevolg daarvan raasden de Postal-mannen in vijfde positie langs de eerste officiële tijdmeting in Metz-en-Couture, negen seconden sneller dan de mannen van Ullrich en eenentwintig seconden sneller dan CSC, maar nog altijd zeven seconden langzamer dan de Phonak-ploeg van Hamilton en zevenendertig seconden achter het ontketende Illes Balears.

Met de wind in de rug beginnen de Postal-mannen in hun ritme te komen en ze halen het ongelooflijke gemiddelde van zesenvijftig kilometer per uur, ondanks de slechte weersomstandigheden, het glooiende landschap, de talrijke scherpe bochten in de vele plaatsjes en de wegen die glad zijn geworden vanwege de modder die door de regen op het wegdek is gekomen. Voormalig Postal-renner Vande Velde herinnert zich nog goed welke invloed Armstrong op zijn ploeggenoten heeft: 'Lance was absoluut de gangmaker, hij vloekte en tierde om ons voluit te laten gaan, om ons op te jutten. "Kom op!" schreeuwde hij, om werkelijk alles uit de jongens te krijgen.'

De aansporingen van Armstrong en Bruyneel hebben het gewenste effect, waarbij George Hincapie, Vjatsjeslav Ekimov, Pavel Padrnos en José – 'de Aas' – Azevedo bij toerbeurt lang op kop rijden en het tempo maken, soms wel meer dan anderhalve kilometer. Wanneer ze bij de tweede tijdmeting zijn in Achiet-le-Grand, zeseneenhalve kilometer na Bapaume, heeft US Postal met 46:30 de beste tijd, negenendertig seconden sneller dan Ullrichs T-Mobile-mannen. Phonak is, ondanks al hun tegenslagen en het feit dat ze nog maar met zes renners zijn nadat Pereiro lek heeft gereden, vijftig seconden langzamer, CSC één minuut drieëntwintig. En de vroege tussentijd van 46:58 die Illes Balears heeft neergezet, is nog steeds goed voor de tweede plaats. Die rode San Fermin-halsdoekjes lijken wonderen te verrichten, al hielpen ze niet tegen een lekke band voor Mancebo die de ploeg tijd heeft gekost.

Maar Postal heeft de winst nog niet op zak. Er zijn nog ruim twee-entwintig kilometer te gaan. Postal heeft nog acht rijders bij elkaar terwijl Phonak, dat de enige bedreiging is, er slechts vijf heeft, na-dat de dappere Zwitser Martin Elmiger is afgestapt. Op de rechte, lange, kale weg naar het noorden richting Arras leiden twee Ame-rikanen de dans: Armstrong geeft iedere keer dat hij aan kop gaat het tempo maar liefst een kilometer lang aan, waarbij hij een van die beurten in minder dan een minuut volbrengt (dat is bijna vijfen-zestig kilometer per uur!), terwijl Hamilton zijn vier ploeggenoten voortdurend opzweept en zelf lange beurten aan kop voor zijn re-kening neemt. Phonak houdt de druk er tot Arras vol op, ook in de twee bochten naar links voordat de renners uitkomen op de grote, hobbelige en spekgladde keien van de Grand' Place – een prachtig stadsplein dat omgeven wordt door zeventiende-eeuwse gebouwen in Vlaamse stijl met arcades. De toeschouwers houden nog steeds hun gele paraplu's omhoog die ze hebben gekocht bij de officiële Tour-kraampjes, maar er verschijnt juist een bleek zonnetje als Ha-miltons broederschap in de late namiddag in 1:13:10 over de streep gaat, tot dan toe de beste tijd.

De man uit New England stopt bij de perstent voor een korte verklaring: 'We zijn met maar vijf man gefinisht, maar toch ging het fantastisch. Ik ben trots op de jongens. We hebben het geweldig ge-daan. We hebben niet opgegeven en zijn tot het bittere eind door-gegaan. Het is jammer; we hadden veel sneller kunnen zijn. Trek er maar een minuut af – de tijd die we hebben verloren vanwege het wisselen van fietsen en wielen – dan kun je zien dat we een van de sterkste ploegen zijn.'

Op dat moment ís Phonak de sterkste ploeg, acht seconden sneller dan Illes Balears en twaalf sneller dan T-Mobile. En er moeten nog maar drie ploegen binnenkomen. De eerstvolgende is de heroïsche CSC-ploeg van Basso, negenendertig seconden achter Phonak. Dan is het de beurt aan de uitgeputte Fassa Bortolo-ploeg van Fabian Cancellara, bijna vier minuten langzamer dan Hamiltons mannen. En dan, maar een paar seconden achter het Italiaanse team, dat vijf minuten vóór hen is gestart, komt de winnende Postal-ploeg binnen. Armstrongs mannen hebben de laatste kilometers een klein beetje gas teruggenomen, in de wetenschap dat de overwinning binnen was en er niet zo nodig meer tijdwinst geboekt hoefde te worden, aangezien de voorsprong niet van belang is omdat de verslagen teams vastgelegde strafmarges krijgen: twintig seconden voor Phonak, dertig voor Illes Balears, veertig voor T-Mobile en vijftig voor CSC.

Op de gezichten van alle Postal-renners staat een glimlach wanneer ze over de hobbelige keien op weg zijn naar de finish. Hincapie, die op kop rijdt, reikt met zijn linker hand naar achter om de rechter van Armstrong te schudden. De leider beantwoordt de geste, hoewel hij later toe zal geven dat hij twijfelde, omdat hij bang was om te vallen. 'In deze koers ben ik altijd bang. En met al die regen en wind... de laatste paar dagen zijn voor mij echt traumatisch geweest.'

Zijn trauma is verergerd door een boek dat net verschenen is in Frankrijk, LA *Confidentiel. Les Secrets de Lance Armstrong*, waarin onthuld wordt dat Lance en zijn ploeg prestatiebevorderende middelen hebben gebruikt. 'Het is moeilijk voor hem en voor de ploeg,' bevestigt Hincapie wanneer hem naar het boek wordt gevraagd. 'Maar hij weet het om te zetten in energie. Toen we voor de eerste keer de snelste tussentijd hadden, begon hij tegen iedereen te schreeuwen. Hij is een en al energie, bijna net zoals tijdens zijn eerste Tour de France. Hij werd helemaal in beslag genomen door de koers en door het feit dat we de ploegentijdrit gingen winnen, een geweldige teamprestatie, niet alleen maar een prestatie van Lance Armstrong.'

Tot groot enthousiasme van het publiek bezorgt de etappewinst Armstrong de leiding in het algemeen klassement, met een voorsprong van enkele minuten op de vorige leider, Robbie McEwen, wiens Lotto-Domo-ploeg in deze tijdrit pas als achttiende van de eenentwintig ploegen eindigt. Het is de zestigste keer in zes jaar dat Armstrong het geel mag aantrekken. Maar wat nog veel opmerkelijker is, is dat zijn Amerikaanse ploeggenoten meteen achter hem staan in het algemeen klassement: Hincapie op de tweede plaats en Floyd Landis op de derde. Van Armstrongs belangrijkste rivalen is Hamilton gestegen naar de achtste plaats in het algemeen klassement, op zesendertig seconden. Ullrich, die zegt voortdurend te hebben gedacht aan zijn val tijdens de ploegentijdrit in de Tour van 2003, onder soortgelijke weersomstandigheden, is zestiende op vijfenvijftig seconden. En Basso, die op zijn heup is gevallen en daar vervolgens veel last van had, is zesentwintigste op een minuut en zeventien seconden.

* * *

Twee uur na de finish zit de Postal-ploeg in de eetzaal van het hotel waar ze die dag overnachten: het afgelegen Hotel de l'Univers, een elegant complex met een binnenplaats dat begin achttiende eeuw als klooster werd gebouwd. Rond het team hangt een sfeer van ingetogen feestvreugde en optimisme. Armstrong heeft de gele trui, maar zegt voorlopig niet van plan te zijn die te verdedigen. Per slot van rekening is de eerste bergetappe pas over een week en het heeft geen zin om te veel te vergen van zijn ploeggenoten, die de komende zes etappes hard op kop zouden moeten rijden om hun leider in het geel te houden.

Ploegleider Bruyneel heeft er niets op tegen wanneer een van Armstrongs ploeggenoten, in het bijzonder Hincapie, de leiding overneemt. 'Ons doel is nu natuurlijk niet om de gele trui te behouden,' zegt hij. 'Maar als George op het goede moment met een groepje kan wegspringen, dan mag hij zijn gang gaan. Geen probleem.'

Zou Hincapie het wagen om de gele trui van zijn leider over te nemen? 'O, ja,' zegt hij. 'Dit is de Tour de France... het is zo moeilijk om te ontsnappen. Maar als ik de kans zou krijgen, zou ik het zeker doen. Dat zou geweldig zijn.'

ETAPPE-UITSLAG *1.* US *Postal-Berry Floor, 1:12:03; 2. Phonak, 1:13:10; 3. Illes Balears, 1:13:18; 4.* T-*Mobile, 1:13:22; 5.* CSC, *1:13:49.*

ALGEMEEN KLASSEMENT *1. Armstrong; 2. George Hincapie (*VS*), op 0:10; 3. Floyd Landis (*VS*), op 0:16; 4. José Azevedo (Portugal), op 0:22; 5. José Rubiera (Spanje), op 0:24; 8. Hamilton, op 0:36; 16. Ullrich, op 0:55; 21. Leipheimer, op 1:08; 26. Basso, op 1:17; 92. Mayo, op 5:27.*

Dag 6 De gele trui

8 juli: deze 200,5 kilometer lange etappe, van de ene stad met een kathe-draal naar de andere, voert in zuidelijke richting door het heuvelland-schap van Picardië en gaat door het Seinedal, om in de laatste kilometers de vlakke wegen tussen de tarwe- en maïsvelden van de regio Beauce aan te doen. Een sterke wind uit oostelijke richting en striemende regen maken de dag nog zwaarder.

Hier op de stenen vloer van de Notre Dame-kathedraal van Amiens, een bouwwerk met een oppervlakte van ruim tienduizend vierkante meter dat hoger, breder en langer is dan zijn Parijse naamgenoot en wordt beschouwd als een van de grootste menselijke creaties, kan ik de stilte horen. Meer dan honderd iele stenen pilaren rijzen tot veertig meter boven mijn hoofd op tot de onzichtbare daksparren, terwijl door een verbazingwekkende hoeveelheid grote gebrandschilderde ramen het grauwe licht van een kille, natte dag binnenvalt. Er zijn nog twee andere bezoekers. Een is aan het bidden in de 'stiltezone', links van de uitbundig bewerkte, zevenhonderd jaar oude smeed-ijzeren koorschermen. De andere volgt de dunne, zwarte kronkellijn van het beroemde labyrint van de kathedraal. Het beetje gedempte geluid dat tot de heilige ruimte doordringt, is afkomstig van de Tour de France: het schelle getoeter van een ploegwagen die al vroeg bij de startplaats vertrekt, het parmantige deuntje van een reclameauto die laat bij de startplaats vertrekt en de versterkte stem van een ver-koper die '*le collection officiel du Tour!*' aan de man brengt.

Ik voeg me buiten bij de toeschouwers op de Rue Victor Hugo, een straat die is vernoemd naar de negentiende-eeuwse Franse dichter en romanschrijver die de kathedraal van Amiens omschreef als 'een wonder'. Als hij vandaag hier zou zijn geweest, had hij zich mis-schien ook wel verwonderd om *le Tour*. Als voorvechter van sociale rechtvaardigheid en de belangen van de gewone man, zou Hugo waardering hebben gehad voor dit sportevenement, dat geheel democratisch door zowel boerendorpen als door de welgestelde steden raast, zodat het even deel uitmaakt van ieders leven. En hij zou genieten van het enthousiasme voor de wedstrijd dat ik hier midden op de dag hoor in de stemmen van de fans, die blij zijn dat ze de Tour kunnen zien vertrekken uit hun stad, waarna ze snel gaan lunchen, misschien wel met lokale specialiteiten als eendenpastei en preitaart, vergezeld van een flesje *Arrageoise*-pils. De plaatselijke bevolking is zo opgewonden vanwege de Tour dat men zelfs applaudisseert voor de persauto's van *France-Soir*, *L'Équipe* en de plaatselijke krant *Voix-du-Nord*, die vlak vóór de renners Amiens uitrijden.

De eerste kilometers van iedere gewone etappe zijn als een optocht, wanneer het peloton de langzaam rijdende, felrode sedan van wedstrijddirecteur Jean-Marie Leblanc volgt, tot men buiten de bebouwde kom is. De hele meute rijdt dus langzaam wanneer men de Rue Victor Hugo opgaat, en de fans kunnen makkelijk de afzonderlijke renners onderscheiden, vooral degenen in opvallende tenues. Iedereen klapt voor de man die ergens voorin fietst, Armstrong, met een brede glimlach op zijn gezicht en gehuld in een geel, waterdicht jackje met lange mouwen over zijn spiksplinternieuwe gele trui. Men kan wat langer kijken naar een andere renner, Thomas Voeckler uit de Brioches La Boulangère-ploeg, die gehuld is in de blauw-wit-rode trui, ten teken dat hij het Franse kampioenschap gewonnen heeft. Voeckler heeft net een lekke band gekregen, stopt op de hoek, haalt zijn achterwiel los en wacht op de materiaalwagen voor een reservewiel. Waarschijnlijk denkt hij dankbaar 'beter nu dan later', want hij heeft zijn zinnen op vandaag gezet. De mecanicien verwisselt het wiel en duwt Voeckler weer op gang. Die heeft weinig moeite om zich weer bij de andere renners te voegen, nog vóór de rijdende start zo'n zes kilometer verderop, waar Leblanc zijn chauffeur opdraagt gas te geven terwijl hij zelf met een driekleurige vlag zwaait ten teken aan de rijders dat de etappe van Amiens naar Chartres is begonnen.

* * *

Zo gauw de vlag valt, komt een andere renner in een rood-wit-blauw tenue, Erik Dekker van de Rabobank-ploeg, uit het zadel, gaat op de pedalen staan en rijdt weg uit de groep. Hij wordt snel bijgehaald, maar zijn ontsnapping ontketent een onophoudelijke serie serieuze aanvallen, meestal door renners uit de Franse ploegen, Boulangère, Cofidis of Fdjeux.com, samen met het Deense CSC. 'In de Tour is het iedere dag net een wereldkampioenschap,' zegt George Hincapie van Postal. 'Een etappeoverwinning betekent zo veel publiciteit, dat iedereen mee wil met vroege ontsnappingen.'

Na zo'n tien kilometer vormt zich een kopgroep van acht renners, die zo'n honderd meter pakken. Hincapie zit erbij. Misschien is dit de kans voor de eenendertigjarige, in North Carolina woonachtige New Yorker, om te laten zien dat hij meer is dan alleen Armstrongs 'beste ploeggenoot'. Omdat zijn leider nu de gele trui draagt, is Hincapie niet gedwongen om werk te verrichten in een kopgroep. Iedere ploeg accepteert de basisregel van deze sport dat de ploeggenoot van de leider in het algemeen klassement defensief rijdt door achter in de kopgroep te blijven. En aangezien Hincapie tweede staat achter Armstrong in het algemeen klassement, zal hij automatisch de gele trui overnemen wanneer de groep tot de finish een flinke voorsprong houdt op het peloton.

Hincapie zat tijdens de eerste week van de Tour van 1998, tussen de Bretonse kustplaatsen Roscoff en Lorient, in een soortgelijke situatie toen hij slechts twee seconden verwijderd bleef van de gele trui. Dat was zijn laatste kans op een Tour-overwinning; sinds die tijd heeft hij zich ieder jaar opgeofferd voor Amstrong. Vandaag heeft Hincapie echter groen licht gekregen van Armstrong en Bruyneel om met een ontsnapping als deze mee te gaan, waarbij geen renners zitten die op langere termijn een bedreiging vormen voor de huidige titelhouder.

Jammer genoeg, zegt Bruyneel, 'toen George bij die ontsnapping zat, begonnen de T-Mobiles te jagen'. Dat was omdat Ullrichs ploeg géén van Armstrongs ploeggenoten wilde laten gaan. Het gevolg is dat de achtkoppige groep met Hincapie vlak voor een heuvel wordt bijgehaald, waar het peloton vervolgens eindelijk een beetje gas terugneemt. Er is pas zo'n zestien kilometer gereden in deze etappe, maar wanneer de weg na de korte klim weer vlak wordt, vindt de winnende zet van die dag plaats. Fdjeux-renner Sandy Casar is de eerste die ervandoor gaat. Deze etappe wil hij zich laten zien, want ruim honderd kilometer verderop, in zijn woonplaats Mantes-la-

Jolie, wachten zijn familie en vrienden hem op, wapperend met een zes meter brede vlag met daarop *Salut Sandy Casar*.

Maar tot Mantes zijn er nog vele kilometers en obstakels te overbruggen. Allereerst moet Casar zijn ontsnapping zien vol te houden op deze heuvelrug die de wind vrij spel geeft en weidse uitzichten biedt over het golvende landschap van Picardië. Al snel krijgt hij gezelschap van twee renners die de afgelopen jaren bij veel ontsnappingen betrokken zijn geweest: de Deen Jakob Piil van CSC en de Australiër Stuart O'Grady van Cofidis. Vervolgens slagen nog twee achtervolgers erin het groeiende gat te overbruggen, de Zweed Magnus Bäckstedt van Alessio-Bianchi, die bekendstaat als een harde werker, en de ambitieuze Voeckler. Binnen een paar kilometer, nadat ze heuvelafwaarts door het plaatsje Croissy-sur-Celle zijn geraasd, hebben de vijf een voorsprong van een halve minuut.

'We besloten ze te laten gaan. Het was voor ons ideaal,' legt Bruyneel van Postal uit, 'vijf sterke rijders uit vijf verschillende ploegen, van wie niemand een bedreiging voor het algemeen klassement was.' De Postal-ploegleider weet dat de ontsnapte renners ploeggenoten in het peloton hebben, sommige wel vijf, zodat er in totaal misschien veertig renners in het peloton defensief rijden door pogingen van andere ploegen om ontsnappingen te organiseren teniet te doen. En daarbij zullen renners die in de tijdrit van de dag ervoor gevallen zijn of heel erg diep zijn gegaan, zoals de mannen van Hamilton en Ullrich, blij zijn als het er vandaag een beetje rustig aan toegaat.

Als gevolg daarvan herstelt Bruyneels ploeg de orde weer door voor in het peloton te gaan rijden en de snelheid zo hoog te houden dat serieuze ontsnappingspogingen worden ontmoedigd. Daardoor kan de kopgroep snel de voorsprong vergroten: vijf minuten in Crèvecoeur-le-Grand na een korte klim, tien minuten wanneer ze de reusachtige, onvoltooide gotische kathedraal van Beauvais passeren, en bijna een kwartier wanneer Casar en Voeckler de groep aanvoeren over de Mont des Fourches van de vierde categorie, met 248 meter het hoogste punt van die dag, ruim zeventig kilometer na de start. Zal hun voorsprong nog groeien? En wanneer zal die er wél toe gaan doen?

* * *

Terwijl de kopgroep het avontuur voortzet, herinneren volgers zich soortgelijke situaties in vorige Tours. Armstrong en Bruyneel zullen zeker nog weet hebben gehad van een ontsnapping in 2001 die ze uit de hand lieten lopen, toen dertien renners tijdens de 222 kilometer lange, heuvelachtige rit naar Pontarlier vijfendertig minuten voorsprong kregen. Maar wat ze misschien wel vergeten zijn, is dat een van de initiatiefnemers van die ontsnapping, Stuart O'Grady, er aan het eind van die koude, regenachtige dag de gele trui aan overhield en er nu weer bij is.

O'Grady, een matige klimmer, was geen bedreiging voor Armstrongs eindoverwinning in 2001. Maar tot de beruchte dertien van Pontarlier behoorde ook een onbekende renner uit Kazachstan, Andreï Kivilev, die wellicht niet voorkwam op de lijst met belangrijkste concurrenten van Postal, maar die wél een verbazingwekkend goede klimmer was en sterk genoeg bleek om in de bergen niet te veel te verliezen op Armstrong.

Een paar maanden voor het begin van deze Tour hadden Armstrong en ik het gehad over de Pontarlier-ontsnapping. 'Ik denk dat we die dag geluk hebben gehad,' zegt hij. 'Zoiets zouden we nooit meer laten gebeuren. Als Kivilev een paar dagen eerder tijdens een etappe niet achttien minuten had verloren, dan zou hij de volle vijfendertig minuten winst hebben gepakt...' Armstrong verwees naar een etappe waarin de Postal-ploeg een grootse inspanning verrichtte waardoor het peloton in tweeën brak. Kivilev eindigde in het achterste deel van het peloton en leverde zo die achttien minuten in.

'Ik herinner me de dag dat we die breuk veroorzaakten,' vervolgde de Texaan. 'Iedereen in de ploeg vroeg me waarom we al dat werk verzetten en wie er achterin zo belangrijk was. Ik zei: "Kivilev zat achterin." "Kivilev? Ha, ha, ha," antwoordden ze. Drie dagen later pakt hij die vijfendertig minuten, en ik zei: "Jongens, weten jullie nog? Weten jullie nog dat jullie me een paar dagen geleden uitlachten?" Je moet dus uitkijken met jongens als Kivilev.'

In de eindstand van de Tour 2001 nam Kivilev de vierde plaats in, op negen minuten en drieënvijftig seconden achter Armstrong. Als de man uit Kazachstan in die eerdere etappe geen achttien minuten had verloren, had hij de Tour misschien wel gewonnen – of Armstrong zou een ongelooflijke prestatie hebben moeten leveren door tien minuten goed te maken.

Kivilev kwam op tragische wijze om het leven bij een ongeluk in maart 2003 tijdens Parijs-Nice. Zijn dood zorgde voor de invoering van een nieuwe regel van de Internationale Wielerunie, die het dragen van een helm bij iedere wedstrijd verplicht stelde.

* * *

Het staat nog te bezien of de kopgroep met O'Grady, Piil, Bäckstedt, Casar en Voeckler tot de finish van de etappe Amiens-Chartres buiten bereik van het peloton zal blijven. Het lijkt zelfs onwaarschijnlijk, wanneer vijf kilometer na de top van de Mont des Fourches de Lotto-, Quick Step- en Gerolsteiner-ploeggenoten van de sprinters McEwen, Boonen en Hondo plotseling het tempo opvoeren. Als ze nu de achtervolging niet op gang krijgen, dan zijn hun kansen verkeken.

Wat de drie ploegen toepassen is een klassieke wielertactiek, de waaier: op de kaarsrechte weg, met de wind van links, rijdt de voorste renner met hoge snelheid links van het midden van de weg. Zijn collega's vormen vervolgens een soort waaier, waarbij de een schuin achter de ander rijdt, zodat ze elkaar uit de wind houden. Als de voorste rijder pakweg vijf seconden op kop heeft gereden, valt hij een paar meter terug om de rijder rechts van hem zijn plaats te laten overnemen. Op deze manier vormen zich twee parallelle rijen van renners, waarbij de voorste lijn naar links en voorwaarts beweegt en de tweede rij uit de wind wordt gehouden door de eerste en naar achter en naar rechts beweegt. Van boven zou je er een voortdurend roteren tegen de wijzers van de klok in zien, zoals een formatie ganzen die tegen de wind in vliegen.

Als de waaier, die meestal uit twintig à dertig rijders bestaat, op de goede wijze geformeerd is, is het voor anderen onmogelijk zich erin te mengen. Deze rijders aan de staart zijn gedwongen om alleen te rijden aan de rechterkant van de weg – zonder dat zij beschutting krijgen tegen de wind zodat ze twee keer zo hard moeten werken als degenen in de waaier. Dat is wat er nu ook gebeurt, en algauw hebben zich op regelmatige afstand van elkaar op de weg waaiers gevormd.

Precies hetzelfde gebeurde tijdens die etappe in 2001, toen Postal tempo begon te maken aan kop en de achterste waaiers het contact verloren, met uiteindelijk een achterstand van achttien minuten voor Kivilev en negentig andere renners. Hetzelfde zou vandaag kunnen gebeuren en dan zou de uit vijf man bestaande kopgroep worden teruggepakt. Maar in plaats daarvan verdwijnen de waaiers wanneer de koers links afbuigt naar een meer beschutte weg die naar een stadje voert met een aantal scherpe bochten. O'Grady en zijn vier medevluchters, die nu in de gestaag vallende regen rijden, hebben nog altijd een flinke voorsprong.

Maar nadat het peloton wat langzamer is gegaan in de ravitailleringszone – waar iedere renner een kleine katoenen schoudertas grijpt met etenswaren om de voorraad energierepen en gels in de achterzakken aan te vullen – schroeven de ploegen van de sprinters het tempo weer op. Het peloton breekt in diverse waaiers, maar bij het verlaten van het plaatsje Magny-en-Vexin haalt een massale valpartij in de zware regen de snelheid er weer uit. Bij die valpartij zijn tientallen renners betrokken, onder wie Roberto Heras, Petacchi en drie van Armstrongs ploeggenoten. Het tempo valt terug zodat de gevallen en opgehouden renners weer in het gehergroepeerde peloton kunnen terugkeren. Dit alles geeft de vluchters kans hun voorsprong uit te bouwen tot 17:20. Dat gat is te groot voor de ploegen van de sprinters om in de resterende zestig kilometer dicht te rijden, dus is het nu aan Armstrongs Postal om de voorsprong niet te groot te laten worden. Ze denken aan wat er indertijd met Kivilev gebeurde en, zoals Armstrong zei: ze zullen een kopgroep nooit meer te veel voorsprong laten krijgen.

* * *

Van de vijf vluchters is de hoogste in het algemeen klassement Thomas Voeckler, die bij het begin van deze etappe precies drie minuten achterstand had op Armstrong. De tweede hoogst geklasseerde van de vluchters is O'Grady, 120ste met een achterstand van 3:49 op Voeckler. Dat de jonge Franse kampioen zijn zinnen heeft gezet op de gele trui, wordt zestien kilometer voor Chartres duidelijk, waar de vijf vluchters nog bijeen zijn, met een voorsprong van vijftien minuten. Op dat moment zien de renners de eerste glimp van de adembenemende kathedraal van de stad, die boven de tarwevelden links van hen lijkt te zweven. 'Om recht te doen aan de schoonheid ervan,' schreef Victor Hugo, 'heb je hele boekdelen en miljoenen uitroeptekens nodig.'

Wanneer de groep vluchters aankomt aan de voet van de heuvel waarop de kathedraal is gebouwd, hebben ze allemaal mislukte demarrages geprobeerd. De vijf zijn weer samen boven op de heuvelrug aan de kant van het dal tegenover de kathedraal en maken zich op voor de eindsprint. Ze zijn allen moe van hun vijf uur durende ontsnapping – uitgeput door de wind, totaal verregend en gesloopt door de vele beklimmingen. De reus Bäckstedt, één meter drieënnegentig lang en negentig kilo zwaar, zit er zó doorheen dat hij alleen nog maar even kan áánzetten tot een sprint, om vervolgens uitgeput het hoofd te buigen. Maar O'Grady maakt gebruik van de poging van de Zweed om vaart te maken, worstelt zich langs een moeilijk te passeren Piil en gaat juichend over de meet.

O'Grady is dolenthousiast. 'Dit is een enorme opluchting na alles wat er de laatste maanden is gebeurd,' zegt hij, doelend op het dopingschandaal dat zijn Cofidis-ploeg een jaar lang heeft achtervolgd. De Australiër, nieuw in het team, is er niet direct bij betrokken, maar veel van zijn ploeggenoten zijn ontslagen nadat ze hadden toegegeven verboden middelen te hebben gebruikt. O'Grady zegt dat hij in april 'de moeilijkste tien dagen van mijn leven' doormaakte, toen zijn geliefde grootvader overleed, hij zelf tijdens een wedstrijd viel en een rib brak en zijn ploeg zich helemaal terugtrok omdat het dopingschandaal in de media zo veel aandacht kreeg.

Terwijl O'Grady het heeft over 'terug naar de basis' en dat hij 'een ander mens' is sinds hij na de begrafenis van zijn grootvader in Australië terugkeerde naar Europa, vertelt Voeckler, de nieuwe leider in het algemeen klassement, dat hij nu pas begrijpt wat hij kan bereiken in de wielersport. 'Vorig jaar, tijdens mijn eerste Tour, was ik overdonderd hoe hard er werd gereden,' geeft hij toe. 'Het begon pas te lopen bij de Classique des Alpes, een paar weken voor deze Tour. Ik zat in een beslissende ontsnapping met grote klimmers als Mayo en Sevilla en het verbaasde me nogal dat ik hen kon volgen.'

Voeckler werd geboren in een dorpje bij Straatsburg, in het noordoosten van Frankrijk, en op zijn zevende verhuisde hij met zijn ouders naar een vissersplaatsje op het Caribische eiland Martinique. Zijn vader verdween op zee tijdens een solotocht over de Atlantische

Oceaan, maar als tiener werd Thomas een bekwaam zeeman, voor hij op zijn dertiende met wielrennen begon. Hij leerde creools van zijn gekleurde vriendjes, die hem 'Ti-Blan', 'kleine witte jongen' noemden. Zijn familie woont nog op Martinique, dat officieel tot de Franse republiek behoort, maar Voeckler ging eind jaren negentig terug naar het Franse vasteland om zijn droom om profwielrenner te worden te realiseren.

Voeckler is een beetje romantisch en wilde op zijn verjaardag, 22 juni, een overwinning behalen. Dat wapenfeit realiseerde hij uiteindelijk elf dagen vóór deze Tour, toen hij zijn tweeëntwintigste verjaardag vierde met de overwinning in een bergetappe tijdens de vierdaagse Route du Sud, na een ontsnapping van een hele dag in gezelschap van Casar – die ook vandaag weer bij hem was tijdens de marathonontsnapping. En een week voor de Tour won Voeckler ook nog het Franse kampioenschap, een koers van ruim 220 kilometer.

Maar niets is zo mooi als de gele trui. En vandaag, nadat de groep waarin hij zat met twaalfeneenhalve minuut voorsprong op het peloton is gefinisht, mag Voeckler de gele trui over zijn driekleurige kampioenstenue aantrekken.

Waarom die kleur geel? Het idee kwam van Tour-oprichter en -directeur Henri Desgrange tijdens de Tour van 1919, de dertiende die hij organiseerde, nadat hij van toeschouwers had vernomen dat ze zo moeilijk konden zien wie aan de leiding ging in de koers. Desgrange besloot om een speciale trui toe te kennen, en hij koos voor geel omdat de krant die hij uitgaf, *L'Auto*, die ook de Tour sponsorde, in die tijd op geel papier werd gedrukt. Vandaag de dag sieren zijn initialen HD de schouders van elke gele trui, ter herinnering aan zijn pionierswerk.

Desgrange was een grootheid die de Tour aan zijn mythische faam hielp door hoogdravend proza aan dat gele papier toe te vertrouwen. Hij schreef eens een wielertrainingshandboek getiteld *La Tête et les Jambes* (Het hoofd en de benen), waarin werd gesteld dat een succesvolle renner over zowel gezond verstand als sterke benen diende te beschikken. Hij zou Voecklers koerstactiek hebben gewaardeerd. Wanneer hij de gele trui heeft aangetrokken, met bijna tien minuten voorsprong op Armstrong die nu zesde is, vertelt de spraakzame Voeckler: 'Ik hoorde Armstrong zeggen dat hij zijn gele trui niet zou verdedigen, dus kreeg ik een idee.' Later legt een journalist Armstrong voor dat Voeckler een nieuwe Kivilev zou kunnen zijn en vertelt hem dat de bergetappe in de Pyreneeën die de jonge Fransman tijdens de Route du Sud won, vier beklimmingen van de eerste categorie telde. 'Dat wist ik niet,' geeft de vijfvoudige Tourwinnaar toe, 'maar ik denk dat we alles onder controle hebben.' Het is in ieder geval geen vijfendertig minuten!

* * *

De credits voor het organiseren van de eerste Tour gaan behalve naar Desgrange ook naar Géo Lefèvre, in 1903 de belangrijkste wielerjournalist van *L'Auto*. Lefèvre ontwikkelde zijn ideeën waarschijnlijk toen hij het Lycée Marceau bezocht, een elitaire middelbare school hier in Chartres. Zoals iedereen die de prachtige stadskathedraal voor het eerst ziet, was hij onder de indruk van de pracht, het ontwerp en de grootsheid van dat bijna duizend jaar geleden opgetrokken bouwwerk. En grootse projecten inspireren tot grootse ideeën.

Tijdens een vergadering in november 1902 op de Parijse burelen van hun blad vroeg hoofdredacteur Desgrange om ideeën om het blad te redden, aangezien *L'Auto* het onderspit dreigde te delven tegen het concurrerende sportdagblad *Le Vélo*. Als antwoord bedacht de toen vijfentwintigjarige Lefèvre een plan voor een nieuwe wielerkoers die 'langer en zwaarder dan alle bestaande koersen' zou zijn en door het hele land zou gaan. 'En hoe moeten we die koers gaan noemen?' vroeg de sceptische Desgrange. Lefèvre had zijn antwoord meteen klaar: 'De Tour de France, natuurlijk!'

Nu, een eeuw later, is de Tour voor het eerst in Chartres gefinisht en heeft een andere vijfentwintigjarige Fransman, Thomas Voeckler, zijn grootse plan verwezenlijkt om de door Géo in het leven geroepen koers aan te voeren. Voeckler is de nieuwe *maillot jaune*, de gele trui.

ETAPPE-UITSLAG *1. O'Grady; 2. Jakob Piil (Denemarken); 3. Sandy Casar (Frankrijk); 4. Thomas Voeckler (Frankrijk), allen zelfde tijd; 5. Magnus Bäckstedt (Noorwegen), op 0:03.*

ALGEMEEN KLASSEMENT *1. Voeckler; 2. O'Grady, op 3:13; 3. Casar, op 4:06; 4. Bäckstedt, op 6:06; 5. Piil, op 6:58; 6. Armstrong, op 9:35; 13. Hamilton, op 10:11; 21. Ullrich, op 19:30; 31. Basso, op 10:52; 95. Mayo, op 15:02.*

Dag 7 Gevaar in Angers

9 juli: deze etappe van 196 kilometer van Bonneval naar Angers is een van de vlakste van de hele Tour en voert in westelijke richting naar het Loiredal, via plaatsjes die gedomineerd worden door indrukwekkende chateaus. De harde wind leidt waarschijnlijk tot een massasprint.

Opeens valt er een muur van renners vóór hem. Tyler Hamilton gaat in de remmen. Traumatische herinneringen flitsen door zijn hoofd: de val van vorig jaar, het gebroken sleutelbeen, de pijn. In de laatste kilometer van deze etappe naar Angers zat Hamilton, terwijl ze met ruim zestig kilometer per uur over de met woningen omzoomde Rue du Maine raasden, precies waar hij moest zijn, voor in het dicht opeengepakte peloton, niet ver van zijn concurrenten Armstrong en Ullrich. 'Ik dacht: wauw, nog maar een kilometer te rijden.' Hij wist dat hij nog maar één kilometer te gaan had omdat de Tour-organisatie daar de zes meter hoge plastic boog over de weg had geplaatst. 'Ik vóélde dat er een valpartij aan zat te komen. Je kon het gewoon voelen. Het was allemaal heel nerveus. Toen we onder de boog door kwamen, dacht ik: als ze voorin vallen, krijgen we allemaal dezelfde eindtijd.'

Hamilton doelde op artikel 20 uit het koersreglement, waarin staat: 'In het geval dat een renner valt [...] na het teken van de laatste kilometer [...] krijgt betrokken renner dezelfde eindtijd als de renners bij wie hij in gezelschap was op het moment dat de val plaatsvond.' Als de val echter plaatsvindt met méér dan een kilometer te gaan, dan krijgt het slachtoffer de tijd waarin hij daadwerkelijk over de streep gaat, ook al heeft het hem enkele minuten gekost om zich uit de kluwen gevallen renners en fietsen te ontwarren, zijn fiets te controleren, misschien een wiel te vervangen en vervolgens naar de meet te rijden. Dat hij uitgerekend *du moment* dat hij bij een val betrokken raakt over dit reglementsartikel nadenkt, laat zien hoezeer

Hamilton zijn zinnen op het winnen van de Tour gezet heeft. Hij weet niet hoe het zal aflopen voor hem, maar hij gaat ervan uit dat hij geen tijd zal verliezen.

Tijd verliezen is wel het laatste waar Robbie McEwen aan denkt. De Australische sprinter, die de derde etappe naar Namen al won, is helemaal klaar voor een volgende zege. 'Ik dacht: ik voel me geweldig,' zegt hij. 'Ik had echt het idee dat ik vandaag zou gaan winnen.' Bij de één-kilometerboog zit McEwen voor in de groep, pal rechts van de uit de kluiten gewassen Oostenrijkse renner René Haselbacher, die het tempo maakt voor de beste sprinter van zijn Gerolsteiner-ploeg, Danilo Hondo. Haselbacher, die viel tijdens een eindsprint in de Tour van 2003, staat erom bekend dat hij bij massasprints veel riskeert. Op dit moment probeert hij zich helemaal aan de linkerkant van de vier meter brede straat langs de rijders op kop te wurmen. Maar hij ziet het gevaar van de aluminium dranghekken niet. Om op het smalle trottoir ruimte te maken voor de voetstukken van de boog, zijn daar die hekken op het wegdek geplaatst. Daardoor is de weg op die plaats zo'n zestig centimeter smaller geworden. De twee knikken in de dranghekken waar deze om de voetstukken van de boog staan, steken nog een stukje verder uit op de weg. 'Ik merkte dat het smaller en smaller werd,' zegt Hamilton. 'Het is waanzin om honderdtachtig renners door zo'n straat te jagen als ze voluit gaan.' Daar zit wat in, want het was ook de slecht georganiseerde Tour-aankomst in Meaux twaalf maanden eerder die zorgde voor de vreselijke valpartij die Hamilton niet uit zijn hoofd kan zetten.

Op de plaats van de valpartij in Angers vertelt een politieagent me later: 'Een van de renners raakte precies onder de boog een dranghek.' Die renner was Haselbacher. In een poging om in het gaatje aan de linkerkant van de weg te duiken, raakt hij dat hek waardoor zijn stuur breekt en hij zelf tussen de rijders rechts van hem gekatapulteerd wordt. De meesten van hen gaan onderuit, ook McEwen, die vertelt: 'Haselbacher vloog tegen me aan.' Minstens twaalf renners komen er aan de rechterkant ongeschonden langs, onder wie de winnaar van de vorige dag, Stuart O'Grady, die zegt: 'Ik hoorde de valpartij pal achter me, het geluid van brekend carbonfiber en metaal.'

Achter in het peloton neemt een kleine, magere Deen, Michael Rasmussen, bijgenaamd 'Kip', geen risico. 'Gisteren heb ik mijn linkerhand bezeerd en er zitten een paar bloeduitstortingen op de gebruikelijke plekken, op m'n heupen en knieën. Dus ben ik vandaag achterin gebleven om bij een mogelijke valpartij moeilijkheden te voorkomen. Daardoor heb je net die twee seconden meer om te remmen. Ik hoorde de valpartij al voordat ik het zag gebeuren. Een hoop lawaai. Van metaal tegen metaal en metaal tegen asfalt.'

Rasmussen en alle anderen gaan onmiddellijk in de remmen, maar zoals Hamilton zegt: 'Je kunt niet veel meer doen bij een snelheid van zestig kilometer per uur en met twintig renners die vlak voor je tegen de grond gaan. Ik zag een gevallen renner. Om niet op hem in te rijden, kneep ik hard in de remmen. Als er daar een camera had gestaan, dan zouden ze steeds maar weer een vertraagde herhaling hebben laten zien. Ik vloog over het stuur door de lucht en kwam op mijn rug terecht.' De klap is zo hard dat de helm van Hamilton doormidden splijt, terwijl hij met zijn rug, schouders en heupen tegen het wegdek smakt, waarna hij ruggelings over het asfalt schuift. Hij houdt er enorme schaafwonden en een paar zwaar gekneusde ribben aan over.

Wanneer ik naderhand naar de plaats van het ongeluk ga, zie ik de indrukwekkende sporen van de massavalpartij: dertig bandenstrepen waar de renners in de remmen gingen. Sommige van die dunne, zwarte strepen zijn wel zo'n tien meter lang. De meeste zijn recht, sommige slingerend, en allemaal gaan ze in de richting van het linker of rechter trottoir, daar de renners allemaal die opeenhoping in het midden wilden vermijden. 'Je kunt nergens heen wanneer er aan beide zijden dranghekken staan,' stelt Hamilton vast.

Een inwoner van Angers, Robert Forvoille, die in de buurt woont, vertelt me: 'Ik hing over de dranghekken om de renners te kunnen zien. Ze gingen voluit en ze leken allemaal op hetzelfde moment te vallen. Er gingen er minstens twintig tegen de grond. De mensen riepen "Oh! Oh! Oh!" bij iedere renner die viel.' Een politieagent die de valpartij van achteren zag, voegt eraan toe dat 'de renners de weg helemaal blokkeerden, en ik moest ruimte maken voor de ambulances'.

Vooral de toestand van Haselbacher, die buiten bewustzijn op straat lag, baarde zorgen. McEwen, die woedend was op de Oostenrijker, vertelt: 'Ik ging naar de plek waar hij behandeld werd en zei: "Het was allemaal jouw schuld! Je hebt het weer voor mekaar!"' De impulsieve Australiër, die zijn ongenoegen waarschijnlijk heel wat onverbloemder kenbaar maakte, had reden om kwaad te zijn. Haselbachers manoeuvre was roekeloos. En waar hij de overwinning voor zijn ploeg zocht, bracht hij de levens en de aspiraties van veel andere renners in gevaar.

McEwen had het duidelijk moeilijk toen hij een paar minuten na de rest van de slachtoffers van de valpartij naar de finish strompelde. Hij liep moeizaam omdat zijn linkerbil tot het vlees ontveld was, en zijn rechterbil was er bijna net zo erg aan toe. Maar hij was bezorgder over een lange, diepe wond over zijn linkerkuitspier, die hem langer problemen zou kunnen gaan bezorgen. Röntgenfoto's brachten geen breuken aan het licht; de zwelling op zijn rug onttrok kennelijk twee gebroken wervels aan het zicht die werden ontdekt nadat McEwen de Tour had beëindigd. Geen wonder dat hij de rest van de Tour pijn leed!

Terug op de Rue du Maine is Hamilton van de vijf Phonak-renners die neergaan, er het ergst aan toe. Nadat hij door een ploeggenoot overeind is geholpen, klautert hij weer op zijn fiets en rijdt langzaam naar de finish. Als hij op de kruising met de Rue de Brest naar beneden had gekeken, dan had hij kunnen zien dat in enorme letters op het wegdek stond: 'HAMILTON, WINNAAR'. Behoorde dat nog tot de mogelijkheden, of was zijn droom de Tour te winnen langzaam aan het vervluchtigen?

* * *

Ook Armstrong is gevallen tijdens deze etappe, maar hij had meer geluk dan Hamilton. Dertien kilometer na de start in Bonneval reed het langgerekte peloton, worstelend met een sterke zijwind die over de weidse graanvelden van Beauce aan kwam waaien, achter een groep vluchters aan. Met zo'n sterke wind doet elke renner alle mogelijke moeite om zo dicht mogelijk bij de man voor hem te blijven, waarbij meestal het voorwiel van de een zich halverwege het achterwiel van de ander bevindt. Er is maar één windvlaag voor nodig om te zorgen dat de twee wielen elkaar raken, en dat gebeurde dan ook: twee renners gingen vlak voor de heersende Tour-winnaar neer. 'Ik remde zo hard als ik kon, maar er was niets meer aan te doen,' zei Armstrong. Hij viel, maar had al zo veel snelheid verloren dat hij er alleen maar wat kleine schaafwonden aan zijn heup en knie aan overhield.

'Ik zat een eindje achter Lance toen hij viel,' zei zijn Amerikaanse ploeggenoot Floyd Landis, die zijn leider onmiddellijk te hulp kon schieten. Dat was een geluk want, zoals Landis eraan toevoegde, 'soms werkt de radio niet en dat was het geval toen hij viel'. Hij doelde op het draadloze systeem dat de Postal-ploeg gebruikt voor de communicatie tussen ploegleider Bruyneel en de renners, om hun te laten weten wanneer Armstrong hulp nodig heeft. Tegen de tijd dat Armstrong was opgekrabbeld, waren Landis en drie ploeggenoten ter plekke om hem meteen terug te brengen naar het peloton.

Vier uur later is negentig procent van het veld betrokken bij of gehinderd door de massale valpartij in Angers, veroorzaakt door Haselbacher. In tegenstelling tot Hamilton heeft Armstrong wel genoeg tijd om af te remmen vóór de valpartij. Hij stapt af, loopt met zijn fiets langs de gevallen renners en rijdt in gezelschap van ploeggenoot Hincapie rustig naar de eindstreep.

Valpartijen zijn een voortdurend gevaar bij het wielrennen. De massale valpartij in Angers is de vijfentwintigste keer tijdens de eerste Tour-week dat er renners tegen het wegdek gaan. De ene keer is het één enkele renner die valt, dan weer zijn het twee renners die neergaan nadat hun wielen elkaar geraakt hebben; en af en toe, zoals dit keer, zijn er tientallen renners bij betrokken. Negenennegentig van de 188 gestarte renners zijn al gevallen, sommigen meerdere malen. Van één ploeg, Cofidis, zijn alle renners al betrokken geweest bij een valpartij, ook de Australiër Matt White, een goede knecht die eind 2003 US Postal verruilde voor een ploeg die hem de mogelijkheid bood zijn eerste Tour te rijden. Ongelukkig genoeg viel White een paar uur vóór de start van de proloog in Luik over een paar televisiekabels toen hij in de buurt van het vertrekpunt het parcours verkende. Hij brak zijn sleutelbeen en kon niet meer starten. Vervolgens belde de ploeg met veteraan Peter Farazijn, die in Vlaanderen woont: hij was het enige ploeglid dat nog op tijd in Luik kon zijn om White te vervangen. Farazijn zat er niet op te wachten om weer een Tour de France te rijden, waar hij voor het laatst in 1999 aan had meegedaan. Toen zijn mobieltje ging stond Farazijn in Ieper naar een motorcross te kijken. Hij haastte zich naar huis, graaide wat kleren en het ploegtenue bij elkaar en – vergelijk het met een Americanfootballspeler die op het allerlaatste moment wordt gebeld of hij met de Super Bowl kan meedoen – raasde onder politie-escorte met een snelheid van honderdzestig kilometer per uur van de ene kant van België naar de andere. Hij kwam een paar minuten te laat, maar hij kreeg een andere starttijd en bracht het met de fiets en het nummer van White (waarop de Australische vlag stond) tot de 185ste plaats. 'Toen ik gebeld werd dacht ik dat ik het misschien drie of vier dagen zou uithouden en dan terug naar huis zou gaan, maar ik ben er nog,' zegt de vijfendertigjarige Farazijn. Hij zou het tot Parijs volhouden en als 107de eindigen.

Van de tien renners die tijdens de eerste Tour-week uitvielen, waren er acht geblesseerd door valpartijen; een moest afstappen vanwege de gevolgen van een ongeluk voorafgaand aan de Tour en de tiende werd gediskwalificeerd vanwege het overschrijden van de tijdslimiet. De renner die de Tour verliet om redenen die niet met de koers samenhingen, was een Australiër, Brad McGee. Deze achtentwintigjarige coureur uit South Wales, door sommigen gezien als een toekomstige Tour-winnaar, kwam met hoge verwachtingen naar de Tour nadat hij twee maanden uitstekend had gepresteerd. De sponsor van zijn ploeg, de Franse nationale loterij Fdjeux.com, legde behoorlijke druk op hem met de verwachting dat hij de proloog, de tijdrit in Luik, zou winnen, net zoals hij in 2003 in Parijs had gedaan. Ondanks rugklachten, die hij voor zichzelf had gehouden, vergde McGee het uiterste van zichzelf, om uiteindelijk de vierde plaats, negen seconden achter Cancellara, te bereiken.

Dat het niet goed ging met McGee bleek de volgende dag, op weg naar Charleroi. In de laatste fase, toen de snelheid omhoogging, moest hij lossen waardoor hij uiteindelijk zes minuten na de rest binnenkwam. Hij had naderhand weinig zin om commentaar te geven, maar hij vertelde wel hoeveel pijn hij had. 'Mijn rug is gebroken en ik voel mijn benen niet meer,' zei hij afgemat. 'Ik heb geen gevoel in mijn voeten en er zit geen greintje kracht meer in me.' Op de vraag wat de oorzaak van dat alles was, antwoordde McGee slechts: 'Huiselijke plichten.' Later vertelde hij een vriend dat hij een week voor de Tour door zijn rug was gegaan toen hij olijfbomen plantte bij zijn nieuwe huis in Monaco. Een week nadat hij zich had teruggetrokken uit de Tour, zei McGee: 'Mijn ploegarts zei dat ik symptomen heb van fibromyalgie. Dat is zoiets als een chronische vermoeidheids-

kwaal, maar dan met zowel geestelijke als lichamelijke symptomen.'
McGee's gezondheidstoestand is niet ongewoon in een sport die
psychisch en fysiek zo belastend is.

Sommigen zijn geneigd op te geven wanneer ze geblesseerd, uitgeput of gedemoraliseerd zijn; anderen rijden tot ze erbij neerval-
len. Dat laatste is het geval met Nick Gates, een andere Australiër,
die tijdens de eerste gewone etappe viel, hard met zijn knie tegen
het stuur kwam en met veel pijn heldhaftig de laatste honderd kilometer in zijn eentje reed. Hij finishte een halfuur achter het peloton
en werd gediskwalificeerd vanwege het overschrijden van de tijdslimiet.

In de beginperiode van de Tour bestond die tijdslimiet niet. Zelfs
renners die uren na de etappewinnaar binnenkwamen, mochten in
de koers blijven. In deze competitieve tijd dienen de renners binnen een bepaalde marge ten opzichte van de winnaar binnen te komen. Het is een harde regel, maar wel zo praktisch. De wegen waar
de Tour overheen gaat, worden enkele uren helemaal afgesloten en
na afloop moeten ze zo snel mogelijk weer voor het verkeer worden
opengesteld. Daarbij komt dat de officials maar weinig tijd hebben
om de tijden van de renners te verwerken, terwijl de finishplaats
binnen een uur na binnenkomst van de laatste renner moet worden
ontmanteld.

De tijdslimiet voor een vlakke etappe bedraagt negen procent
van de tijd van de winnaar. Gates kwam meer dan dertig minuten
na etappewinnaar Kirsipuu binnen, vijf minuten en drieëntwintig
seconden te laat. Een andere reden voor het instellen van de tijdslimiet is dat een rijder die later binnenkomt, waarschijnlijk ook niet
in staat is om de koers nog lang vol te houden. Dat was het geval
met Gates, wiens knieblessure zo ernstig bleek dat de ploegarts van
Lotto-Domo hem de volgende dag nooit van start zou hebben laten
gaan.

* * *

De rol van Gates in de Tour zou zijn geweest om zijn ploeggenoot
McEwen veilig door iedere etappe te loodsen en hem fit te houden
voor de sprint. Het zou zeker een belangrijke taak zijn geweest tijdens deze etappe naar Angers, waar McEwen overtuigd was te kun-

nen winnen. De tweeëndertigjarige sprinter wist dat een massasprint onvermijdelijk was bij deze vlakste etappe van de Tour, zeker op een dag met tegenwind wanneer ontsnappingen nog moeilijker zijn. Het groepje van zes man dat na twintig van de 195 kilometer ontsnapte, had dan ook weinig hoop op succes. Toch bleven de zes renners 160 kilometer bij elkaar voordat ze elkaar begonnen uit te dagen, ieder van hen in de hoop dat ze uit de greep van het peloton zouden kunnen blijven en de etappe winnen. De laatste van de zes die werden bijgehaald was een snelle jonge Spaanse renner, Juan Antonio Flecha. Hij werd in het zicht van de één-kilometerboog door het voortdenderende peloton ingehaald, kort voor de valpartij die het verloop van de hele Tour zou veranderen.

Twintig renners wisten de valpartij te omzeilen door er rechts omheen te gaan. Ze reden naar de finish en maakten zich op voor de sprint. Echte sprinters kunnen een explosieve kracht ontwikkelen, maar slechts enkele seconden lang, zo'n tweehonderd meter. Meestal manoeuvreren ploeggenoten hun sprinter in een gunstige positie, van waaruit die de laatste sprong kan doen – het is beter om achter een concurrent te rijden om uit de wind te blijven en hem pas de laatste honderd meter voorbij te steken. Maar de sprint van vandaag, met de laatste paar honderd meter bergop, is verre van normaal: er zijn geen ploeggenoten die deze sprinters kunnen bijstaan; ze zijn allen opgehouden door of betrokken bij de grote valpartij. Dus is het man tegen man wanneer er eerst een, dan een ander voluit gaat, waarbij ze allemaal langzaam hun krachten verspelen in die zware finale bergop. Uiteindelijk blijkt Tom Boonen van de Quick Stepploeg – die er de eerste twee dagen bij de eindsprint niet aan te pas kwam omdat zijn ketting er steeds afliep – het sterkst en het snelst. Wanneer hij bij het prachtige stadhuis van Angers over de eindstreep flitst, op duidelijke afstand van O'Grady en Zabel, heeft hij nog tijd om zijn armen in de lucht te steken. Dit is zijn eerste Tour en zijn eerste etappewinst – een enorme opsteker voor de jonge Belg. 'Dit was zo'n sprint waar ik dol op ben,' zegt Boonen, 'ook al kneep ik 'm in de finale. Ik was het meest bevreesd voor Zabel, die ook van een finish met een stijging houdt.'

Ullrich is van de beoogde kanshebbers voor de eindoverwinning de enige die niet betrokken is bij de grote valpartij; hij komt samen met zijn vriend Klöden pal achter de sprinters over de meet. De minuten daarna druppelen alle rijders die zijn gevallen of oponthoud hadden in de chaos, binnen. Onder de eerste vijf is de ongedeerde Armstrong, naast zijn trouwe Hincapie. Basso heeft ook geen kleerscheuren, maar zijn CSC-ploeggenoten Julich en Voigt behoren tot de slachtoffers. Een afgepeigerde Hamilton komt met zijn ploeggenoten Gutierrez, Pereiro en Perez binnen en gaat linea recta naar de witte Phonak-rennersbus. De laatste man die binnenkomt is McEwen, met een verdwaasde blik en geholpen door zijn lange Belgische ploeggenoot, Wim Vansevenant.

Terwijl de tv-camera's en radioverslaggevers zich richten op de etappewinnaar en de groep vluchters, verzamelt een groepje journalisten zich bij de Phonak-bus. De bescheiden Spaanse ploegleider Alvaro Pino is woedend vanwege de valpartij. In het Frans zegt hij: 'Tyler heeft schaafwonden over zijn hele rug en op beide armen. Hij ging neer met nog vier van mijn renners: Bert Grabsch, Martin Elmiger, Jalabert en Sevilla. Wie hebben er schuld aan deze valpartij?' luidt zijn vraag. 'Vraag het de renners zelf maar. Het zijn die twee sprinters, McEwen en Haselbacher. Die doen iedere dag gevaarlijke dingen. Ze zouden uit de koers genomen moeten worden... naar huis gestuurd.'

De teammanager, Urs Freuler, een lange, elegante Zwitser met een inspecteur Clouseau-snor, is niet zo onder de indruk van de valpartij. 'Het is pech, toch? De renners die erbij betrokken waren, zaten allemaal bij de eerste twintig, vijfentwintig. Het is logisch dat Tyler een mentale klap heeft gekregen, want hij denkt aan vorig jaar toen hij bij een soortgelijke valpartij zijn sleutelbeen brak. Maar hij kan alles nog bewegen en we hopen dat het goed met hem is.'

Een van de verslaggevers vraagt aan Pino, zonder rekening te houden met diens bezorgdheid dat tweederde van zijn renners opeens met blessures kampt, hoe dit alles van invloed zal zijn op hun rijden in de Pyreneeën, die pas over een week volgen. Pino heeft het gehad. Hij draait haar de rug toe en loopt weg. Een ziekenwagen met jankende sirene stopt vlakbij. De deur van de Phonak-bus gaat open en Hamiltons meesterknecht Pereiro, een Spanjaard die in de beginfase van de etappe is gevallen, komt naar buiten en loopt weg voor medische verzorging. Hij moet een foto laten maken van zijn gekwetste rechterhand. 'We hopen dat hij morgen van start kan gaan,' zegt Freuler.

127

Het is inmiddels bijna zes uur, twintig minuten na afloop van deze etappe. De bussen van Postal en T-Mobile zijn al verdwenen. De toeschouwers trekken weg uit de binnenstad, naar huis, misschien voor een potje pétanque of voor een aperitiefje in een barretje of bistro in de buurt. Ik kijk of een Indiaas restaurant waar ik langskom om tien uur nog open is, het tijdstip waarop de persruimte dichtgaat en wij in de schemering naar buiten komen om te gaan eten. Het zal nog een paar uurtjes licht zijn wanneer Armstrong en zijn Postal-ploeggenoten hotel Port Angevin bereiken na een rit van zestig kilometer naar het plaatsje Pouancé, niet ver van de startplaats van morgen, Châteaubriant, waar Ullrichs T-Mobile verblijft in Hostellerie de la Ferrière. Beide teams zijn ongeschonden door de massavalpartij aan het eind van de etappe gekomen. Hamilton en Phonak echter niet. Hun ploegarts en fysiotherapeut zullen vanavond hun handen vol hebben daar in de buurt van Beaucouzé, waar de geblesseerde renners een onrustige nacht tegemoetgaan.

Er is een dosis geluk nodig om de Tour te winnen. Hamilton heeft zijn portie pech wel gehad en vandaag heeft het noodlot hem voor de zoveelste keer getart. Komt er ooit een eind aan?

ETAPPE-UITSLAG *1. Boonen; 2. O'Grady; 3. Zabel; 4. Hondo; 5. Baden Cooke (Australië), allen zelfde tijd.*

ALGEMEEN KLASSEMENT *1. Voeckler; 2. O'Grady, op 3:01; 3. Casar, op 4:06; 4. Bäckstedt, op 6:06; 5. Piil, op 6:58; 6. Armstrong, op 9:35; 13. Hamilton, op 10:11; 21. Ullrich, op 10:30; 31. Basso, op 10:52; 94. Mayo, op 15:02.*

Dag 8 Tijd om te testen

10 juli: deze 204,5 kilometer lange etappe van Châteaubriant naar St. Brieuc voert naar het noorden in de richting van de Bretonse kust. Het is de enige dag van de Tour 2004 waarop de renners de zee te zien krijgen. Een heuvelachtige finale zal het vandaag moeilijk maken voor de sprinters.

Het is een prachtige dag in Bretagne. Na een week met voornamelijk regen is de zon stralend teruggekeerd, een briesje ruist door de bomen en vogels kwinkeleren in de wuivende gaspeldoorn en de bremstruiken. De persauto waarin we zitten rijdt over een massieve stenen brug over een glinsterende stroom, gaat een weggetje omhoog dat tussen in bloemenpracht gehulde huizen kronkelt en vervolgens weer omlaag over een smalle landweg, steeds de gele wedstrijdpijlen volgend. Met nog maar een paar minuten te gaan rijden we een groot grasveld op waarvandaan de etappe van vandaag in Châteaubriant zal starten. Er is parkeerplaats te over aangezien de meeste geaccrediteerde auto's al weg zijn. Misschien wisten ze al van tevoren dat de Tour-organisatie ons van de ene kant van de stad naar de andere meer dan dertig kilometer over het platteland zou laten omrijden. Op dat moment gaat een van de mobieltjes. Het is een collega-journalist: 'Hebben jullie al gehoord dat een van de Lotto-renners, Christophe Brandt, positief getest is?' Sombere berichten. Het eerste dopinggeval tijdens deze Tour. Het zet een domper op deze nog jonge dag. Terwijl ik tussen de geparkeerde auto's naar de teambussen hol, denk ik aan het telefoontje en voel me terneergeslagen. Ik verneem dat Brandt totaal kapot was en huilde. Hij begreep niet hoe het kon dat hij tijdens een routinecontrole in Namen een paar dagen eerder positief was getest op methadon. 'Ik was ook geschokt,' zegt Lotto-ploegleider Claude Criquielion. 'Christophe is een van de toegewijdste renners van onze ploeg.'

Ik vind de bus van Phonak en wissel een paar woorden met Hamilton terwijl hij naar de start rijdt. 'Hoe ben je de nacht doorgekomen met al die verwondingen aan je rug?'

'Ik moest slaaptabletten nemen,' antwoordt hij. 'Ik kan maar op één zij liggen.'

Slaaptabletten? Misschien zit daar ook wel een van die verboden middelen in, denk ik lichtelijk paranoïde. Maar ik ben er zeker van dat hun teamarts dat heeft uitgezocht. Hamilton zegt dat het de komende twee dagen niet te zwaar zal worden, zodat hij kan herstellen en ongeschonden maandag kan halen, de rustdag. Vervolgens voegt hij zich bij een lachende Armstrong en een strak kijkende Ullrich, die samen met de anderen op weg gaan voor weer een lange etappe, dit keer in noordelijke richting naar de schitterende kust van Bretagne. De favorieten hopen dat het een dag zonder valpartijen zal worden en dat het peloton bij elkaar zal blijven, dat Voeckler in het geel zal blijven en dat zij hun hoge positie in het algemeen klassement zullen kunnen consolideren.

* * *

We krijgen meer te horen over het geval-Brandt. Hij heeft tegen zijn ploegleider gezegd dat er sprake moet zijn van een vergissing. Dit is de enige keer geweest in zijn vijf jaar als profrenner dat hij positief is getest. En hij heeft geen idee hoe er sporen van methadon – een synthetische drug die aan afkickende heroïneverslaafden wordt gegeven – in zijn lichaam zijn gekomen. Maar methadon wordt ook gebruikt als pijnstiller, reden waarom het voorkomt op de zwarte lijst van het Wereld Anti-Doping Agentschap (WADA).

Brandts schuld wordt later bevestigd wanneer een urinemonster dat hij in Angers heeft afgeleverd, ook positief reageert op methadon. Een maand vóór de Tour voelde de zevenentwintigjarige Belg zich geweldig. Na drie weken koersen in Italië was hij naar huis gegaan, naar zijn vrouw in Luik, om haar te vertellen dat hij veertiende was geworden in de Giro d'Italia. Hij werd door Lotto gezien als hun renner met de beste kansen op een hoge klassering in de Tour de France. Nu hij ongetwijfeld ontslagen zal worden door zijn ploeg, is zijn toekomst onzeker.

Hoewel dagelijkse dopingcontroles een afschrikkende werking

hebben, brengen ze zelden dopinggebruik aan het licht. Veeleer loopt iemand als Brandt tegen de lamp, die ongewild een verboden middel heeft binnengekregen – later zou hij melden dat zijn voedingssupplement sporen van methadon bevatte. Vaak zitten er bestanddelen in voedingssupplementen die niet zijn aangegeven, en dus moeten sporters en hun artsen bijzonder alert zijn op wat er genomen kan worden en wat niet. De WADA-lijst van verboden middelen wordt voortdurend langer en zelfs gewone voedingsmiddelen kunnen verboden ingrediënten bevatten.

Als gevolg daarvan komen er zaken voor als die van de Tsjechische US Postal-renner Pavel Padrnos, die op dit moment met uitsluiting van de Tour bedreigd wordt. Wat hij heeft misdaan? Hij komt voor op een lijst van renners die in bezit waren van 'verboden middelen' tijdens een politierazzia in hotels waar ploegen tijdens de Giro d'Italia 2001 overnachtten, en hij zal worden ondervraagd tijdens een rechtszitting later dit jaar. Een paar dagen geleden meldde de Franse krant *Le Monde* dat twee andere renners zich bij Padrnos hadden gevoegd, Martin Hvastija van Alessio en Stefano Casagrande van Saeco, die vanwege dezelfde redenen uit de Tour gezet dreigen te worden.

'Ik weet alles van deze zaak en het gaat hier niet om doping,' zegt Postal-ploegleider Johan Bruyneel, doelend op wat er drie jaar geleden op de hotelkamer van Padrnos is aangetroffen. 'Het is niets. Er zit inderdaad een geringe hoeveelheid monitol in [het product dat werd gevonden], maar dat dient als conserveringsmiddel. Er is geen enkele reden om verdenkingen te koesteren jegens Pavel Padrnos.' Monitol komt voor op de WADA-lijst met verboden middelen omdat het een vochtafdrijvende werking heeft, wat betekent dat een renner het zou kunnen toepassen om voorafgaand aan een dopingcontrole verboden middelen uit zijn lichaam af te voeren. Maar niet wanneer het alleen maar als conserveringsmiddel dient. Het Europese publiek toont niet veel interesse in dopingaffaires rond renners als Padrnos, Casagrande, Hvastija en Brandt. Sterker nog, de Fransen lijken zich er niet eens druk om te maken dat hun populairste renner, Richard Virenque – die dit jaar probeert om het recordaantal van zeven keer bergkoning te halen – een van de hoofdverdachten was in de beruchte Festina-zaak tijdens de Tour van 1998. De Festina-ploeg was de sterkste van de wereld toen een ploegassistent, Willy

Voet, in een Festina-auto werd aangehouden door de Franse douane terwijl hij op weg was naar de Tour. Er werd een grote hoeveelheid verboden middelen ontdekt, waaronder de bloeddoping erythropoietine (EPO), een menselijk groeihormoon waarvan de renners van de ploeg (met inbegrip van Virenque) uiteindelijk toegaven dat ze het moesten gebruiken voor de Tour. Dit weerhoudt de Franse fans er niet van om vol adoratie te jubelen wanneer Virenque langsrijdt op de kronkelende wegen van Bretagne, of tijdens alle andere etappes. Maar terwijl Virenque en de andere Festina-renners al lang vergeving hebben gekregen en zelfs als slachtoffers worden gezien, lijken de Europese media en toeschouwers als het gaat om Tour-winnaar Armstrong klaar om bij iedere vage aanwijzing in de richting van doping een oordeel te vellen. Toen het Festina-schandaal losbrak, was Armstrong net bezig zijn comeback te maken in het wielrennen, nadat hij achttien maanden strijd had geleverd tegen zijn kanker.

Voordat hij zich begin 1998 meldde in het trainingskamp van zijn nieuwe ploeg, US Postal Service, bracht hij een paar weken met zijn verloofde Kristin door in een huisje aan het strand van Santa Barbara, Californië. Daar begon hij serieus te trainen en voor het eerst weer lange ritten op de fiets te maken sinds hij was genezen van zijn ziekte. Na de ritten in de San Rafael Mountains of langs de kust liet hij zich masseren door Shelley Verses, een verzorgster die al eerder had gewerkt met een aantal profwielerploegen. Ze was de eerste vrouwelijke soigneur in de Europese wielersport en ze staat hoog aangeschreven als masseuse en voedingsdeskundige. Ik vroeg Verses of ze tijdens zijn verblijf in Santa Barbara met Lance over doping had gesproken. 'We hadden het vaak over de eenvoud van het wielrennen,' antwoordde ze. 'We spraken erover dat het lichaam van een wielrenner alleen bepaalde dingen nodig heeft en dat het lichaam van een wielrenner bepaalde dingen niet kan omzetten... Ik gaf Lance homeopathische monddruppels van Duitse makelij om na zijn verblijf in Santa Barbara te nemen. Als die middelen hier in Amerika in de vorm van injecties beschikbaar waren geweest, dan zou ik ze hebben gegeven, omdat ze sneller zouden zijn opgenomen. Wat ik hem gaf waren gewoon homeopathische middelen in de vorm van tabletjes die iedereen hier kan kopen. We spraken ook over doping, vooral over de gevaren van wat er in de wielerwereld aan het gebeuren was.'

De gevaren werden een paar maanden later duidelijk toen de Festina-zaak in de Tour tot uitbarsting kwam. Tijdens die editie van de ronde deed de Franse politie een inval in diverse hotelkamers en werd een aantal rijders meegenomen naar het bureau, waar ze werden gefouilleerd, ondervraagd en een nacht in de cel moesten doorbrengen. De meedogenloze wijze waarop ze werden behandeld bracht een verontwaardigde reactie teweeg bij de andere renners, die tot twee keer toe een sit-downactie organiseerden, waarvan er een tot een vertraging van twee uur leidde en de andere er zelfs voor zorgde dat een etappe niet doorging.

Gedurende en na die Tour werd het publiek overspoeld met berichten in de krant en op televisie over dopinggebruik in het wielrennen. De Tour-organisatie reageerde op alle ophef over hun sport door het aantal onaangekondigde bloedtests in de vroege ochtend op te schroeven. En de sceptische media stuurden zowel nieuwsjournalisten als wielerverslaggevers naar de Tour van 1999. Lance Armstrong, die zijn eerste Tour reed nadat hij kanker had gehad, zag alle ogen op zich gericht – vooral nadat hij in de proloog de beste Europese renners het nakijken had gegeven.

Er werden al verdenkingen geuit dat de Texaan prestatiebevorderende middelen gebruikte vóór de vijfde etappe, toen het sportdagblad *L'Équipe* op grond van een anonieme bron onthulde dat een van de vier urinemonsters die na de proloog waren afgenomen, positief was getest op corticoïde (zoals corticosteroïden meestal worden genoemd). Aangezien proloogwinnaar Armstrong een van de geteste renners was, hadden de media hun gevolgtrekking al snel gemaakt. Die avond bracht de Internationale Wielerunie een verklaring naar buiten waarin gesteld werd dat een van de vier monsters inderdaad een te hoog gehalte bevatte, maar dat de renner in kwestie toestemming had om op medische gronden corticoïden te gebruiken – een middel dat astma verlicht, huidaandoeningen geneest of (onreglementair) een renner over zijn vermoeidheid helpt. De Deen Bo Hamburger, een van de vier geteste renners en degene die toestemming had om het middel te gebruiken vanwege zijn astma, bleek de schuldige te zijn.

Maar dit deed niets af aan het groeiende cynisme van de Franse media en Armstrong wist dat er steeds weer vragen over doping zouden komen. Als antwoord daarop legde hij tijdens de eerste

Tour-rustdag ten overstaan van een overvolle perszaal een uitzonderlijke verklaring af waarin hij op niet mis te verstane wijze zei: 'Ik denk dat wij allemaal van deze sport houden en dat we om die reden hier zijn... Nu hebben we twee keuzes. We kunnen proberen de Tour de France, die al zo lang bestaat, kapot te maken, of we kunnen ons best doen de Tour weer gezond te maken. Helaas zijn er nog steeds mensen die hem willen vernietigen. Ik behoor niet tot die groep. Ik wil tot de vernieuwers behoren. Het is geen verdorven sport. Het is een gezonde sport, een fijne sport. Het is een fantastische sport.'

De volgende dag verbaasde Armstrong de hele wielerwereld door in Sestriere te winnen, na een zes uur durende, 220 kilometer lange etappe met een aankomst boven op een col. Op die koude, regenachtige namiddag in de Alpen stond ik aan de finish naast een doorgewinterde Italiaanse wielerkenner naar een tv-scherm te kijken. Toen Armstrong tijdens de steile beklimming wegreed bij de beste Spaanse, Italiaanse en Zwitserse klimmers, schudde de fan krachtig met zijn hoofd en riep een paar keer in het Engels: '*Doping! Doping! Doping!*'

Onmiddellijk na de finish vroeg een verbijsterde Franse radiocommentator aan mij om de luisteraars uit te leggen hoe een 'niet-klimmer' als Armstrong, die net was genezen van kanker, een bergetappe kon winnen en zijn voorsprong op de nummer twee in het algemeen klassement tot zes minuten uit kon bouwen. Ik zei tegen hem en zijn luisteraars: 'Armstrong was op jonge leeftijd al een goede klimmer, en sinds die tijd is hij tien kilo kwijtgeraakt door alle behandelingen om van de kanker te genezen. Daardoor heeft hij de bouw gekregen van een klimmer, lang en mager, en is zijn kracht-gewichtverhouding met ruim tien procent verbeterd. Vorig jaar september heeft hij met zijn vierde plaats in de Ronde van Spanje al laten zien dat hij zich op lange beklimmingen kan meten met de beste klimmers. Dit jaar heeft hij zich helemaal op de Tour gericht, veel krachttraining gedaan en veel kilometers gemaakt in de bergen rond zijn woonplaats Nice. Zijn overwinning vandaag verbaast mij helemaal niet. *Voilà!*'

Ik merkte dat de man mijn verhaal niet geloofwaardig vond. En hetzelfde gold voor de andere journalisten die avond in de persruimte. Toen ik tegen een Engelse journalist zei dat Lance volgens mij geen doping gebruikte, lachte hij me in mijn gezicht uit. 'Dom om dat te denken. Nogal naïef...'

Tijdens de Tour van het jaar daarop, 2000, heerste het cynisme nog steeds toen een Franse televisiezender onderzoek besloot te gaan doen naar de US Postal-ploeg, op zoek naar 'verdachte' activiteiten. Op een ochtend gedurende de laatste Tour-week volgde de televisieploeg de Spaanse arts en de Amerikaanse chiropractor van de Postals toen die naar hun hotel in Courchevel reden. Ergens halverwege de volgende etappeplaats stopte de auto en gooide de arts een paar zakjes in een afvalbak langs de weg. De Franse cameraman filmde de inhoud van de zakken: voor het grootste deel injectiespuiten en aangebroken verpakkingen met medische preparaten. Er zijn veel ploegen die zich op die manier van overtollige zaken ontdoen, maar nadat het incident met het Postal-afval in een opgeklopte televisiedocumentaire was getoond, begon een rechter in Parijs aan een gerechtelijk onderzoek. Dat duurde zo'n twee jaar en behelsde onder andere analyse van alle urinemonsters van de ploeg, die sinds de Tour waren bewaard. Er werd niets onreglementairs aangetroffen en de zaak werd in alle rust gesloten. Het enige 'verdachte' middel dat tussen het medische afval werd aangetroffen was Actovegin, een gefilterd extract uit kalverbloed dat volgens de onderzoekers zou kunnen worden gebruikt om het bloed met zuurstof te verrijken. Volgens de ploeg hielp het schaafwonden genezen en het werd bovendien gebruikt door een van de volgers, die aan suikerziekte leed.

Tyler Hamilton, die dat jaar nog voor de Postal-ploeg reed, heeft onaangename herinneringen aan het onderzoek. 'Op de keper beschouwd beweerden ze dat onze hele ploeg doping gebruikte... Ik was kwaad. Als ik inderdaad wat het ook was [Actovegin] gebruikte, dan had ik me waarschijnlijk wel anders gevoeld. Maar als je wordt beschuldigd iets te hebben gebruikt waarvan je het bestaan niet eens kent... Iemand kan zomaar iets beweren en dat wordt dan een feit, waarna je schuldig bent tot het tegendeel is bewezen. En dat kan heel frustrerend zijn.'

Ook Armstrong bleef zich gefrustreerd en boos voelen door de voortdurende toespelingen op zijn gebruik van prestatiebevorderende middelen. Vaak heeft hij erop gewezen dat hij in zijn twaalf jaar als profrenner nooit positief is bevonden – en hij is net zo vaak getest als welke renner uit de geschiedenis dan ook. In 2002 zei hij een keer tegen me: 'Denk je nou echt dat ik zo dom ben dat ik zou willen dat mijn zoon over tien jaar naar de middelbare school gaat en een klasgenoot tegen hem zegt: "O, is jouw vader die vent die werd geschorst vanwege doping?" '

* * *

Brandt is gebrandmerkt als dopinggebruiker en zijn vertrek uit de Tour maakt het nodige los in het peloton. Maar veel tijd voor discussie hebben de renners niet, aangezien ze Châteaubriant uit jakkeren en het idyllische Bretonse platteland op gaan. De Phonak-renners proberen de koers te controleren en het tempo laag te houden om Hamilton met zijn geblesseerde rug te ontzien, maar ze kunnen het spervuur aan aanvallen niet tegenhouden. De snelheid van de grote groep is zo hoog – bijna vijftig kilometer afgelegd in het eerste uur – dat de Italiaanse kopman van de Saeco-ploeg, de tweevoudige Giro-winnaar Gilberto Simoni, moet lossen. Simoni is aangeslagen vanwege twee valpartijen in de afgelopen drie dagen, door een week met veel regen en het helse tempo dat wordt onderhouden, en hij lijkt rijp voor opgave. Zijn ploegleider maant hem via zijn koptelefoontje echter om door te gaan en geeft al zijn ploeggenoten opdracht om te wachten. Kort nadat ze Simoni weer terug hebben gereden naar de groep, slaat een van de Belgische ploeggenoten van Brandt, Thierry Marichal, samen met de altijd strijdlustige Erik Dekker van Rabobank een aardig gat, dat oploopt tot een minuut. Vervolgens hebben ze het geluk dat de Boulangère-ploeg van geletruidrager Voeckler het tempo van het peloton laat zakken, net zoals Armstrongs Postal-ploeg deed op weg naar Chartres. Nu het peloton niet meer jaagt, kunnen Marichal en Dekker – beiden geen bedreiging in het algemeen klassement – hun voorsprong uitbouwen. Binnen het uur en met nog maar zo'n 110 kilometer te rijden, hebben ze al acht minuten gepakt.

* * *

In de maanden voorafgaand aan deze Tour wist Armstrong dat er in juni een boek zou verschijnen dat zijn naam in verband bracht met doping – een boek dat in juli overal in Frankrijk te koop zou zijn. Dat boek, *LA Confidentiel. Les Secrets de Lance Amstrong*, is geschreven door twee bekende journalisten, de Fransman Pierre Ballester en de

Ier David Walsh. Daarvoor ondervroegen ze drie jaar lang tientallen personen. Ballester, vroeger wielerjournalist voor *L'Équipe*, fungeerde als ghostwriter voor het 'ultieme waarheid'-boek van Willy Voet, de Festina-verzorger die op heterdaad werd betrapt met een auto vol verboden middelen op weg naar de Tour de France van 1998. Walsh, hoofd van de sportredactie van de Londense *Sunday Times*, is bezig met een kruistocht tegen doping. Dit boek is daar een weerslag van en het is geschreven vanuit de aanname dat de meeste teams het niet zo nauw nemen wat betreft stimulantia. Het verhaal kent drie hoofdlijnen: het verslag van Lance Armstrongs wielercarrière, de geschiedenis en de filosofie van de US Postal Service-ploeg, geschreven vanuit het perspectief van de werknemers ervan, en de visie van de auteurs op doping in de wielersport en de gevaren ervan.

De auteurs, die zo hun twijfels hebben aangaande Armstrongs Tour-zeges, citeren uitgebreid uit de Franse dagbladen *Le Monde* en *L'Équipe*, maar ook uit de twee autobiografische boeken van Armstrong zelf, *Door de pijngrens* en *Elke seconde telt*. Getuigenissen worden geleverd door voormalige ploeggenoten en volgers.

De zwaarste beschuldigingen worden geuit door Stephen Swart, een voormalige wielrenner uit Nieuw-Zeeland die in 1994 en 1995 deel uitmaakte van Armstrongs ploeg, toen nog gesponsord door Motorola. In juni 1995 vertelde Swart de auteurs dat hij het verboden bloedstimulerende middel EPO gebruikte. 'Zoals ik het me herinner, spraken we in 1994 niet veel over EPO, maar het jaar daarop wel,' zei Swart, die het bij herhaling over 'een programma' had dat hij, Armstrong en ploegmaat Frankie Andreu in maart 1995 bespraken tijdens een trainingsrit bij het Italiaanse Como. 'We hadden het er onderling over om een beslissing te nemen. Lance praatte breeduit mee en naar zijn opvatting moesten we doorgaan.' Toen Andreu om commentaar werd gevraagd, zei hij dat hij zich de trainingsrit niet kon herinneren. 'Misschien heeft het gesprek van Steve plaatsgevonden, maar er staat me niets van bij.' Volgens Swart was er geen sprake van een gezamenlijk 'programma' en deed iedere renner wat hem goed leek. Swart beweerde dat hij EPO gewoon bij zijn plaatselijke apotheek in Zwitserland kocht. Het boek suggereert dat Armstrong ook bij het 'programma' betrokken was, maar de auteurs komen met geen enkel bewijs daarvoor.

Nadat de Motorola-ploeg eind 1996 zijn hoofdsponsor kwijtraakte, stapten veel personeelsleden over naar US Postal, zo ook Armstrong, in 1998. Hamilton zat al die tijd al bij Postal. Tegen mij zei hij: 'Ik heb voor drie verschillende ploegen gereden en ik kan je zeggen dat er geen sprake is van systematische doping. Ik kan niet spreken voor andere ploegen, maar het is duidelijk dat je doping kunt gebruiken als je dat wilt. Het risico is voor jou, niet voor de ploeg. Het staat in je contract dat je eruit vliegt wanneer je positief wordt bevonden, zonder meer. En zo moet het ook zijn.'

Ander belastend bewijs in LA *Confidentiel* kwam van een Ierse, Emma O'Reilly, een masseuse bij Postal in de tijd dat Hamilton en Armstrong bij de ploeg zaten. O'Reilly, die later Armstrongs persoonlijke verzorgster werd, bracht drie gebeurtenissen ter sprake die haar verdacht voorkwamen. De eerste viel voor in augustus 1998 toen ze Armstrong in Nederland naar een vliegveld bracht. Hij vroeg haar om een klein zwart zakje weg te gooien, iets wat hij zelf vergeten was. Ze zei dat het injectiespuiten bevatte die waren gebruikt tijdens de week koersen die hij net achter de rug had. Het tweede voorval dateerde van mei 1999, toen Armstrong O'Reilly vroeg om vanuit Frankrijk naar het Spaanse hoofdkwartier van de ploeg te rijden, een autorit van tien uur, om wat pillen voor hem te halen. O'Reilly beschrijft hoe ploegleider Johan Bruyneel 'discreet een potje tabletten in mijn hand laat glijden... zonder dat iemand me ziet'. Ze zegt dat ze het plastic potje met vierentwintig tabletten afleverde bij Armstrong in diens toenmalige woonplaats Nice. Het derde voorval vond pal voor de start van de Tour dat jaar plaats, toen O'Reilly make-up gebruikte om sporen van injecties op de arm van Armstrong te maskeren.

Toen ik de Amerikaanse soigneur Verses, een ouwe rot in het vak, deze gebeurtenissen voorlegde, was ze niet overtuigd van hun belang. 'Het weggooien van injectiespuiten hoort bij de taak van een verzorger.' Die worden dagelijks door alle renners gebruikt voor het zo efficiënt mogelijk innemen van vitamines en andere voedingsstoffen. 'Ik reed heel Europa door om spul te kopen,' vervolgde Verses, '*legaal* spul. En ik heb jongens vaak make-up geleend om blauwe plekken te verhullen. Renners zijn daar zo gevoelig voor omdat ze geen lichaamsvet hebben.' En de meeste mensen zouden niet begrijpen dat deze blauwe plekken, net als het gebruik van injectienaalden, de gewoonste zaak van de wereld zijn.

Wellicht verontrustender is een gesprek dat O'Reilly een paar weken voor de Tour van 1999 met Armstrong zegt te hebben gehad. Terwijl hij bij haar op de massagetafel lag, vertelde Armstrong haar dat zijn hematocrietwaarde – het percentage rode bloedlichaampjes – eenenveertig procent was, terwijl de door de Internationale Wielerunie gestelde limiet vijftig is, en hoe hoger de waarde, des te minder je je hoeft in te spannen om dezelfde snelheid te halen. O'Reilly zegt dat ze heel spontaan reageerde: 'Maar dat is verschrikkelijk, eenenveertig, wat ga je nu doen?' Ze beweert dat Armstrong antwoordde: 'Emma, je weet wat ik ga doen, ik ga hetzelfde doen als alle anderen.' Een verwijzing naar het gegeven dat andere renners EPO gebruiken om hun hematocrietwaarde kunstmatig tot vlak bij de vijftig procent te brengen, wat de prestaties van een sporter aanzienlijk kan verbeteren.

Vervolgens gaat het boek uitgebreid in op de contacten die Armstrong al jaren heeft met de Italiaanse sportarts en coach Michele Ferrari, die in zijn vaderland is aangeklaagd wegens het aan topsporters verstrekken van verboden middelen, waaronder EPO. Ferrari ontkent iets onoorbaars te hebben gedaan. 'Ik heb nooit doping voorgeschreven,' vertelde hij in april 2003 ten overstaan van het gerecht, 'aangezien ik geloof dat doping contraproductief is en de gezondheid van een sporter schaadt.' Hij legde ook uit dat zijn samenwerking met Armstrong en diens coach Chris Carmichael sinds 1998 voornamelijk gericht was op het verbeteren van de klimtechniek van de Texaan, met vooral aandacht voor een verhoogde pedaalcadans.

Armstrong, die me in 2002 vertelde dat Ferrari hem ook bijstond bij zijn hoogtetraining, staat pal voor zijn relatie met de controversiële arts. 'Het was een moeilijke samenwerking, een groot probleem om uit te vinden wat we moesten doen,' geeft hij toe. 'We kennen hem allemaal al heel lang. En we hebben hem ervaren als oprecht, eerlijk, correct en ethisch, dus kunnen we hem niet veroordelen, want zo zien we hem. Hij heeft ons gedurende een lange tijd bijgestaan... en ze hebben overal gezocht [naar een link met doping]. Overal. Bloed, urine – jarenlang. En steeds blijkt er niets te zijn. Als ik er schuldig aan zou zijn, en Michele Ferrari er schuldig aan zou zijn, en Chris Carmichael er schuldig aan zou zijn, en we er allemaal schuldig aan zouden zijn, denk je niet dat ze dan al lang iets zouden hebben gevonden? Er is niets en dus sta ik achter Michele.'

Inderdaad is Armstrong nooit positief getest en zijn huidige ploeg heeft herhaaldelijk verklaard dat zijn renners geen verboden middelen gebruiken, maar de meervoudige Tour-winnaar moet toch publiekelijk verklaren dat hij nooit doping heeft gebruikt.

Waarmee er twee tegengestelde zienswijzen overblijven. Aan de ene kant heb je degenen die ervan overtuigd zijn dat Armstrong de zaak flest, maar hun enige 'bewijs' berust op praatjes, veronderstellingen en de houding 'schuldig tot het tegendeel is bewezen'. Aan de andere kant heb je de Tour-winnaar en zijn aanhangers, die al die aantijgingen resoluut van de hand wijzen en terecht stellen dat Lance onschuldig is tot het tegendeel is aangetoond.

* * *

Twee dagen voor aanvang van de Tour in Luik werd Armstrong tijdens een persconferentie gevraagd om een reactie op het boek. In de wetenschap dat co-auteur Walsh aanwezig was, zei hij: 'Harde beschuldigingen moeten onderbouwd worden met hard bewijs. De heren Walsh en Ballester hebben vier of vijf jaar aan het boek gewerkt, en ze komen met geen enkel hard bewijs. Ik zal er alles aan doen om de waarheid te laten zegevieren.'

Armstrong en zijn advocaten waren al bezig om een zaak wegens smaad aan te spannen tegen de auteurs en de Franse uitgever, Éditions de La Martinière, het Parijse tijdschrift *Express*, dat fragmenten over doping uit het boek publiceerde, en *The Sunday Times*, dat er een hele pagina aan besteedde. Een Parijse rechter wees het verzoek van Armstrongs advocaten tot een gerechtelijk bevel om in ieder exemplaar een weerwoord van hun cliënt bij te sluiten af.

Behalve het boek had Armstrong nog andere dopingperikelen. Het verontrustendste was dat een van zijn goede vrienden in het peloton, de Britse renner David Millar, kopman van de Cofidis-ploeg, voorafgaand aan de Tour bekende meerdere keren EPO te hebben gebruikt. Als gevolg daarvan werd Millar van Tour-deelname uitgesloten. De Schot was de meest recente 'vangst' van de Franse justitie in het onderzoek naar een dopingcircuit waarbij meerdere leden van de Cofidis-ploeg betrokken waren.

Millar vertelde de politie dat hij zijn EPO betrok van een Spaanse dokter, Jesús Losa, die ploegarts was van de Euskaltel-formatie van Iban Mayo. De ploeg ontsloeg Losa tijdens het eerste Tour-weekend, terwijl een van de renners van Euskaltel, Gorka Gonzalez, niet mocht starten toen er in een voor de Tour-start afgenomen bloedmonster 'afwijkingen' werden aangetroffen die het gevolg van EPO konden zijn geweest. De uitsluiting van Gonzalez zorgde ervoor dat er geen 189 renners in de Tour van start gingen maar 188.

Deze bloed- en urinetests tijdens de wedstrijd, het stijgende aantal onaangekondigde controles buiten de wedstrijden om en elk kwartaal verplichte medische controles voor *iedere* renner, maken dat wielrennen een van de sporten is waar het meest op doping wordt gecontroleerd. Dat maakt het tegelijkertijd steeds moeilijker voor dopingzondaars om de dans te ontspringen. En nu ook EPO kan worden aangetoond en er steeds meer renners op worden betrapt, zou de volgende stap op dopinggebied weleens genetische manipulatie kunnen zijn – een middel dat al is toegevoegd aan de lijst van verboden methoden en middelen, ook al is er nog geen bewijs dat het wordt toegepast. Zonder specifiek te worden vertelde Tour-directeur Leblanc me dat hij het gevoel had dat 'enkele artsen binnen de wielerwereld buiten hun boekje zijn gegaan en prestatiebevorderende methoden toepasten. En dan heb ik het niet over medicijnen... Ik denk dat de artsen hierin heel veel verantwoordelijkheid hebben.'

Ondertussen kunnen de echte grote vondsten in het dopingonderzoek de afgelopen jaren op het conto worden geschreven van de politie, klokkenluiders en onderzoeksjournalisten, óf ze waren het gevolg van puur geluk. De schokkende schuldbekentenis van Millar – die Armstrong versloeg in de openingstijdrit van de Tour 2000 en een van de favorieten was voor de individuele tijdrit bij de Olympische Spelen van Athene – was er een uit een reeks dopingonthullingen in 2004. Een van de meest opzienbarende kwam van een Spaanse renner, Jesús Manzano, die zijn verhaal over systematisch dopinggebruik deelde met de lezers van *As*, een Madrileense sportkrant. Manzano was een goede bekende onder wielerliefhebbers vanwege het feit dat hij in de Tour van 2003, kort nadat hij tijdens zijn eerste bergetappe samen met Virenque een ontsnapping had gewaagd, buiten bewustzijn was geraakt, wat toen werd toegeschreven aan de hitte. In het krantenartikel onthulde hij dat hij bewusteloos was geraakt door een geheimzinnige injectie die een van de mensen van zijn ploeg, Kelme, hem die ochtend had gegeven. Zijn beschuldigingen aan het adres van Kelme, dat hem aan het eind van het seizoen 2003 ontsloeg, leidden ertoe dat die ploeg geen uitnodiging kreeg voor de Tour 2004.

De voortdurende onthullingen over systematisch dopinggebruik hebben het leven van alle Tour de France-renners lastig gemaakt. 'De wielersport heeft dit jaar een enorme deuk opgelopen,' zegt Hamilton. 'In Spanje, waar men dol is op wielrennen, maakt het publiek langs de weg volgens sommigen van mijn collega's opmerkingen alleen vanwege die ene renner, Manzano. In Frankrijk hetzelfde. Je bent lekker aan het trainen en de mensen vallen je lastig.' Tour-deelnemer Ullrich constateert: 'Net als in het gewone leven lijkt bedrog erbij te horen, en er zullen altijd zondaars zijn. Dat is jammer voor zo'n mooie sport.'

Ondanks alle afleiding vanwege de perikelen moeten mannen als Ullrich, Hamilton en Armstrong geconcentreerd blijven, hun aandacht alleen maar richten op het winnen van de Tour. Allen hebben ze familie en vrienden die hen steunen in hun ambitieuze doelstelling, waarbij Armstrong een nog veel grotere familie heeft waar hij op steunt – en waar hij pal voor moet staan. Hij kan vooral de leden van zijn gemeenschap van kankerpatiënten niet teleurstellen, die hem beschouwen als het ultieme symbool van hun hoop en inspiratie. Hij weet dat het een ongelooflijke dreun voor hen zou zijn wanneer hij als dopingzondaar zou worden ontmaskerd.

* * *

De twee ontsnapte renners Marichal en Dekker – die hebben besloten dat dit hún dag in de Tour gaat worden – hebben 8 minuut 30 voorsprong op de groep wanneer ze door Calorguen razen, waar ze worden onthaald door een Bretonse kapel, gele ballonnen en duizenden uitgelaten toeschouwers. Calorguen heeft werk gemaakt van de festiviteiten, want dit is de huidige woonplaats van de vijfvoudige Tour-winnaar Bernard Hinault, die zich hier als boer vestigde nadat hij in 1986 was gestopt met wielrennen. Zijn terugkeer naar de aarde – hij groeide op op een boerderij in de buurt van Yffiniac – weerspiegelt de eenvoud van de leefstijl van de familie. Zoals veel Europeanen uit die tijd hadden zijn ouders geen auto en verplaatsten ze zich op de fiets en de brommer. Hinault is in de schijnwerpers blijven staan door zijn nieuwe baan. Als hoofd publiciteit van de Tour rijdt hij met gasten in zijn blauwe vip-auto aan kop van de koers en heeft de regie over de dagelijkse huldigingsceremonieën. De befaamde kampioen staat winnaars zelf bij bij het aantrekken van hun gele, groene of bolletjestrui. Toen Armstrong in 2003 voor de vijfde keer de Tour won, begroette Hinault de Amerikaan op het podium, schudde zijn hand en zei: 'Welkom bij de club.' En mocht Armstrong voor de zesde keer gaan zegevieren, dan zal Hinaults begroeting even warm zijn. 'Armstrong mag er wat mij betreft zes winnen, zeven als hij wil, mij maakt het niet uit,' zegt hij.

Hinault had waarschijnlijk zelf zes of zeven Tours kunnen winnen, maar dat soort records heeft hem nooit zo geïnteresseerd. Hij is een wat norse eenling die er vastomlijnde denkbeelden op na houdt en een zwartwitvisie op het leven heeft – net als de Das, de bijnaam die hij kreeg als de wilskrachtige renner die hij was. Toen hem werd gevraagd naar het dopingprobleem in het wielrennen, waar zondaars zelden langer worden geschorst dan een jaar, zei hij: 'Er zijn nog steeds idioten die doping gebruiken, maar als we zouden beslissen ze levenslang te schorsen, dan zouden ze er niet meer zijn.'

Tot zijn koerstaken behoort het voorzitterschap van de jury die iedere etappe de strijdlustigste renner kiest. Vandaag zal dat Marichal zijn, een bescheiden renner die maar een zestal overwinningen op zijn naam heeft geschreven in de negen jaar dat hij prof is. Marichal weet samen met Dekker 120 kilometer vooruit te rijden – maar zo'n dertig kilometer voor de finish in St. Brieuc zullen ze door het peloton worden bijgehaald.

De versnelling die hun inspanningen tenietdoet, wordt ingezet door Ivan Basso's csc-troepen. Ploegleider Riis geeft ze, vlak voor de scherpe bocht naar links bij de plompe vuurtoren van Cap Fréhel, een baken dat vissersboten waarschuwt voor de zestig meter hoge krijtkleurige kliffen, opdracht om naar voren te gaan. De wind die vanaf de grauwe oceaan waait, voert een geselende regen aan, waarin Basso's mannen een volmaakte trein vormen die op volle snelheid gaat. Hun werk splijt het peloton in tweeën. Riis hoopt dat er rivalen van Basso zullen zijn die niet in de eerste groep zitten en tijd zullen moeten toegeven. Maar de enige 'grote' namen in de tweede groep zijn Stuart O'Grady, leider in het puntenklassement, en de Franse hoop Christophe Moreau, die een beroep doen op hun Cofidis- en Crédit Agricole-ploeggenoten om weer aansluiting te krijgen bij de voorste groep.

Terwijl het ene na het andere kustplaatsje wordt aangedaan, kost het de twee ploegen ruim dertig kilometer om de breuk te herstellen. Het gat van vijftig seconden wordt pas dichtgereden wanneer de wind wat is gaan liggen, waarna de CSC-renners besluiten hun collectieve inspanning op te geven. Onmiddellijk daarna wordt hun trouwe renner Piil weggestuurd voor een nieuwe ontsnapping, waarbij hij drie man meekrijgt. Op een lange rechte weg langs grazige weiden pakken de vier een halve minuut, een voorsprong die is geslonken tot twaalf seconden wanneer ze de geboorteplaats van Hinault, Yffiniac, bereiken. Wanneer ze het stadje verlaten, worden ze aan het begin van een klimmetje van drie kilometer bijgehaald – dezelfde heuvel waarover de jonge Hinault met zijn rode fiets naar school ging.

'Als er op het goede moment een vrachtwagen voorbijkwam,' herinnert Hinault zich, 'dan dook ik in z'n slipstream, zodat ik met zo'n vijftig kilometer per uur de heuvel op kon. Het was niet ongevaarlijk, maar ik hield van de uitdaging, het risico, de inspanning.'

Vijfendertig jaar later en zonder truck als gangmaker rijden de Tour-renners in een kolkende massa over de heuveltop, waarbij het lijkt alsof ze oplossen in de rijen dik opgestelde toeschouwers die hen toejuichen. Op dat moment rijdt een andere Hinault, geen familie van Bernard, weg van de groep: Sébastien Hinault van de Crédit Agricole-ploeg, die in de buurt woont. Hij voegt zich bij zes anderen in weer een nieuwe ontsnapping, met nog ruim zes kilometers stijgen en dalen te gaan. 'Ik zag dat de ploegen van de sprinters vandaag niet zo sterk waren,' zegt Hinault, 'dus ik moest iets proberen.' Hij heeft gelijk. Het harde, langdurige sleuren van CSC heeft de sprinters veel kracht gekost en hun plannen doorkruist, en hun ploeggenoten hebben niet meer de macht om achter de zeven mannen aan te gaan.

Een steile afdaling helpt de vluchters aan een voorsprong van tien seconden, op weg naar twee klimmen en twee afdalingen en vervolgens het licht stijgende gedeelte naar de finish in St. Brieuc. Eerst moet één renner lossen uit de kopgroep, dan nog een, dan nog een... tot de Spaanse Francisco Mancebo van Illes Balears ervandoor gaat.

Hij wordt bijgehaald door de jongste renner van deze Tour, de twee-entwintigjarige Filippo Pozzato van Fassa Bortolo, die weleens een Italiaanse Armstrong zou kunnen worden. De twee worden op de laatste afdaling bijgehaald door een van de in oranje gehulde Euskaltel-Basken, Iker Flores, die meteen aanzet voor een lange sprint richting finish.

Maar degene met de meeste snelheid in zijn lange benen is Pozzato. De lange, magere Italiaan springt voorbij Flores en gaat winnend over de streep, terwijl hij van vreugde de handen voor zijn gezicht slaat. Tot gisteren, toen zijn kopman Petacchi na een valpartij de Tour verliet, was Pozzato een knecht. Nu is hij een winnaar, dolgelukkig dat zijn ploegleider Giancarlo Ferretti hem deze kans heeft gegeven.

Inmiddels is Christophe Brandt al weer thuis in Luik, waar de Tour een week geleden van start ging. De toekomst van de Belg is onzeker en wordt overschaduwd door de dopingaffaire. Hier in St. Brieuc legt de middagzon de glooiende wegen in een gouden glans, een stralend eind van wat een zware dag is geweest. Maar voor Armstrong, Ullrich en Hamilton was het de probleemloze dag waar ze op gehoopt hadden, en Voeckler heeft nog steeds een comfortabele voorsprong en de gele trui.

Het is passend dat deze Tour-etappe wordt gewonnen door de jongste renner in de koers, onder aanvoering van de oudste ploegleider in de koers. De laatste was al wielrenner voordat er een dopingreglement bestond, voerde ploegen aan in de jaren van ontkenning (jegens zichzelf en jegens het publiek) en probeert de sport nu weer glans te geven. De oude rot verwoordt het gevoel van velen wanneer hij zegt: 'Mijn slechtste ervaringen dateren van kortgeleden: de klopjacht vanwege doping. Hier in Europa voelen we ons opgejaagd door rechters, door de politie... iedereen, alsof we misdadigers zijn. Ik voel me geen misdadiger. Ik voel me sportman, iemand die heel veel gedaan heeft voor al zijn renners en die dat, hoop ik, nog lang zal blijven doen.'

ETAPPE-UITSLAG *1. Filippo Pozzato (Italië); 2. Iker Flores (Spanje); 3. Francisco Mancebo (Spanje), allen zelfde tijd; 4. Laurent Brochard (Frankrijk), op 0:10; 5. Sébastien Hinault (Frankrijk), zelfde tijd.*

ALGEMEEN KLASSEMENT *1. Voeckler; 2. O'Grady, op 3:01; 3. Casar, op 4:06; 4. Bäckstedt, op 6:06; 5. Pül, op 6:58; 6. Armstrong, op 9:35; 13. Hamilton, op 10:11; 22. Ullrich, op 10:30; 26. Leipheimer, op 10:43; 31. Basso, op 10:52; 89. Mayo, op 15:02.*

Dag 9 Tradities, cultuur en geloof

11 juli: deze 168 kilometer lange etappe start in Lamballe, een stad iets ten oosten van de startplaats van gisteren. Via kronkelende wegen gaat het in zuidwestelijke richting naar de Mur de Bretagne, waar de renners de zwaarste beklimming van de dag wacht: anderhalve kilometer met een stijgingspercentage van 8,6 procent. De rest van de dag blijft het parcours glooiend, met een klim van anderhalve kilometer tot de finish in Quimper, waar de sprinters desalniettemin favoriet zijn.

De bevolking van Bretagne houdt van niets meer dan van een wielerkoers. Voor de boeren, de vissers, scheepsbouwers, koks en winkeliers van dit onstuimige, rotsige schiereiland is wielrennen haast een religie. Ze praten er iedere dag over, kennen de wielergeschiedenis en discussiëren vol vuur over de kanshebbers. Toen de populariteit van de sport kort na de Tweede Wereldoorlog haar hoogtepunt bereikte, had praktisch iedere stad en ieder dorp een eigen koers, georganiseerd door het *comité des fêtes*, waar doorgaans ook de priester deel van uitmaakte. Die zorgde ervoor dat iedereen voorafgaand aan de koers naar de ochtendmis ging. Vaak was het wielerevenement onderdeel van een *pardon*, een traditioneel katholiek feest met religieuze optochten, Keltische muziek, volksdansen en een markt. Veel van deze *pardons* bestaan nog, net zoals een heleboel wielerkoersen en meerdaagse wedstrijden, die Bretagne tot een van de actiefste provincies op het gebied van wielrennen maken. Niet verwonderlijk dat de streek honderden toprenners heeft voortgebracht, onder wie drie Tour-winnaars van na de oorlog, Bernard Hinault, Louison Bobet en Jean Robic. De Bretons aanbidden hun kampioenen en bezoeken als pelgrims de Tour wanneer die hun ruige regio aandoet. Om me deze tweede zondag van de Tour bij hen te voegen trek ik over nevelige, grauwe heuvels naar het plaatsje Châteauneuf du Faou.

De grote stenen kerk in het centrum, waar dranghekken bij zijn geplaatst en een spandoek boven de weg hangt voor een van de tussensprints, is gesloten vanwege restauratiewerkzaamheden. De mis vindt nu plaats in een kleine, uit graniet opgetrokken kapel die gesitueerd is op een hoog punt dat uitkijkt over het groene dal van de rivier Aulne. Ik steek het marktplein over, waar een trio jazzgitaristen een niet al te slechte vertolking van 'Misty' ten gehore brengt. De kapel stroomt al leeg en sommigen voegen zich bij het publiek van het trio aan lange tafels bij een eetkraam. Een handgeschreven bordje vermeldt 'beenham' en 'viscouscous'.

Het is iets over enen. Terwijl duizenden fans zich al hebben geposteerd langs de beklimming naar het stadje, zijn de renners pas vertrokken uit Lamballe, zo'n 130 kilometer hiervandaan. Ze zullen volgens het Tour-draaiboek niet veel eerder dan 14:18 uur in Châteauneuf zijn. Deze 198 pagina's tellende handleiding bevat alle details van de etappes, met kaarten, profielen, schema's en al het andere dat een geaccrediteerde volger nodig heeft. Maar voorlopig bekijk ik het eerste gedeelte van de etappe op een breedbeeldscherm in de etalage van een elektronicawinkel. Het lijkt vochtig en kil daar in Lamballe. Alle renners dragen lange mouwen en sommige ook kniebroeken om hun spieren warm te houden in de vochtige lucht. Er is hevige regen voorspeld: typisch zomerweer voor deze kustregio.

De koers is nog geen halfuur oud als er al een groep van drie ontsnapt: Ronny Scholz, een jonge Duitser uit de Gerolsteiner-ploeg, Matteo Tosatto, een Italiaanse knecht van Fassa Bortolo, en Piil, de nimmer versagende Deen die elke dag bij een vlucht betrokken lijkt te zijn. Het zal nog een paar uur duren voor ze in Châteauneuf zijn, waar de hoofdstraat langzaam verandert in een racecircuit. Het publiek is opgesteld achter de dranghekken, een omroeper bij de lijn voor de tussensprint geeft steeds de voorsprong van de kopgroep door en popmuziek dendert uit aan lantaarnpalen bevestigde luidsprekers. Oudere inwoners herinneren zich nog dat hier de finish was van de jaarlijkse plaatselijke koers, veertig keer rond de stad, met iedere ronde een paar korte klimmetjes. 'We hadden hier de beste renners vanuit heel Bretagne,' vertelt Pierre Cloarec, een zestiger die bij de kerk de sportbijlage van *Ouest France* aan het lezen is. 'Ik weet nog wie hier drie keer gewonnen heeft, Le Buhotel. In 1964 won hij voor het laatst, geloof ik.'

Le Buhotel: die naam heb ik al heel lang niet meer gehoord. 'Hij maakte deel uit van wat we de Bretonse maffia noemden. Ze waren met z'n vieren,' zeg ik tegen Pierre. 'Ik reed halverwege de jaren zestig hier in Bretagne een paar zomers wedstrijden. Voor een ploeg uit Vannes.'

Pierre is onder de indruk. 'Dus je hebt tegen die mannen gereden?'

'Nou, ik heb *met* hen gereden,' corrigeer ik hem. 'Ze waren te goed voor mij. Ik kwam net kijken. Zij waren allemaal ex-profs. Ze wonnen alle prijzen en verdeelden het geld onderling. Hadden alles in hun greep. De maffia.'

'Nu weet ik het weer. Een ander heette Thomin, toch? Hij woonde hier in de buurt. Ik geloof dat hij een keer een Tour-etappe heeft gewonnen.'

'Ja,' antwoord ik. 'De andere twee waren Bihouée en Le Bihan. Ze waren ongelooflijk sterk. Ik viel hier een keer aan tijdens een koers, op een heuvel waar met een tussensprint geld te verdienen was. Le Bihan reed naar me toe alsof hij zich over rails bewoog. Hij zei niets, zwaaide alleen met zijn vinger. Het was geloof ik niet de bedoeling dat ik met "hun" prijzen aan de haal ging. Ze verdienden meer als amateurs dan als profs.'

'Hmm... François Le Bihan,' zegt Pierre peinzend. 'Toen hij overleed maakten de kranten een heleboel ophef. Ik geloof dat hij pas zevenendertig was. Er werd beweerd dat hij aan drugs was gestorven. Er waren een heleboel renners op zijn begrafenis.'

* * *

Le Bihan en zijn kompanen begonnen aanvang jaren vijftig te koersen, kort na een oorlog waarin de troepen amfetamines kregen om wakker te blijven. In die tijd en omstandigheden was het niets bijzonders dat wielrenners pilletjes namen. Het was onderdeel van de sportcultuur – en het werd als zodanig ook geaccepteerd. Ja, het was doping, maar er bestond geen dopingcontrole bij wedstrijden, er waren geen lijsten met verboden middelen. Toen de Franse regering in 1966 een anti-dopingwet aannam en tijdens de Tour politie naar Bordeaux stuurde om renners te controleren, organiseerden de renners een protest onder aanvoering van vijfvoudig Tour-winnaar

Jacques Anquetil. Het was bij die gelegenheid dat hij zijn beruchte uitspraak deed: 'Je kunt de Tour de France niet winnen op mineraalwater alleen...'

Aan pilletjes geen gebrek, wel aan dopingcontrole toen Le Buhotel en Edouard Bihouée in 1960 aan de Tour deelnamen. Het was ook het jaar dat de beroemde New Yorkse sportjournalist Red Smith verslag kwam doen van de wedstrijd. Hij schreef niet over doping, maar over onverschrokken en moedige renners. Een van hen was een Belg die 'over de rand vloog, een gapend gat in zijn hoofd viel en beide armen verwondde... weer op zijn fiets klom en verder reed. Langs de weg vertrokken de lachende gezichten in een grimas van afschuw toen hij voorbijkwam. "Niets aan de hand," zei hij door een rood masker.'

Smith was ook onder de indruk van het massaal opgekomen en gemêleerde publiek. Na afloop van een etappe schreef hij: 'In het publiek is de clerus goed vertegenwoordigd, priesters, broeders, nonnen. De Tour de France lijkt een bijzondere aantrekkingskracht te hebben op de religieuzen, waarschijnlijk omdat de renners die met negentig [kilometer per uur] door de bocht razen, langs het hiernamaals scheren.'

Iedere keer dat wielrenners bij aanvang van een koers, of zelfs een trainingsrit, een been over het zadel slaan om op te stappen, weten ze welke gevaren ze gaan lopen. Lance Armstrong heeft meerdere keren 'langs het hiernamaals gescheerd'. De Texaan is geen kerkganger, maar hij draagt wel een ketting met een zilveren kruis om zijn nek. Die kreeg hij in het Indianapolis Medical Center van zijn verpleegster, La Trice Haney. Ze praatte met hem over wielrennen wanneer hij chemotherapie onderging. Dat kruis kreeg heel wat te doen. Drie jaar nadat zijn behandeling voor kanker was beëindigd, beleefde Armstrong twee zware valpartijen, beide tijdens trainingsritten, niet tijdens koersen. In mei 2000, toen hij met een snelheid van tachtig kilometer per uur een berg in de Pyreneeën afdaalde, reed hij over een steentje, waarna zijn band klapte en hij, terwijl hij op een haarspeldbocht afvloog, de controle over zijn fiets verloor. Hij klapte tegen het wegdek en liep een lichte hersenschudding op. Armstrong had geluk, vooral omdat hij die dag geen helm droeg. Twee maanden later won hij voor de tweede keer de Tour. Later die zomer reed Armstrong, in het kader van zijn voorbereiding op de

Olympische Spelen in Sydney, met zijn toenmalige ploeggenoten Tyler Hamilton en Frankie Andreu over een verlaten landweg in de Provence. 'Lance reed voorop,' weet Hamilton nog. 'Hij ging een bocht om en we hoorden een enorme klap. Hij was tegen een tegemoetkomende auto geknald die aan de verkeerde kant van de weg reed. We hadden een uur lang geen auto gezien. De fiets van Lance lag totaal in de kreukels en ik dacht hijzelf ook.' Dit keer scheurde Armstrong een ruggenwervel, maar er was geen ingreep nodig. Weer geluk gehad.

Het ergste ongeluk in een koers had de Tour-winnaar tijdens de Dauphiné van 2003. Terwijl de renners op hoge snelheid achter elkaar een Alp afdaalden, blokkeerde Armstrongs achterwiel toen hij moest remmen voor een bocht. Hij viel hard en stuiterde over het wegdek. 'Dat was mijn benauwdste moment op de fiets,' zei hij later. Dit keer had hij wél een helm op en liep hij slechts een wond aan zijn rechterelleboog op, die gehecht moest worden. Weer geluk? Of was het de bescherming van La Trice?

Jan Ullrich slaat snel een kruis met zijn rechterwijsvinger bij de start van een rijdrit in de Tour. 'Ik ben niet gelovig,' vertelt hij me, 'maar ik ben ook niet helemaal ongelovig. Ik heb mijn eigen soort geloof, en dingen die me geluk brengen. Die draag ik met me mee.' Hij heeft twee voorwerpen bij zich die zijn partner Gaby hem heeft gegeven: een ronde zilveren oorring en een Sint-Christoffel-medaillon die aan een strak leren koord om zijn nek hangt. Om het lot gunstig te stemmen, koestert de Duitser ook nog twee knuffeldieren, een mollige *Plüschhamster* en een olifantje.

Ullrich verzamelde de meeste van zijn geluksvoorwerpen na een zware valpartij in mei 1999 tijdens de Ronde van Duitsland. Samen met een hele groep renners ging hij neer op een natte, glibberige weg, waarbij hij op zijn hoofd terechtkwam en het kraakbeen van zijn knie beschadigde. Die val weerhield hem van deelname aan de Tour dat jaar. Eind 2000 viel hij opnieuw zwaar, toen hij tijdens Parijs-Tours met zijn hoofd tegen het wegdek sloeg en geopereerd moest worden aan zijn mond en neus. De gedenkwaardigste val van Ullrich, een waarvan miljoenen tv-kijkers getuige waren, vond plaats tijdens de Tour van 2001. Tijdens een steile afdaling in de Pyreneeën miste hij een bocht, raasde door het gras van de berm en kwam in de bedding van een riviertje terecht. Verbazingwekkend genoeg was hij ongedeerd. Maar opnieuw werd weer eens duidelijk hoe gevaarlijk zijn sport was. Geen wonder dat hij amuletten en speelgoeddieren heeft ter bescherming.

Iemand die zeker bescherming nodig heeft, is de voor valpartijen vatbare Hamilton. Ik vraag hem of hij bijgelovig is. 'Ieder jaar iets meer,' zegt hij. 'Sinds mijn val in de Tour van 2003 draag ik tijdens koersen een flaconnetje zout bij me. Onze Franse mecanicien bij CSC, Frédéric Bassy, heeft een vriendin die zeer bijgelovig is. Ze zag een foto van me in de krant toen ik gevallen was en stuurde me wat water en zout. Ze zei: "Draag elke dag het zout bij je en neem een slokje van het water, dat zal je ongeschonden door de Tour helpen." Ik had het op dat moment behoorlijk gehad en was bereid alles te proberen. Dus droeg ik de rest van de Tour het zout bij me in mijn achterzak. Het leek te werken.'

* * *

Wanneer ik terugkom bij het televisietoestel in de etalage in Châteauneuf, rijden Hamilton en de andere kanshebbers in het midden van de grote groep, er alleen maar op gericht ongeschonden deze zware dag door te komen. Het tempo ligt laag bij de beklimming van de beruchte Mur de Bretagne, een helling van anderhalve kilometer die steil genoeg is om de renners uit het zadel te dwingen. Een tijdmeting leert dat Piil en zijn twee medevluchters al vier minuten voorsprong hebben, reden waarom de Boulangère-ploeggenoten van Thomas Voeckler de groep aanvoeren in de achtervolging. Ze kunnen Piil niet te veel toestaan, want hij staat vijfde in het algemeen klassement, op 6:58 van leider Voeckler. Als Piil nog een paar minuten pakt, neemt hij de gele trui van Voeckler over.

Een Fransman in het geel is goed voor Armstrong; zijn ploeg kan een tijdlang de controle over de koers aan La Boulangère overlaten. Het is ook goed voor de Tour: daar waar Armstrong de afgelopen vijf jaar zestig keer de *maillot jaune* heeft gedragen, is die maar zeven dagen in Franse handen geweest. En het is een opsteker voor de Franse fans: de vriendelijk glimlachende 'Ti-Blan' is hun nieuwe held, ook al weten ze dat wanneer over een week de bergen opduiken, het voor Voeckler een hele kluif zal worden om zijn voorsprong van tien minuten op de Texaan te verdedigen.

De vers geschilderde vlaggen van de fans laten niets aan duidelijkheid over: 'We houden van je, Thomas!', 'Kom op, Ti-Blan'. Hij is dan wel geen Breton, de toeschouwers op de Mur verwelkomen hem en zijn Franse ploeg hartstochtelijk wanneer ze op kop van het peloton langskomen. Halverwege de heuvel, waar in het publiek de paraplu's open beginnen te gaan, komen de renners onder twee enorme, zwart-witte *Gwenn-ha-Du*-vlaggen door, symbool van een vrij Bretagne. Vrijheid is niet iets lichtvaardigs voor een bevolking die de afgelopen eeuw twee bezettingen door een buitenlandse macht heeft gekend. Overal staan gedenktekens. Bij de kerk van Châteauneuf kijkt een buste van wijlen Abbé Cadiou uit over de finishplaats. De inscriptie luidt: 'Doodgeschoten door de Duitsers op 6 augustus 1944.' De bewoners bewaren schrijnende herinneringen aan de dood van de jonge abt, want de stad was de dag ervóór, 5 augustus, bevrijd volgens een ander gedenkteken op de markt. Dit memoreert dat die dag het 86ste Reconnaissance Squadron van de US Armored Division in de stad arriveerde, maar pas nadat twaalf van hen bij het oversteken van de rivier waren gesneuveld, in een hinderlaag van de Duitsers die zich schuilhielden bij de kapel op de heuvel.

Wanneer ik weer opkijk van het monument, zie ik dat de festiviteiten in volle gang zijn. Het regent weliswaar, maar daar zijn de Bretons aan gewend. En als de Tour door het stadje is gekomen, is daarmee het feest nog niet ten einde. Wat nog volgt is de *Grande Soirée Bretonne Gratuite* – een nacht vol muziek, dansen, eten en drinken, en met vijf bands, waarvan de laatste tot na middernacht zal spelen.

* * *

Wanneer de drie vluchters om 4:18 uur Châteauneuf bereiken – ze hebben het door de organisatie voorspelde gemiddelde van zo'n drieenveertig kilometer per uur aangehouden – wint de Italiaan Tosatto de tussensprint, voor de Deen Piil en de Duitser Scholz. La Boulangère leidt nog steeds de achtervolging, waardoor de voorsprong van de vluchters is geslonken tot twee minuten en veertig seconden. De plaatselijke bevolking moedigt iedereen vurig aan, met speciaal applaus voor hun oude held Virenque, die een lekke achterband heeft opgelopen op het klimmetje vlak voor het stadje en nu in zijn eentje over de natte straten jaagt.

153

Deze etappe is een slijtageslag geworden, met de gestaag vallende regen en de heuvels die een onwelkome afsluiting vormen van een zware week. De vele regen de afgelopen dagen heeft het voor iedereen moeilijker gemaakt. De renners krijgen doffe spieren door de kou en hebben extra aandacht van de masseurs nodig. Hun lijven worden gepijnigd bij valpartijen op het glibberige wegdek, wat de artsen extra werk bezorgt. En de door de weersomstandigheden gegeselde, met modder besmeurde fietsen vergen iedere dag grondige revisie van de zwaar op de proef gestelde mecaniciens.

Tegen de tijd dat Piil en zijn kompanen worden bijgehaald op een frustrerende tien kilometer van de finish, sta ik in de druilerige regen op de Rue de Stang Bihan, boven op een heuvel bij Quimper. Deze compacte stad, die tweeduizend jaar geleden door de Romeinen is gesticht, is pas toe aan zijn tweede Tour-finish. De eerste was in 1991, toen de Australiër Phil Anderson van de Motorola-ploeg winnend over de streep ging, als eerste van een vier man sterke kopgroep die wél buiten bereik van het peloton bleef. Het was de dag dat alle negen renners van de sterke Nederlandse PDM-ploeg die Tour verlieten, slachtoffer van een verontreinigde partij Intralipid, een voedingssupplement dat door middel van injecties wordt ingebracht. Sombere verhalen over systematische doping deden die avond de ronde in Quimper, maar er was geen bewijs voor en een daaropvolgend onderzoek bracht geen uitsluitsel.

Vandaag, dertien jaar later, wordt het peloton nog steeds omgeven door dopinggeruchten. Het is niet langer de 'alles kan'-tijd die leidde tot de dood van François Le Bihan of van de beste Britse renner aller tijden, Tom Simpson, tijdens de Tour de France van 1967. Ondanks de veranderde mentaliteit en alle controles en media-aandacht is doping nog steeds een prominent onderwerp in de sport. Zo prominent dat kenners het moeilijk vinden om te geloven dat er überhaupt 'schone' renners zijn. Toch weten ze dat die er wel zijn. Misschien wel het leeuwendeel.

Tijdens de laatste anderhalve kilometer heuvelopwaarts van deze etappe probeert de ene na de andere uitgeputte renner weg te komen – vergeefs. Dan doet, boven op de heuvel, de Noor Thor Hushovd, die eruitziet als een woeste Viking, de beslissende poging. Een minuut later zie ik hoe de nummer twee, de kampioen van Luxemburg Kim Kirchen, naar adem happend over zijn stuur gebogen hangt.

De zesentwintigjarige renner van Fassa Bortolo heeft tijdens een vermetele aanval op de afsluitende halve kilometer alles gegeven. Hushovd ging pas in de laatste tien meter over hem heen. 'Ik wist dat het een zware aankomst was,' zegt Kirchen wanneer hij weer op adem gekomen is. 'Maar een tweede plaats in een Tour-etappe is niet zo slecht. Da's een morele opsteker, toch?'

Als Red Smith hier was geweest, dan had hij nog steeds geschreven over onverschrokken en moedige renners, in deze marathonkoers die hen dagelijks lichamelijk en geestelijk zwaar op de proef stelt.

ETAPPE-UITSLAG *1. Hushovd; 2. Kim Kirchen (Luxemburg); 3. Zabel; 4. McEwen; 5. Andreas Klöden (Duitsland), allen zelfde tijd.*

ALGEMEEN KLASSEMENT *1. Voeckler; 2. O'Grady, op 3:01; 3. Casar, op 4:06; 4. Bäckstedt, op 6:27; 5. Püil, op 7:09; 6. Armstrong, op 9:35; 11. Hamilton, op 10:11; 20. Ullrich, op 10:30; 24. Leipheimer, op 10:43; 29. Basso, op 10:52; 89. Mayo, op 15:02.*

Dag 10 Uitstapjes

12 juli: verplaatsing van Quimper naar Limoges en rustdag

De Tour de France kent vanouds twee rustdagen, waarop de renners de kans krijgen op adem te komen en even respijt hebben van hun veeleisende dagelijkse werk. Soms is de rustdag ingelast wanneer er een grote afstand overbrugd moet worden tussen de ene etappeplaats en de andere. Dat is vandaag het geval, met de 544 kilometer tussen Quimper, de finishplaats van gisteren, en Limoges, vlak bij de startplaats van morgen. De 176 renners die nog in koers zijn, werden gisteravond overgevlogen van Quimper naar Limoges. Vandaag kunnen ze uitslapen, een verfrissend fietstochtje van twee of drie uur maken om de spieren los te rijden en dan een lichte lunch gebruiken, een forse massage ondergaan en veel bijslapen. Sommigen doen korte tv-interviews, terwijl anderen worden behandeld aan blessures die ze in de eerste week opliepen. Tot die laatsten behoort Hamilton, wiens osteopaat met zijn geblesseerde rug bezig is. Ondertussen is voor journalisten van de tweede garnituur en de rest van de volgers de rustdag allesbehalve dat.

Samen met mijn Australische collega Rupert heb ik vijf uur lang over tweebaanswegen gereden, de ene keer met dertig kilometer per uur achter een rij vrachtwagens of vakantieverkeer aan sukkelend, dan weer eventjes voluit met honderd kilometer per uur over een lege weg, uitkijkend naar de radars van *les flics*. Op een gegeven moment heb ik het op deze zogenaamde rustdag even helemaal gehad. Het verkeer zit volkomen vast. Geen stap vooruit. Dan zie ik een klein bordje dat *centre ville* aangeeft. Misschien kan ik afsnijden via het stadscentrum en het verkeer zo omzeilen. Ik glip rechts langs de rij auto's en sla rechts af. Geen verkeer! De lege weg is hemels... zo'n tien seconden lang. Dan volgt een bord met verboden in te rijden en moet ik weer linksaf naar de file op de *route nationale*. Ik heb misschien twintig plaatsen gewonnen, maar het lijkt de moeite waard. Iedere kleine overwinning lijkt van groot belang tijdens zo'n reis, vooral wanneer je pijn lijdt. Ik heb last van een opgezwollen, ontstoken duim waar ik door tijdgebrek niet naar heb kunnen laten kijken en nu voel ik een kloppende pijn.

De Tour van start tot finish volgen in drieëntwintig dagen kan een fantastische ervaring zijn, maar dat plezier wordt ondergraven door de vele verplaatsingen tussen de etappes. Hoewel de Tour iets meer dan 3200 kilometer telt, zal de dagteller op onze gehuurde Volkswagen meer dan 6400 kilometer aangeven wanneer we hem weer inleveren in Parijs. En van de zesendertig steden die dit jaar een start of finish toegewezen hebben gekregen, zien er maar drie de koers 's middags finishen en de volgende ochtend weer vertrekken. Dat betekent dat alle andere met de auto bereikt moeten worden. Niet verwonderlijk dat de renners klagen dat ze iedere dag onderweg lijken te zijn, en soms ook 's nachts.

Hun geklaag valt in het niet bij dat van mij en mijn bestuurder op dit moment, aangezien we wanhopig uitkijken naar een plekje om iets te drinken of te eten op deze eindeloze reis van het uiterste westen van Frankrijk naar het midden van het land. Een van de problemen met deze 'tussengedeelten' van het land is dat de steden ver uit elkaar liggen en op het Franse platteland cafés en winkeltjes zowel zondag als maandag gesloten zijn. Vandaag is het maandag. Wij zijn nog steeds zo'n tachtig kilometer van Limoges verwijderd wanneer we eindelijk in een stadje komen waar niet veel verkeer is en een restaurant geopend blijkt met zowaar parkeermogelijkheid. Bedankt, Lussac-les-Chateaux. Een broodje kaas met een kopje koffie smaakte nog nooit zo lekker.

* * *

Het was in een plaats niet ver van Lussac dat een Zwitserse wielrenner genaamd Urs Zimmermann op een avond in juli 1991 rustig zat te dineren met zijn soigneur. Aardig als hij is poseerde 'Zimmi' voor een plaatselijke fotograaf, die verbaasd was om een Tour-renner in zijn stadje te zien. De freelancer dacht dat hij wel honderd francs zou kunnen opstrijken, want er was geen twijfel aan dat de uitgever het kiekje zou plaatsen. Een beroemde wielrenner die in het stadje

157

dineert – hij was derde in de Tour van 1986 – is groot nieuws voor een kleine krant. Zimmi had die dag een Tour-etappe van 240 kilometer achter de rug en zijn Motorola-verzorger bracht hem nu met de auto naar Pau, waar de rustdag zou worden doorgebracht. De andere renners zouden de volgende ochtend met het vliegtuig gaan. Zimmi was doodsbang om te vliegen, dus ruilde hij zijn vliegticket met een van de Motorola-mensen, die anders in diezelfde auto zou zijn gegaan. Het had een goed idee geleken.

Tour-directeur Jean-Marie Leblanc vertelt verder: 'De volgende dag in Pau liet iemand die met de auto vanuit Nantes was gekomen, een krant zien die hij onderweg had gekocht. Daarin stond een foto van Zimmermann die in een restaurant zat te eten. We belden Zimmermann en zijn ploegleider Jim Ochowicz en vertelden hun dat ze een van de basisregels van de Tour hadden overtreden en dat Zimmermann gediskwalificeerd was. Het reglement stelt duidelijk dat iedere renner gebruik moet maken van de door de organisatie ter beschikking gestelde transportmiddelen, op straffe van diskwalificatie. Sorry, maar zo zijn de regels.

Ik vertelde hun dat die regel niet bedoeld is om de renners een loer te draaien. Hij is ingesteld zodat, ten eerste, iedereen gelijk is, en ten tweede vanwege de veiligheid. Als we iemand zomaar op eigen houtje laten vertrekken en hij 's nachts bij een ongeluk omkomt, dan wil ik niet degene zijn die bij madame Zimmermann moet aankloppen om haar te vertellen... Dus ik was behoorlijk geërgerd. Sorry, hij ligt eruit.'

De volgende dag rijdt Ochowicz Zimmi naar het vliegveld van Pau, maar hij besluit toch eerst naar de Tour-start te gaan. Wanneer ze daar aankomen, zien ze dat het peloton een soort zitstaking heeft belegd. 'Het leek erop alsof ze niet zouden starten zonder Urs,' herinnert Ochowicz zich, 'dus ik zei tegen Urs: "Pak je wedstrijdtenue. Kom op!"'

Leblancs herinneringen wijken enigszins af wanneer hij zegt dat de belangrijkste reden voor de rennersactie een nieuwe regel was van de Internationale Wielerunie die het gebruik van de helm verplichtte. 'Het was de eerste bergetappe met zware beklimmingen in de Pyreneeën, het zou warm worden en ze weigerden helmen te gebruiken. Het Zimmermann-probleem speelde op hetzelfde moment en ze maakten gebruik van beide kwesties.' Ondertussen ging

Zimmi, inmiddels in wieleruitrusting, 'bedeesd in de richting van de start', vertelt Ochowicz. Op dat moment kwam het hoofd van de politie eraan en liet Leblanc weten dat het verkeer in de stad helemaal vastzat doordat de wedstrijd niet van start ging, en dat hij het verkeer weer op gang zou brengen – en de wedstrijd zou stilleggen – als de start nog langer op zich liet wachten.

De wedstrijddirecteur moet snel beslissen. De renners hoeven geen helm te dragen, Zimmi mag vertrekken en Ochowicz moet die avond op rapport bij Leblanc. 'Uiteindelijk,' besluit Ochowicz, 'moest ik de Tour de France verlaten en kon Urs blijven. Ik kende de regel over rustdagverplaatsingen niet omdat het boek met reglementen in het Frans was opgesteld. Maar vanaf toen bestaat er ook een Engelse versie.'

* * *

Wanneer ik eindelijk in Limoges aankom en naar de persruimte ga, is wedstrijdleider Leblanc bezig met een persconferentie. Hij meldt ons dat de organisatie heeft besloten twee renners uit de wedstrijd te nemen vanwege hun betrokkenheid bij het Italiaanse dopingonderzoek, dat al loopt sinds mei 2001. Een fax van de aanklagers bevestigt dat Hvastija van Alessio wordt beschuldigd van het gebruik van een verboden corticoïde en Casagrande van Saeco voor bezit van EPO. Geen woord nog over de twee anderen die bij de zaak betrokken zijn, Padrnos en Zanini.

Dit soort zich voortslepende dopingkwesties bezorgt de Tour een vervelend bijsmaakje. Een paar maanden voor de Tour vroeg ik Leblanc naar zijn standpunt aangaande dit onderwerp. 'Wat moet ik zeggen?' begon hij. 'Ten eerste kan ik bevestigen dat je de Tour kunt rijden zonder doping. Dat weet ik. Ik heb het gedaan. Twee keer. Ik was een renner van de tweede garnituur, ja. Maar het is niet bovenmenselijk. De kampioen mag dan onder druk staan, ook de mindere goden staan onder druk om de wedstrijd uit te rijden. Dat kan net zo zwaar zijn.'

Leblanc gelooft dat het terugbrengen van de totale lengte van de Tour, van 4800 kilometer in de jaren vijftig tot ruim 3300 kilometer vandaag de dag, het evenement 'menselijker' heeft gemaakt. 'Het is nog steeds zwaar,' zegt hij, 'maar je hoeft geen verboden middelen te nemen, want het is géén wedstrijd waar records moeten worden gevestigd, zoals track & field. Het is een wedstrijd met een eerste plaats, een tweede, een derde enzovoort, en het doet er niet toe of de gemiddelde snelheid achtendertig of drieënveertig kilometer per uur is. We vragen niet om hogere snelheden. We willen graag een spectaculaire wedstrijd, dat wel, maar het zijn de renners en hun ploegen die steeds harder willen gaan.'

Waar hij geen gewag van maakt is het gegeven dat de verleiding om de zaak te flessen groter is dan ooit, vanwege de enorme gages die een succesvol renner kan bedingen en vanwege de opgelegde druk van de sponsors – ze willen waar voor hun geld als ze per jaar vijftien miljoen euro in een ploeg steken.

Zelfs renners die geen doping gebruiken lopen het risico dat hun loopbaan geruïneerd wordt doordat ze positief testen op een substantie waarvan ze niet eens weten dat ze die binnen hebben gekregen. De lijst verboden middelen in het wielrennen en andere Olympische sporten is zo lang geworden dat als gewone burgers regelmatig dopingtests zouden moeten ondergaan, ze waarschijnlijk vaker wél dan níét positief zouden zijn.

Dit wordt me de komende paar uur overduidelijk. De zwelling in mijn rechterduim is nu zo hevig geworden dat een van de Tourartsen me naar de spoedhulp in Limoges stuurt. Die avond meld ik me daar en wacht op mijn beurt, in gezelschap van een paar andere patiënten. Een zeventienjarig jongen met piercings is met zijn motor gevallen, een mollig ventje van veertien is met zijn mountainbike onderuitgegaan en een man met modderige schoenen, die op het land werkte maar nu op een draagbaar naast me ligt, zegt dat hij zijn been niet kan bewegen. Wanneer de anderen vertrokken zijn om röntgenfoto's te laten maken, betreed ik een behandelkamer waar een jonge vrouwelijke arts mijn ontsteking doorprikt en de wond dept. Daarna komt een verpleegster, die een antiseptische crème en verband aanbrengt, waarna ze me een recept geeft voor medicijnen om de wond te laten genezen. Daarop staan antibiotica (die doorgaans bestanddelen op basis van cortison bevatten) en een ontstekingsremmer (steroïdale drugs), die beide positief zouden testen bij een dopingcontrole. Dat laat zien hoe voorzichtig renners en hun artsen moeten zijn bij de behandeling van een aandoening of blessure. En in de Tour de France moeten hun blessures en kwalen worden behandeld terwijl de wedstrijd gaande is. Geen wonder dat de Tour soms wordt bestempeld als 's werelds zwaarste competitie.

* * *

Vanaf de spoedhulp bel ik het hotel waar ik overnacht om te laten weten dat ik er waarschijnlijk niet voor elf uur zal zijn. Geen probleem, krijg ik te horen. Na de behandeling rijd ik naar het hotel, zo'n dertig kilometer van de stad vandaan. De reservering is al een paar maanden geleden gedaan en er is toen een voorschot overgemaakt. Terwijl ik in het donker over een winderige provincieweg rijd, krijg ik een telefoontje van een van de journalisten uit onze groep. 'Slecht nieuws,' zegt hij. 'Toen we bij het hotel aankwamen, hadden ze geen kamers meer voor ons. Ze waren al aan anderen vergeven. Maar het goede nieuws is dat ik iets anders gevonden heb. Het is een grote ruimte, een soort slaapzaal, met een twaalftal bedden, die wordt gebruikt door wielerteams. Het zijn hele aardige mensen en het restaurant blijft open tot jij er bent.'

Het is een heel lange dag geweest, met gelukkig een goede afloop. De champignonomelet is weergaloos, de gebakken aardappelen fantastisch en de rosé prima. En de conversatie is aangenaam. We laten nog een fles rosé komen en praten met de patron over de Tour. Hij vraagt zich af of Voeckler zijn tien minuten voorsprong op Armstrong en de andere favorieten zal kunnen vasthouden. Rupert zegt dat hij bewondering heeft voor het lef van de jonge Fransman en hij denkt dat die de gele trui in de Pyreneeën nog wel zal kunnen verdedigen, zij het met moeite. De rest van ons is het daarmee eens: 'Voeckler zal tijdens die twee bergetappes flink moeten toegeven, maar waarschijnlijk geen tien minuten.' Belangrijker is uiteraard hoe het Jan, Tyler en de andere concurrenten van Lance zal vergaan in de Pyreneeën. Over een paar dagen zullen we het weten...

Om twee uur begeven we ons naar onze slaapruimte en pakken onze laptops. Er valt altijd iets te schrijven tijdens de Tour, maar we zijn opgelucht dat de 'rustdag' voorbij is en dat er morgen – of liever gezegd vandaag – weer gefietst zal worden.

Dag 11 La France profonde

13 juli: deze etappe van 160,5 kilometer volgt vanaf het middeleeuwse St. Léonard-de-Noblat een S-vormig traject, eerst naar het oosten en vervolgens in noordelijke richting, om uiteindelijk te finishen in Guéret, de hoofdstad van La Creuse. Er zijn geen vlakke stukken, maar de heuvels zijn niet hoog en de verwachting is dat de rit eindigt in een massasprint.

Vanaf een rotsachtig, met hoge, donkere naaldbomen begroeid plateau beginnen de twee renners aan hun spectaculaire afdaling. Dalen en nog 's dalen. Remmen hoeft niet. Lekker op snelheid komen. Sturen hoeft niet. Hun fietsen gaan als vanzelf, ze suizen door de ene bocht na de andere... links, rechts, links... steeds harder... steeds verder landinwaarts in deze streek van kristal- en granietrotsen. De twee renners, een in oranje gehulde Bask en een Italiaan in zwartwit, vormen een vlekje in het weelderige landschap terwijl ze over de smalle, kronkelende, leikleurige weg fietsen die evenwijdig loopt aan het snelstromende riviertje de Gourbillon. Laag voorovergebogen, met hun handen aan het stuur, razen ze langs scherpe rotsformaties bekleed met korstmos, langs eiken met pokdalige basten en ranke varens, op volle snelheid, richting de vallei van de rivier de Creuse.

De twee gelukkigen die zo heerlijk deze heuvel afdenderen zijn Iñigo Landaluze en Filippo Simeoni. Over een afstand van acht kilometer hebben ze hun voorsprong op het peloton met vijf minuten vergroot, een peloton dat rustig aan doet, in de wetenschap dat er nog zo'n honderd kilometer te gaan zijn. De twee vluchters koersen door St. Quentin-La-Chabanne, waar een groot aanplakbiljet hen begroet met de woorden: '*Vive le Tour en Creuse.*' Frankrijk telt vijfennegentig departementen en voor de eerste keer vindt de finish van een Tour-etappe in La Creuse plaats. Dit is het hartje van het platteland, zo ver als je maar het binnenland binnen kunt dringen: *La France profonde.*

* * *

Een van de mooiste kanten van de Tour de France is dat het een reis is door uitgestrekte gebieden met een oogverblindend mooi landschap, dichte bossen, lappendekens van boerenland en een overvloed aan oude stadjes en dorpen waarvan de huizen allerlei kleurschakeringen vertonen naarmate je je verplaatst. De Tour-organisatie is zich bewust van dat waardevolle geschenk en deze etappe in La Creuse is daarvan een goed voorbeeld: een prachtige route in de vorm van een enorme 's' in het hart van het land, die zowel voldoet aan de eisen van de hedendaagse Tour als de tradities van deze magnifieke sport in ere houdt.

De start van vandaag staat in het teken van de traditie. Hij vindt niet plaats in de groeistad Limoges, maar een paar kilometer oostelijker in het pittoreske St. Léonard-de-Noblat. Dit middeleeuwse, boven op een heuvel gelegen plaatsje op de oude pelgrimsroute naar Santiago de Compostela is al vijftig jaar de woonplaats van de populairste Franse wielrenner aller tijden, Raymond Poulidor, een held wie het lot niet gunstig gezind was. Veertien keer nam hij aan de Tour deel en daarvan kwam hij acht keer op het podium in Parijs, maar nooit als eerste.

De altijd gebronsde Poulidor is inmiddels eind zestig en heeft een weelderige witte haardos, smalle pretoogjes en de breedste glimlach die je ooit hebt gezien. Hij is verheugd dat *le Tour* eindelijk zijn stad aandoet, ook al is het vier decennia geleden dat zijn heldhaftige duels met vijfvoudig Tour-winnaar Jacques Anquetil Frankrijk verdeelden in *Poulidoristes* en *Anquetilistes*. Als het niet Anquetil was die hem van de gele trui hield, dan was het wel Eddy Merckx. En wanneer het niet Merckx was, dan was het pech. Maar Poulidor is niet verbitterd vanwege het feit dat hij 'eeuwige tweede' was. 'Hoe meer pech ik had, hoe meer het publiek van me hield en hoe meer geld het opleverde. Het heeft me tot de overtuiging gebracht dat het niet had uitgemaakt als ik had gewonnen.'

Poulidors populariteit hield lang stand doordat hij tot zijn veertigste doorging met wielrennen, en zelfs toen nog op het Tour-podium eindigde. Je ziet nog steeds 'Allez Poupou'-spandoeken tijdens de Tour, terwijl hij nota bene pr-werk doet voor Crédit Lyonnais, de bank die de gele trui sponsort en speelgoedleeuwtjes uitreikt aan de leiders in het algemeen klassement. En Poulidor draagt vandaag inderdaad een geel overhemd wanneer hij voorafgaand aan de etappe naar Guéret wordt voorgesteld aan zijn thuispubliek. Het is een warme, bewolkte dag en er staat een briesje, een volmaakte dag voor een wielerwedstrijd.

∗ ∗ ∗

Met een bevolking van maar 4800 zielen lijkt St. Léonard niet groot genoeg om het vereiste bedrag voor een startplaats in de Tour de France te betalen. Maar het gaat het stadje de laatste tijd voor de wind, dankzij de wederopkomst van de porselein-, papier- en looiindustrie en de historische gebouwen die een groeiend aantal bezoekers trekken. Als kandidaat-Tour-startplaats werd het ook geholpen door de democratische selectiemethoden van de wedstrijdpromotor, Amaury Sport Organisation.

Wedstrijddirecteur Jean-Marie Leblanc, een veteraan in het vak, legt uit hoe er ieder jaar een andere koers wordt gevaren. Het enige wat vaststaat is de finish in Parijs, terwijl de startplaats bijna twee jaar van tevoren bekend wordt gemaakt. Dan, zo'n achttien maanden vóór iedere Tour, neemt zijn selectiecomité de kandidaatstelling van zo'n negentig Franse gemeenten door, met de vraag of ze in te passen zijn in een wedstrijd die zowel de Alpen als de Pyreneeën aandoet, drieëntwintig dagen duurt inclusief de twee rustdagen en maximaal 3500 kilometer mag tellen.

'We kiezen etappeplaatsen niet vanwege hun beleid noch om financiële redenen, want we vragen iedere stad hetzelfde bedrag,' zegt Leblanc. 'We hebben de prijs niet te hoog gemaakt – het is nu honderdtwintigduizend euro – omdat we niet alleen maar grote steden willen. Maar het bedrag is hoog genoeg om alleen maar serieuze kandidaten te krijgen. We willen de Tour ook graag naar verschillende regio's in het land brengen, zoals we dit jaar Bretagne hebben, dat vorig jaar niet werd aangedaan. Iedereen komt aan de beurt, omdat we vinden dat de Tour van iedereen is. En daarnaast willen we ieder jaar een ander land aandoen – dit jaar België en in

2005 waarschijnlijk Duitsland.'

Over de uitverkiezing van de etappeplaatsen van vandaag zegt Leblanc: 'Dat zijn twee verhalen op zich. Guéret, ten eerste, is de hoofdstad van La Creuse, het enige departement in Frankrijk dat nooit een Tour-etappe toegewezen had gekregen. Dat was niet mogelijk vanwege het gebrek aan hotels hier; maar met de nieuwe *autoroutes* kunnen mensen ook overnachten in nabijgelegen steden, zoals Limoges. En wij zijn erg tevreden, omdat zij heel erg trots zijn. Zo hebben we een klein stadje in *La France profonde* dat door de Tour wordt aangedaan.

Voor wat betreft St. Léonard-de-Noblat, de burgemeester heeft ons de kandidaatstelling zo'n twee jaar geleden gestuurd. Toen ik die las dacht ik: Hmmm... St. Léonard... Poulidor... daar moeten we naartoe! Zodoende hebben we een bijna geheel door La Creuse lopende etappe, een departement dat niet zo rijk is en niet zo veel inwoners heeft. Dat is alleen maar goed.'

Leblancs keuze van etappeplaatsen is niet alleen van groot belang voor de Tour, maar ook voor Frankrijk zelf. Bij het vertrek van deze heuvelachtige, maar niet al te zware etappe ziet iedereen die Poulidors St. Léonard verlaat een enorm, handgeschilderd spandoek over de weg met daarop: '*Merci Raymond et Jean-Marie!*'

'De etappe is niet erg lang,' besluit Leblanc. 'Honderdzestig kilometer, niet vlak, behoorlijk glooiend, met goede wegen en een schitterend landschap, dus denk ik dat het een parcours voor ontsnappingen is.'

Ontsnappingen, misschien, maar de sprinters maken ook kans.

* * *

Ontsnappingen zijn wel het laatste op de agenda van Armstrong, Ullrich en Hamilton. Na de rustdag zijn de Tour-favorieten allang blij dat er geen regen is voorspeld, zodat ze deze niet zo zware etappe kunnen beschouwen als een warming-up voor de komende bergritten. Hoe hard ze ook getraind hebben, alle deelnemers hebben hun twijfels over de vraag hoe ze de altijd zware overgang van vlakke etappes naar de bergen zullen doorstaan.

'Het is alsof je het onbekende betreedt,' zegt Ullrich. 'Het is opwindend. Ik kijk ernaar uit, omdat we eindelijk zullen weten hoe iedereen ervoor staat. Als ik me goed voel, dan zal ik zeker in de aanval gaan. Je moet wel.'

De fans zien ook reikhalzend uit naar de bergetappes. Ze zijn onder de indruk van de hoge snelheden waarmee de vlakke etappes eindigen, maar hun verwachtingen stijgen wanneer de Tour-karavaan de bergen nadert. Daar zullen de ploegen hun zwaarste slagen leveren. En daar zal pas duidelijk worden wie van de renners in vorm is en echt tot de kanshebbers behoort.

In 2003 had Ullrich het tijdens de eerste bergetappes moeilijk vanwege een ziekte waarvan hij herstellende was. Zijn fans maken zich zorgen dat de verkoudheid die hij aan het begin van deze Tour opliep, opnieuw van negatieve invloed zal zijn op zijn klimmen.

De grootste zorg van Hamilton is zijn rugblessure. Behandeling door een chiropractor kan de druk verminderen en de spanning in het lichaam laten afnemen, maar een zo zware val als die in Angers vraagt normaal gesproken om een herstelperiode. Hij is bezorgd dat hij die tijd niet heeft. Wanneer ik vraag hoe het echt met zijn rug gaat, antwoordt hij voorzichtig: 'Het is een béétje beter.'

Armstrong op zijn beurt heeft een eerste Tour-week gehad die hij omschrijft als 'bijna volmaakt'. Maar dagenlang in de regen fietsen kan ieders weerstand aantasten, ook die van een vijfvoudige Tourwinnaar. Dus is zelfs Armstrong voorzichtig, vooral in een jaar waarin hij in de bergen niet altijd een constante vorm heeft laten zien. Op een ijskoude zondagochtend in maart tijdens het Critérium International in de Ardennen stelde hij teleur. Hij liet zijn ploeg op een bochtige weg hard heuvelop gaan om de concurrentie het zwijgen op te leggen, maar het was Armstrong zelf die moeite had. Uiteindelijk eindigde hij slechts als zeventiende. En in april in de Appalachians in Georgia, op een dag dat het 27 graden Celsius was, werd hij met moeite derde op de steile, smalle klim naar Brasstown Bald Mountain, een beklimming die in de Tour waarschijnlijk tot de tweede categorie zou worden gerekend. Vervolgens zagen we in mei Armstrong op zijn best: op een steile maar korte beklimming naar het Franse havenstadje Sête aan de Middellandse Zee sloeg de Texaan met een explosieve solo toe. Maar kort en steil is niet hetzelfde als lang en steil, dus was Armstrong in juni er nog steeds niet helemaal gerust op. Hij was de grote kanshebber voor de tijdrit bergop in de Dauphiné. Maar hij leek het in de hitte erg moeilijk te hebben tijdens de ruim twintig kilometer lange klim naar de top van de Mont Ventoux – die Armstrong de 'moeilijkste beklimming in Frankrijk' noemt. Hij werd slechts vijfde, anderhalve minuut achter Hamilton en bijna twee minuten achter etappewinnaar Mayo, die die dag het klimrecord op de Ventoux verbeterde.

'Twee minuten is veel,' gaf Armstrong toen toe, 'maar het is nog lang tot de Tour de France.' Maakte hij zich geen zorgen om zijn vorm? 'Ik had verwacht vandaag iets sneller te zijn,' gaf hij toe. 'En wat betreft de vraag of ik me zorgen maak, ik maak me íéder jaar zorgen voor de Tour de France. Het is een voortdurend zoeken naar de juiste vorm en je leert veel meer van slechte en teleurstellende prestaties dan van goede of verrassende.'

* * *

De korte klimmetjes tijdens de etappe naar Guéret zijn niet zwaar genoeg om de deelnemers op de proef te stellen. Een van de heuvels is echter te veel voor Jaan Kirsipuu, de sprinter die de eerste etappe in Charleroi won. Hij wordt gelost en stapt af. Later, in de deuropening van de AG2R-teambus, zegt de stevig gebouwde Est: 'Met de bergen op komst moeten nu de andere renners van de ploeg zich laten zien en hun verantwoordelijkheid nemen.'

De vluchters Landaluze en Simeoni laten zich ondertussen heel duidelijk zien. Aan het eind van hun duizelingwekkende rit door het Creusedal bedraagt hun voorsprong op de groep acht minuten. Geen van beiden vormt een bedreiging voor Armstrong... althans, vandaag. Simeoni en de Texaan hebben nog een rekening te vereffenen, maar dat kan wachten. Landaluze en Simeoni deden allebei pas één keer eerder mee aan de Tour, waarbij de eerste, in 2003, niet eens bij de eerste honderd eindigde en Simeoni, in 1998, als vijfenvijftigste. Maar beiden zijn potentiële etappewinnaars en ze zullen alles op alles zetten om buiten bereik van het peloton Guéret te bereiken. In vier seizoenen voor Euskaltel heeft Landaluze nog geen enkele overwinning weten te behalen, maar hij is vastbesloten om daar vandaag verandering in te brengen. En waar Simeoni als knecht van Mario Cipollini naar de Tour kwam, heeft zijn kopman op leeftijd al in de eerste week de Tour verlaten en daarmee voor Simeoni de deur opengezet om aan de zeven overwinningen die hij in zijn tien jaar als prof heeft behaald, nieuwe toe te voegen. De kansen van de vluchters lijken nog rooskleuriger na de twee kilometer lange beklimming van de vierde categorie bij Aubusson: met nog maar ruim zestig kilometer te gaan hebben ze een voorsprong van tien minuten.

* * *

De wegen waarover deze etappe voert, kent Raymond Poulidor als zijn broekzak. Hij werd geboren in Masbaraud-Marignat, een plaatsje in de buurt van Aubusson, waarna hij als tiener naar St. Léonard verhuisde. Tijdens de twee decennia dat hij profrenner was, kreeg hij soms straftrainingen in deze heuvels en er werd gezegd dat hij de sterkste benen van het hele peloton had. Toch was er altijd iets wat hem ervan weerhield de Tour te winnen. In 1964 was het slecht werk van zijn begeleiders: nadat hij een wiel had verwisseld duwde Poulidors mecanicien hem van zijn fiets in plaats van hem weer op gang te brengen. Dat kostte de kopman een minuut – en de Tour-zege. En in 1968 had hij onwaarschijnlijk veel pech: een motor kwam met een wiel in een gat in de weg, vloog door de lucht en kwam op Poulidor terecht, die er twee wonden aan zijn voorhoofd aan overhield.

De wedstrijd waarin hij definitief een held werd, was de Tour van 1964, toen heel Frankrijk in de greep was van het fascinerende duel tussen Poulidor, die zijn tweede Tour reed, en de toen almachtige kampioen Anquetil. Tijdens de laatste weken was het zo opwindend als een bokswedstrijd. Eerst deelde de een, vervolgens de ander wat de knock-out leek uit. Toen met nog twee dagen te gaan tot Parijs de laatste bergetappe op het programma stond, had Anquetil een voorsprong van slecht zesenvijftig seconden op Poulidor in het algemeen klassement. Aangezien Poulidor de betere klimmer was, leek het alsof hij de eindoverwinning voor het grijpen had.

Die bewuste etappe telde 235 kilometer over een glooiend parcours door het Massif Central en werd bekroond met een zware klim naar de top van de Puy de Dôme, een kegelvormige, dode vulkaan. Na zeven uur in het zadel op een drukkend warme dag, was een groep van dertig afgematte renners nog bijeen toen ze aan de voet van de loodzware beklimming kwamen, die spiraalsgewijs naar de top van de Puy gaat.

De politie had de nodige moeite om de naar schatting half miljoen fans langs de kant van de smalle weg in het gareel te houden. Op sommige plekken stonden de toeschouwers tien rijen dik. Velen waren al vóór zonsopgang naar de top getogen. Ik was er ook, op de fiets, maar moest de steile helling te voet doen, voorzover de mensenmassa dat al mogelijk maakte.

De Puy de Dôme ligt maar tachtig kilometer van Aubusson, dus er was een enorm aantal Poulidor-aanhangers aanwezig die hem allemaal naar de overwinning schreeuwden. Op bijna miraculeuze wijze bevonden Anquetil en Poulidor zich op drie kilometer van de top opeens in elkaars gezelschap, schouder aan schouder klimmend, met niemand in de buurt. Dit was het ultieme duel. Kilometers lang kon je de aansporingen voor de plaatselijke favoriet – 'Pou-pou! Pou-pou! Pou-pou!' – horen terwijl de twee mannen zich omhoogvochten.

'We hadden het allebei moeilijk,' herinnert Poulidor zich. Maar de heersende winnaar zat er echt helemaal doorheen. Zo'n anderhalve kilometer van de top reed Anquetil opeens niet meer naast zijn rivaal. Hij viel terug! De menigte vuurde Poulidor nog fanatieker aan!

In zijn verslag van die laatste anderhalve kilometer schreef de ongeëvenaarde Franse journalist Pierre Chany: 'Anquetils gezicht, tot dan toe paars aangelopen, was bleek geworden. Het zweet liep in straaltjes lang zijn ingevallen wangen. En Poulidor, die ook op was, pakte meter na meter. Maar terwijl hij zijn allerlaatste reserves aansprak om zo snel mogelijk te klimmen, moest Anquetil, half bewusteloos en alleen nog maar gedreven door zijn overlevingsinstinct, nog dieper gaan om het verlies binnen de perken te houden. Op de top stortten beiden in. Poulidor de Limousin had tweeënveertig seconden teruggepakt op de Normandiër, maar geletruidrager Anquetil had nog veertien seconden over. Toen Anquetil weer bij zijn positieven was gekomen, zei hij alleen maar: 'Als Poulidor de gele trui had overgenomen, was ik vanavond naar huis gegaan.'

Hij ging niet naar huis en dit was ook niet het einde van hun heldhaftige duel. De Tour finishte in Parijs met een tijdrit van zevenentwintig kilometer vanuit Versailles. Op die smoorhete zondagmiddag stond zo'n beetje iedere radio en televisie afgestemd op de Tour. Voor de eerste keer in de geschiedenis werd de etappe live en zonder onderbrekingen uitgezonden, en het tijdsverschil tussen de twee

werd iedere kilometer opgenomen. Toen dat verschil bij een gegeven meetpunt groter was geworden en vervolgens bij het volgende
weer geslonken, hoorde je overal in Frankrijk juichen en steunen.
De mensen waren door het dolle heen.

Aangezien de winnaar van deze etappe twintig bonusseconden
zou pakken en nummer twee tien, kon Poulidor nog steeds de Tour
winnen als hij vandaag maar vijf seconden sneller was dan Anquetil.
Maar het was Anquetil die vijf seconden voorsprong had boven op
de enige beklimming van die dag, de zo treffend genoemde Côte de
l'Homme Mort (Dodemansheuvel). Ik stond op een brug over de
Seine, een paar kilometer voor de finish in het Parc des Princes-sta-
dion, en kon niet geloven dat Anquetil zó hard ging. Hij raasde langs
als een wervelstorm, zijn gele trui glanzend in de zonneschijn, met
in zijn kielzog een flottielje motoren en persauto's. Maar de heersende kampioen, een tijdritspecialist, had niet veel voorsprong. Die
dag was hij eenentwintig seconden sneller dan Poulidor, en met de
bonus meegerekend was zijn uiteindelijke voorsprong vijfenvijftig
seconden. Anquetil had de club van vijfvoudige Tour-winnaars bij
dezen opgericht. Poulidor zou nooit meer zo dicht bij de eindoverwinning in de Tour zijn.

* * *

Het duel Anquetil-Poulidor van veertig jaar geleden is een van de
grootse hoofdstukken in het Tour-geschiedenisboek. De strijd die
Landaluze en Simeoni leveren tegen een aanstormend peloton, zal
een voetnoot blijven. Hun voorsprong van tien minuten slinkt genadeloos wanneer de ploegen van de sprinters zich beginnen te laten
gelden, in de wetenschap dat ze nog een kans hebben de twee vluchters bij te halen. Met nog zo'n twintig kilometer te gaan bedraagt de
voorsprong 2:40, met nog tien kilometer te gaan 1:35 en op zo'n vijf
kilometer van de meet nog maar achtenveertig seconden. Het gaat
erom spannen.

Bij de laatste bocht, met nog zo'n 350 meter te gaan, zijn de gretige Bask en de sluwe Italiaan nog niet bijgehaald. Ze zien het peloton zelfs niet als ze zich op hebben gemaakt voor de sprint en richting finish razen. Landaluze denkt dat hij de winst binnen heeft. 'Ik
hoorde niets,' zegt hij. 'Op zo'n vijftien meter van de meet keek ik

opzij en zag opeens andere renners. Ik kon het niet geloven.'

Die renners zijn de echte sprinters en met een verbijsterend korte eindspurt behaalt de rappe McEwen zijn twee etappewinst, vóór de gedrongen Hushovd en de jagende O'Grady.

* * *

In St. Léonard-de-Noblat, waar de dag begon, wemelt het in de middeleeuwse stegen weer van de mensen. Het is elf uur 's avonds en een ondernemende restauranthouder heeft lange, houten tafel op straat opgesteld om tweehonderd dinergasten te laten plaatsnemen. 'Het rundvlees is op, net als het lams- en varkensvlees,' zegt een ober terwijl hij met een vinger de gerechten op de kaart naloopt. 'We hebben alleen nog meloen.' Da's jammer. Vanaf een tafel vlak bij het plein met klinkers hadden we kunnen kijken naar een openluchtvertoning van de maffe tekenfilm *Les Triplettes de Belleville* over de Tour, die net is begonnen. In plaats daarvan worden we meegenomen naar een eethuis waar de bussen van de wielerploegen vanochtend voor geparkeerd stonden en waar men nog bestellingen opneemt voor een 'Special Menu Tour de France'.

In de straten lopen ouders met hun kinderen, die wachten op het vuurwerk en een lasershow. Wanneer de laatste vuurpijl zijn sterren uitstrooit en de *Triplettes* eindigt met een applaus, zet de Union Musicale de St. Léonard-de-Noblat, een fanfareorkest gehuld in koningsblauwe tenues en met punthoeden, in met koperwerk en trommels. Deze nacht zal de plaatselijke bevolking veel langer heugen dan een Australiër genaamd McEwen die hún etappe door *La France profonde* won.

ETAPPE-UITSLAG *1. McEwen; 2. Hushovd; 3. O'Grady; 4. Jérôme Pineau (Frankrijk); 5. Zabel, allen zelfde tijd.*

ALGEMEEN KLASSEMENT *1. Voeckler; 2. O'Grady, op 2:53; 3. Casar, op 4:06; 4. Bäckstedt, op 6:27; 5. Piil, op 7:09; 6. Armstrong, op 9:35; 11. Hamilton, op 10:11; 20. Ullrich, op 10:30; 23. Leipheimer, op 10:43; 28. Basso, op 10:52; 86. Mayo, op 15:02.*

Dag 12 Franse Revolutie

14 juli: deze 237 kilometer lange etappe van Limoges naar St. Flour is de eerste met een beklimming van de eerste categorie, de Col du Pas de Peyrol, ook wel Puy Mary genoemd. Er zijn nog acht andere officiële beklimmingen, de eerste na veertig kilometer en de laatste tweeëndertig kilometer voor de finish. Dit is de eerste dag waarop de grote klimmers zich kunnen manifesteren.

Tyler Hamilton is er niet bij met z'n hoofd vandaag, de twaalfde dag van de Tour:

Om 7:30 uur opstaan. Gezicht wassen, tandenpoetsen, haardos in het gareel krijgen – een honkbalpetje opzetten als het haar te weerbarstig is. Vroeg ontbijten omdat de etappe om 10:30 uur begint en het drie uur duurt voor je zo'n zware maaltijd hebt verteerd. Begin de dag altijd met koffie; dan een omelet, rijst, wat fruit, muesli, yoghurt... Moet veel eten. We verbranden vandaag misschien wel 7000 calorieën. Het is de langste etappe van deze Tour, bijna 240 kilometer en met negen beklimmingen. Waarschijnlijk zes uur in het zadel, misschien meer...

M'n spullen inpakken voordat de osteopaat nog een keer naar mijn rug kijkt. Hoop dat het goed gaat in de bergen. Nummers van shirt halen en weer bevestigen... een beetje vet op het zeemleren kruis van mijn koersbroek... shirt met korte mouwen – controleren of de rits helemaal naar beneden opengaat. Tijdens de laatste beklimmingen zal het heet zijn... Broek en t-shirt aan. Raceshirt, raceschoenen, racebril en handschoenen in mijn tasje doen; de energierepen, gels en m'n helm liggen in de bus...

Naar beneden voor de bespreking met de ploeg. Ze er nog eens aan herinneren hoe belangrijk vandaag is. We moeten bij een vroege uitbraak meteen reageren. Misschien kan Santi Perez vandaag meesprinten. De andere jongens vertellen over de zware klim aan het einde... Nu is het tijd om de fiets te controleren, verifiëren dat het 25-tands kransje voor de zware beklimmingen erop zit. De versnellingen en remmen kan ik controleren op het stukje naar beneden naar de start. Vandaag is het daarheen maar een paar kilometer fietsen.

Die start is in het weidse Champ de Juillet, een park tegenover het Gare des Bénédictins, een hoog, uit witte stenen opgetrokken gebouw dat meer op een kerk lijkt dan op een station. Limoges heeft door de jaren heen een twaalftal keren als startplaats in de Tour gefungeerd, dus men weet hoe men de zaken moet aanpakken. Deze morgen is ervoor gezorgd dat de dranghekken goed zijn neergezet, zodat de fans het terrein dat voor de ploegen en hun bussen is gereserveerd niet kunnen betreden. Dat betekent dat Hamilton en de andere favorieten zich niet door massa's handtekeningenjagers en andere jubelende fans hoeven te worstelen wanneer ze uit de bussen komen. Toch hebben een paar televisiereporters Ullrich weten te vinden. De spanning rondom hem stijgt. Mensen zeggen: 'Hij heeft nog nooit zo'n goede indruk gemaakt', 'Zijn houding is anders, hij is vastbeslotener', 'Armstrong is in zijn gebruikelijke vorm, maar Ullrich is in topvorm'. Ullrich heeft ook een paar van Armstrongs methoden overgenomen, zoals het inspecteren van de belangrijkste klimmen in de Alpen. En vandaag rijdt hij, in plaats van het gebruikelijke aluminiumframe, op een lichtere fiets van carbonfiber, die het klimmen een stuk makkelijker zal maken.

Hamilton lijkt opgelucht dat hij bij de start niet met al die mensen om hem heen te maken krijgt. Hij krijgt zelfs niet met de media te maken. Wanneer hij zich aanmeldt, rijdt hij straal langs alle journalisten heen, die op Armstrong afkomen als motten op een kaars. De kampioen spreekt in zijn steeds beter wordende Frans. Vriendelijk beantwoordt hij een paar domme vragen. Ga je vandaag in de aanval? 'Er zal worden aangevallen... net zoals gisteren. *Comme hier.*' Zijn je benen goed? 'Ik weet het niet. Ik denk het wel. *Je croix que oui.*'

Hamilton is dankbaar dat hij vanochtend niet met vragen wordt lastiggevallen. Hij zou ze wel beantwoorden, maar hij heeft iets anders aan zijn hoofd. Hij roept me in de ploegbus, waar hij kan zitten en we onder vier ogen kunnen spreken, uit de brandende zon.

Hij is bleek en de gebruikelijke glimlach ontbreekt. Ik vraag hem naar zijn rug: hoe ging het gisteren? 'Het was een beetje zwaar.' De etappe van vandaag heb je ook in de voorbereiding gereden, toch? 'Ja, deze etappe hebben we verkend. Hij is zwaarder dan een heleboel mensen denken of zeggen.' Maar de beklimmingen zijn toch niet zo zwaar? 'Nou, die van de eerste categorie telt vier kilometer van twaalf procent... Dat noem ik wel steil.' En die heuvel bij de finish in St. Flour? 'In 1999 was daar de finish ook, geloof ik. Daar kunnen gaten vallen als je niet oplet.'

Dan vraag ik hem of iedereen van zijn ploeg in vorm is. Hij weifelt. 'Ja, heel erg...' Hij zwijgt, zijn gedachten zijn elders. 'Nou, John... hmm... eh... Tugboat is er niet best aan toe.' Ik zeg dat het me spijt. We weten allemaal dat zijn negenjarige golden retriever vlak voor de Tour ziek is geworden. Hamilton liet hem achter bij zijn vrouw Haven in Gerona. Dan zegt hij met een gebroken stem en sombere ogen: 'We moeten hem vandaag laten afmaken. Haven is gisteren gekomen, zodat ik afscheid van hem heb kunnen nemen. Hij was als een familielid voor me. Ik zal hem missen...'

Ja, Tyler is er vandaag met z'n hoofd niet bij.

* * *

Door zijn verdriet lijkt het voor Hamilton of de langste etappe van deze Tour eindeloos is. Los van de lengte: het is de eerste van twee etappes door het Massif Central en de eerste in deze Tour waarin echt geklommen moet worden – een totaal van 3350 meter –, waardoor het de eerste dag in deze Tour is waarin het parcours een factor is en het niet alleen maar gaat om tactiek of snelheid. Het gaat een zware etappe worden, terwijl het peloton toch al vermoeid is. In de tien dagen sinds de start in Luik hebben de renners precies zestienhonderd kilometer afgelegd, met een verbazingwekkend gemiddelde van 43,7 kilometer per uur – ondanks het slechte weer, de tegenwind en de vele valpartijen. Dag in dag uit zo hard fietsen is een fenomenale prestatie en betekent een enorme lichamelijke belasting voor iedere renner. De belasting veroorzaakt vermoeidheid, en de vermoeidheid heeft ertoe geleid dat dit jaar gemiddeld twee renners per dag de Tour hebben verlaten.

Er is in de Tour nog nooit zo hard gereden tijdens de vlakke etappes. In de jaren zestig, zeventig en tachtig lag het gemiddelde tijdens de vlakke ritten steevast rond de achtendertig kilometer per uur. Pas sinds 1990 zijn de snelheden omhooggeschoten. Een van de redenen is dat de fietsen vijfentwintig procent lichter zijn dan in de jaren tachtig (zeven kilogram tegenover negen kilogram) en veel lichter trappen. Een andere factor is dat de wegen beter en rechter zijn. Voorts is er een indrukwekkende vooruitgang geboekt op het terrein van de medicatie en trainingsmethoden (hoewel velen zeggen dat slimmere maar verboden middelen daaraan wellicht hebben bijgedragen). En ten slotte doen er vijftig procent meer ploegen mee aan de Tour dan voorheen, is het prijzengeld veel hoger en zijn er inmiddels ontelbare live-uitzendingen op televisie.

Toen Anquetil, Merckx, Hinault en Induráin de Tour wonnen, lag het tempo gedurende de eerste uren van de vlakke etappes veel lager. Serieuze ontsnappingen vonden bijna nooit plaats vóór de laatste twee uur van de etappe, wanneer de live-uitzending begon. In het Armstrong-tijdperk beginnen de demarrages al in de eerste kilometers en ze blijven doorgaan tot een ontsnapping een feit is. Als gevolg daarvan is het normaal geworden dat er in het eerste uur al achtenveertig kilometer wordt afgelegd en die razende start zet de toon voor de rest van de etappe.

Met live-uitzending krijgen vluchters meer *air play* dan rijders in het peloton. Die extra 'exposure' betekent extra publiciteit voor de sponsors van de ploegen, waarvan de namen prominent op het tenue van de renners staan. En uiteraard heeft een ploeg met een rijder bij een ontsnapping meer kansen op de etappeoverwinning – de ultieme publiciteit voor de sponsor.

De strategie van ploegen als US Postal, T-Mobile en Phonak is meer gericht op een podiumplaats in Parijs voor hun kopman dan op een etappeoverwinning. Dit zet ze ertoe aan om iedere renner die ook maar enigszins kanshebber is op de eindoverwinning, terug te halen. Dat is het geval tijdens het eerste uur van de etappe van vandaag, wanneer Postal de eerste dertig kilometer de jacht inzet op iedere vluchter – en die ook terughaalt. Een groepje van achttien vluchters pakt een halve minuut, en hoewel er geen echte rivalen van hun kopman bij zitten, zetten Armstrongs mannen de achtervolging in. Slechts twee renners blijven uit de greep van de Postals: de Fransman Richard Virenque en de Belg Axel Merckx, zoon van de beroemde Eddy. Dit tweetal bereikt de eerste officiële klim van die dag met krap tien seconden voorsprong... en de Postals laten hen gaan. Armstrong weet dat beiden geen ernstige bedreiging vormen in het algemeen klassement, omdat ze geen goede tijdrijders en matige klimmers zijn. Maar ze bezitten allebei een groot uithoudingsvermogen en dat zullen ze vandaag nodig hebben; alles wat ze nu nog moeten doen is de volgende 197 kilometer vooruit blijven. Publiciteit voor hun sponsor gegarandeerd!

* * *

Vandaag, 14 juli, wordt de bestorming van de Bastille in 1789 herdacht, het begin van de Franse Revolutie en een nieuwe, democratische regeringsvorm. Wanneer op deze nationale feestdag het bericht van Virenques geslaagde vlucht de Franse toeschouwers bereikt, gaan ze helemaal uit hun dak. Ze zijn te vinden op iedere heuvel en in ieder plaatsje langs het schilderachtige parcours, dat door de bosrijke valleien van de Dordogne en over de kale vulkanische hoogten van de Auvergne voert. Virenque mag dan – terwijl hun voorsprong uitloopt van vijf naar tien minuten – naast de zoon van Eddy Merckx rijden, het applaus en alle aandacht gaan uit naar de Fransman. Minstens tachtig procent van de posters en vlaggen waarmee vandaag gewapperd wordt, zijn voor de vierendertigjarige Virenque. Vanwaar al dat enthousiasme voor een renner die in 1998 betrokken was bij het Festina-dopingschandaal? Waarom zo veel bewondering voor een renner die in deze affaire door zijn Festina-ploeggenoten met de beschuldigende vinger werd aangewezen maar die pas twee jaar later toegaf dat ook hij EPO, menselijke groeihormonen, en andere verboden middelen gebruikte.

Er is iets wat veel mensen niet kunnen begrijpen, met inbegrip van Armstrong, die de meest controversiële figuur in Frankrijk is vanwege de kwalijke berichten over hem in de pers, waarin gesuggereerd wordt dat hij doping gebruikt. Als antwoord op deze schijnbare hypocrisie stelt Armstrong: 'Men moet mij niet uitjouwen en een ander bejubelen die betrokken is geweest bij het grootste dopingschandaal in de wielergeschiedenis. Dat is krankzinnig.'

Het is enigszins ironisch dat iemand die bij die affaire betrokken was, Virenque, vandaag een geel polsbandje draagt van de Lance

Armstrong Foundation, een stichting die geld inzamelt voor kankeronderzoek. Die ironie ontgaat Virenques aanhangers, die zijn hele wielercarrière achter hem hebben gestaan, waarschijnlijk. 'Richard is ons idool, ondanks zijn fouten,' zegt er een. 'Hij is een van ons, wij begrijpen hem,' zegt een ander. Virenque is al populair sinds hij in 1992 zijn eerste Tour reed en toen meteen een dag de gele trui droeg. Zijn naam is nu onlosmakelijk verbonden met het meest aansprekende zomerevenement in zijn land. 'Mijn ploeg verlangt niets van me, tot de Tour begint,' zegt hij. 'Dat vind ik geweldig.'

Vóór het dopingschandaal van 1998 won de Franse renner drie bergetappes in de Tour en vier achtereenvolgende edities de bolletjestrui. Na de dopingaffaire en zijn schorsing van acht maanden won hij nogmaals drie etappes en twee keer de bolletjestrui. Vandaag is hij op jacht naar zowel het een als het ander. Met een grote voorsprong en in de wetenschap dat ze moeten samenwerken om deze vlucht te laten slagen, gaan Virenque en Merckx een gentlemen's agreement aan. Als wederdienst voor de steun van de ander zegt Merckx dat hij de Franse veteraan op alle negen toppen de punten voor de bolletjestrui gunt (wat Virenque in de gelegenheid stelt de bolletjestrui over te nemen van zijn ploeggenoot Bettini), terwijl Virenque toezegt dat hij niet zal aanzetten als ze samen in St. Flour de finishlijn naderen, zodat Merckx de zege naar zich toe kan trekken. De deal is gesloten...

* * *

Het hoogtepunt van deze etappe zijn de vier cols in de laatste tachtig kilometer. De zwaarste is de Puy Mary, die bijna 1600 meter boven de zeespiegel uitsteekt, ruim zestig kilometer van de finish in St. Flour. Het is geen lange klim, maar het gedeelte aan het einde, wanneer de renners van een donker naaldbos overgaan naar grazige bergweiden, vormt met twaalf procent stijging het steilste van de gehele Tour. Dit is het soort helling waar Iban Mayo zijn klimcapaciteiten kan tonen. En dat had hij misschien ook gedaan, ware het niet dat hij aan de voet van de Puy Mary materiaalpech kreeg. Wanneer hij vervolgens van fiets wisselt met een ploeggenoot, stoot hij bij het opstappen met zijn knie hard tegen het stuur. De knie is ongedeerd, maar Mayo moet, laverend tussen geloste renners, hard werken, om ten slotte achter in de kopgroep, in plaats van voorin, de top te bereiken. Uiteindelijk maakt het niet veel uit, omdat geen van de klimmers vandaag het achterste van zijn tong heeft moeten laten zien.

Die tienduizenden fans die vandaag op de toppen de plaats van de schapen hebben vervangen, worden verwend. Eerst zien ze hoe Virenque wegrijdt bij Merckx. Dan, negen minuten later, zit een andere Fransman, geletruidrager Voeckler, in de eerstvolgende groep, net voor Ullrich en Armstrong. Wie ook goed meekomen in deze groep zijn Basso, Leipheimer en de meeste andere kopmannen. Hamilton zit er echter niet bij. 'Ik weet niet of iemand het heeft opgemerkt, maar op die klim moest ik een beetje lossen.' Misschien is het de hitte – hij heeft inderdaad de ritssluiting helemaal tot zijn middel open –, misschien is het het verlies van zijn geliefde hond, of misschien bezorgt zijn rug hem meer last dan hij wil toegeven.

Ondertussen lijkt Virenque zijn afspraak met Merckx te hebben geschonden. De Fransman zegt dat hij na zijn overkomst op de Puy Mary met een halve minuut voorsprong op de Belg, niet extra heeft aangezet in de steile afdaling daarna, in de veronderstelling dat Merckx hem zou bijhalen. In plaats daarvan verdubbelt de afstand tussen beide renners de volgende zestien kilometer en Merckx, die op de laatste klim wordt bijgehaald door het peloton, beschuldigt Virenque later van verraad.

De Franse fans zijn onkundig van dit alles terwijl ze Virenque op weg naar St. Flour luid aanmoedigen. Wanneer hij de laatste steile kilometers omhoog langs de vijftiende-eeuwse stadsmuren aflegt en vervolgens winnend over de finish gaat, zijn de toejuichingen oorverdovend. 'Ik had al het gevoel dat dit een goede etappe voor mij zou worden,' zegt Virenque, 'daarom ben ik vóór de Tour het parcours hier al met vier ploeggenoten komen inspecteren.'

Het duurt vijf lange minuten voordat de grote groep van zeventig renners op de steile helling in zicht komt. Op het moment dat Zabel lijkt aan te zetten voor de sprint voor de tweede plaats, geeft de Duitse routinier zijn negenentwintigjarige ploeggenoot van T-Mobile Andreas Klöden de gelegenheid om vóór hem over de streep te gaan en zo de twaalf bonusseconden te pakken. Hierdoor schuift Klöden op naar de dertiende plaats in het algemeen klassement, vier plaatsen voor zijn kopman Ullrich. Zabels geste symboliseert het respect dat zijn ploeg voor Klöden heeft. Dat respect lijkt terecht:

aan het eind van een lange, hete dag toont de sterk rijdende Klöden dat hij goed genoeg is om zijn kopman Ullrich de komende dagen bij te staan... of misschien zelfs wel diens rol over te nemen voor het geval dat grote Jan minder sterk zal blijken dan menigeen denkt. Ullrich, die zegt zich in zijn rol te schikken wanneer een van zijn ploeggenoten sterker blijkt, vindt dat prima; hijzelf komt als vijftiende binnen, achter Voeckler, Armstrong, Basso en Mayo, die zich naar voren heeft gereden, allen in dezelfde tijd.

Hamilton finisht als zesentwintigste, zeven seconden daarna. Het is geen goede dag geweest voor de man uit New England, die wat moedeloos kijkt. 'Ik was waarschijnlijk niet zo geconcentreerd als anders. Wanneer je met emoties kampt, moet je ze de vrije loop laten,' zegt hij, waarbij hij niet duidelijk maakt hoezeer de dood van zijn hond zijn prestatie heeft beïnvloed.

Het is geen knallende 14 juli, ook al is Virenque de veertiende Fransman sinds de Tweede Wereldoorlog die op de nationale feestdag een Tour-etappe heeft gewonnen. Ik hoor van een medewerkster van de vvv van St. Flour dat later op het plein van dit ommuurde, op een heuvel gelegen stadje een feest zal plaatsvinden: popmuziek uit de jaren zestig en zeventig, maar niet het traditionele vuurwerk. 'Dat hebben we gisteravond al gedaan,' vertelt ze. 'We wilden de nachtrust van de renners niet verstoren.'

Hamilton zal desondanks de slaap niet zo snel kunnen vatten.

ETAPPE-UITSLAG *1. Virenque (Frankrijk); 2. Andreas Klöden (Duitsland), op 5:19; 3. Zabel; 4. Mancebo; 5. Voeckler; 6. Armstrong; 11. Mayo; 13. Basso; 15. Ullrich, allen zelfde tijd; 17. Leipheimer, op 5:26; 26. Hamilton, zelfde tijd.*

ALGEMEEN KLASSEMENT *1. Voeckler; 2. O'Grady, op 3:00; 3. Casar, op 4:13; 4. Virenque, op 6:52; 5. Piil, op 7:31; 6. Armstrong, op 9:35; 11. Hamilton, op 10:18; 13. Klöden, op 10:20; 17. Ullrich, op 10:30; 19. Leipheimer, op 10:50; 20. Basso, op 10:52; 50. Mayo, op 15:02.*

Dag 13 Opwarming

15 juli: deze 164 kilometer lange etappe van St. Flour naar Figéac is geen lange, maar het is voortdurend klimmen en dalen, veelal over bochtige wegen. De beklimmingen naar Montsalvy (op vierenzestig kilometer van de eindstreep) en Bagnac (zestien kilometer voor het einde) zullen de uitslag waarschijnlijk bepalen.

Niets smaakt lekkerder dan koel water uit een fontein op een hete dag in een Frans plaatsje. En dit is de eerste hete dag in de Tour van 2004. Het kwik stijgt tegen het eind van de etappe in Figéac tot boven de 32 graden Celsius. Ik zie het bordje met '*Eau Potable*' en laat vervolgens mijn handen vollopen uit een diepe, antieke stenen fontein, waarna ik het water zachtjes naar binnen laat vloeien.

Ik bevind me in het kleine stadje Junhac, waarvan de kunstige fontein met zijn ijzeren hekje een belangrijke rol speelde in de Tour toen die daar in 1959 voor het eerst langskwam. Het was de dertiende etappe. Robert Sergent, die een bar heeft in Junhac, herinnert zich: 'Het was een vreselijk lange etappe.' Robert was indertijd een jongetje van dertien met grote ogen. 'Het was de eerste keer dat ze deze streek aandeden en ze werden verrast door het terrein... ze hadden het goede materiaal, de juiste versnellingen, niet.'

Sergent tapt een paar biertjes in zijn kleine, nette *bar-tabac*, pal tegenover Café de la Place, waar een paar toerfietsers wat zitten te eten onder de parasols die zijn opgesteld op het kleine pleintje naast de fontein. 'Ik kan me precies herinneren wat er in '59 gebeurde,' vervolgt de *patron*. 'Het was nog veel heter dan vandaag. De wegen zinderden in de zon. De etappe leidde omhoog naar Montsalvy, niet via de weg die ze vandaag nemen maar over een andere, veel steilere klim, die begint in het Lotdal bij Vieillevie. Dat was de beklimming waar ze allemaal op stukgingen. Toen ze na de afdaling van Montsalvy door Junhac kwamen, was het peloton uiteengevallen. De kopgroep telde een zestal renners... Anquetil, die de Tour in '57 won... Anglade, die hier uit de streek kwam... Bahamontes, de Spaanse klimmer... en een paar anderen.

Twee of drie minuten later kwam er een renner in zijn eentje de bocht om en stopte opeens bij het fonteintje. Het was Charly Gaul, de kampioen van Luxemburg die het jaar daarvoor de Tour had gewonnen. Hij zette zijn fiets tegen het fonteintje en stak zijn hoofd een paar keer onder de waterstraal. Zijn ploegauto stopte en de chauffeur vulde Gauls aluminium drinkflessen. Toen hij klaar was met drinken, stapte hij op zijn fiets en ik duwde hem op gang.'

'U duwde hem?'

'*Mais, oui.*'

Sergent heeft zijn verhaal waarschijnlijk door de jaren heen tijdens de Tour keer op keer verteld, hoewel hij zegt dat dit pas de derde keer is sinds 1959 dat de koers hier langskomt. Om zijn fonteinanekdote met iedereen te delen heeft hij op straat bij zijn bar een serie foto's in een lijst neergezet: kiekjes van Gaul die zich opfrist, samen met kopieën van kranten- en tijdschriftknipsels over die julidag vijfenveertig jaar geleden. Een oude metalen emmer die naast de fontein staat is dezelfde als die op de foto's.

Ik loop naar de overkant naar Café de la Place. Dankzij de dikke muren is het koel binnen, de stenen vloer ligt er proper bij. Ik praat met een kleine, oudere mevrouw in een schort. Ze is te verlegen om haar naam te zeggen.

Was u hier in '59 en zag u de koers?

'*Oui, oui, oui...*'

Wat zag u?

'Precies hetzelfde als op de foto's te zien is,' zegt ze. 'Ze stopten om zich op te frissen. Ik was zeventien. Er was toen heel wat minder ophef, niet zoals tegenwoordig.'

Het is inderdaad waar dat er eind jaren vijftig niet zo'n enorme en luidruchtige publiciteitskaravaan was. In die tijd was een van de grootste attracties in het Tour-gevolg Yvette Horner, die in een open auto zat en Franse volksliedjes speelde op haar accordeon. Dislier Pasquie herinnert het zich nog. Hij was pas zeven en keek in 1959 toe vanaf de kant van de weg. 'Nu, vijfenveertig jaar later, is er nog steeds dezelfde magie, pure magie,' zegt Pasquie. 'Ik hou van *le Tour.*'

Een deel van die magie kwam van sensationele renners als Charly Gaul, een grootse klimmer die de pedalen nog sneller deed rondgaan dan Armstrong vandaag de dag. Gauls waterstop in 1959 mag hem behoed hebben voor uitdroging, hij won er de Tour niet door. Toen hij weer op weg was gegaan, haalde de herboren Gaul een andere voormalige Tour-winnaar, Louison Bobet, bij, en samen reden ze de resterende stijgende en dalende achtenveertig kilometer van die etappe uit. Ze kwamen in Aurillac aan met twintig minuten achterstand op de kopgroep, waar Federico Bahamontes in zat. Zonder die twintig minuten achterstand zou Gaul tweede zijn geworden in het eindklassement, achter Bahamontes. Misschien had hij de Spanjaard zelfs wel kunnen verslaan...

* * *

Montsalvy en Junhac liggen vandaag allebei op de route. Maar dat is dan ook de enige overeenkomst tussen deze 163 kilometer lange etappe van St. Flour naar Figéac en die beslissende dag bijna een halve eeuw geleden.

In 1959 leidden aanvallen tijdens de eerste beklimmingen tot een kopgroep die de ravitailleringsposten bereikte met zo'n twee minuten voorsprong op de achtervolgers, onder wie zo'n beetje alle favorieten. Het zeventig man tellende peloton daarachter was al kansloos. Gedurende die hele, zes uur durende etappe vonden er aanvallen en tegenaanvallen plaats, waarna de plaatselijke favoriet Henry Anglade uiteindelijk de etappewinst greep. De gemiddelde snelheid die dag bedroeg ruim vijfendertig kilometer per uur.

Terug naar de korte etappe van vandaag. Geen van de vele aanvallen in de eerste uren heeft een voorsprong van meer dan tien seconden opgeleverd. De reden is dat de Postal-ploeg van Armstrong bij iedere uitbraak een gevaarlijke concurrent weet en zijn superioriteit toont door ze allemaal terug te halen. Uiteindelijk laten ze een ontsnapping van twee Spanjaarden, Juan Antonio Flecha en Martinez, en een Fransman, David Moncoutié, gaan. Die drie bereiken Junhac met zeven minuten voorsprong op de grote groep, waarbij ze de eerste twee uur het verbijsterende gemiddelde van ruim zesenveertig kilometer per uur hebben aangehouden. En geen van de renners neemt de tijd om zich onder het fonteintje op te frissen...

* * *

Charly Gaul stopte op die hete dag niet alleen bij die fontein om zijn dorst te lessen, maar ook vanwege het serieuze gevaar van uitdroging. Min of meer ernstige dehydratie kan tot afdrijving van belangrijke zouten als kalium en natrium leiden. En vitale organen als de nieren, de hersenen en het hart hebben vocht en zouten nodig om goed te functioneren. Gauls eenvoudige manier om uitdroging te voorkomen was effectief en zorgde ervoor dat hij in de wedstrijd bleef. Tegenwoordig worden tijdens de gewone etappes bidons met water vanuit de ploegwagens verstrekt, terwijl speciaal geëquipeerde motorrijders flessen koel water bij zich hebben die de renners kunnen pakken. Dat is niet het geval tijdens tijdritten. Toen Lance Armstrong tijdens de Tour van 2003 te maken kreeg met uitdroging, kostte hem dat bijna de eindoverwinning. Het overkwam hem tijdens een lange tijdrit op een zinderend warme dag toen hij letterlijk zonder water kwam te zitten. 'De eerste aanwijzing dat er iets fout zat, kreeg ik toen ik nog maar drie of vier kilometer op weg was,' weet hij nog. 'Mijn mond was kurkdroog en ik dacht: o, nee! Ik had maar één bidon en ik wist dat er een lange weg te gaan was. Ik zat nog maar vijf minuten in het zadel en ik kon de hele fles al wel leegdrinken. Ik weet nog dat ik dacht: ik kan maar beter heel mondjesmaat drinken.'

Toch kwam Armstrong flink kracht tekort, vooral tijdens de twee korte klimmetjes in de laatste fase, en hij ging over de streep met zoutkorsten om zijn mond. Hij moest zesendertig seconden toegeven op Ullrich, zijn grootste nederlaag in een tijdrit sinds zijn comeback na de kanker. Ullrich had in het algemeen klassement nu nog maar vierendertig seconden achterstand op Armstrong, en 2003 werd Armstrongs moeilijkste Tour-zege. De heersende kampioen was zo bezorgd over wat er die dag gebeurde dat hij die winter samen met zijn coach Chris Carmichael het probleem van de uitdroging nauwgezet analyseerde. Het leverde een aantal antwoorden op.

'Wat er écht aan de hand was, was dat ik al vanaf het begin van de Tour, of misschien nog wel eerder, aan chronische uitdroging leed,' vertelt Armstrong me. 'Het gebeurde niet van het ene moment op het andere. Ik dronk de hele dag door water, en toch was er sprake van uitdroging. Mijn blaas had genoeg vocht, maar mijn cellen niet...' Armstrong denkt dat het probleem misschien een gevolg was van de platinatherapie die hij tijdens de behandeling tegen kanker eind 1996 onderging, maar helemaal zeker is hij niet.

Coach Carmichael heeft een andere verklaring. Hij denkt dat zijn pupil zichzelf in de problemen heeft gebracht tijdens de Dauphiné Libéré, de achtdaagse voorbereidingskoers die Armstrong een week voor de Tour op zijn naam bracht. 'Het probleem van de uitdroging speelde al sinds de Dauphiné,' stelt Carmichael. 'Het was een uitzonderlijk zware koers, en het was uitzonderlijk warm. Terugkijkend had Lance niet moeten proberen om die koers te winnen... Hij ging heel diep voor de eindzege – dat was te zien op een hartslagmeting na de wedstrijd. Hij had zich helemaal leeggezweet.

Normaal gesproken zou hij na de Dauphiné in een zuurstofarme tent slapen,' zegt Carmichael. Die worden door de meeste topsporters gebruikt om een hoogte van zesduizend meter te simuleren, om zo het lichaam nieuwe rode bloedlichaampjes te laten aanmaken – hetzelfde wat EPO, maar dan onreglementair, doet. 'Maar het slapen in een zuurstofarme omgeving was niet verstandig,' geeft Carmichael nu toe. 'Dat zei mijn gevoel, maar achteraf praten is makkelijk. We moesten juist weer kracht terugwinnen, want we zochten in de periode tussen de Dauphiné en de Tour naar de twee procent extra in de vorm van Lance. Dat lijkt niet veel, maar op een klim van een uur is dat het verschil tussen aanvallen en aangevallen worden.'

In die paar weken trainde Armstrong door voor de Tour van 2003 en sliep hij in een zuurstofarme tent. 'Maar in werkelijkheid,' zegt Carmichael, 'zou er in die periode niets gebeuren. Hij was alleen maar catabolisch. Hij had roofbouw op zichzelf gepleegd. Als een sporter fysiek te veel van zichzelf vergt... dan trekt hij het niet meer. En dat was er aan de hand. Zijn lichaam reageerde niet meer. Het laatste wat je wilt is om in de twee weken voorafgaand aan de Tour helemaal niets meer te doen. Maar dat had hij wel gemoeten.'

Carmichael denkt dat Armstrongs lichaam geen vocht meer kon opnemen omdat hij fysiek niet herstelde, en dat probleem manifesteerde zich tijdens de Tour-tijdrit in Zuid-Frankrijk.

Vanwege dat alles deed Armstrong niet mee aan de Dauphiné van 2004, wat wellicht verklaart waarom zowel Mayo als Hamilton hem zo makkelijk versloeg tijdens de beklimming van de Mont Ventoux. Nu, tijdens deze Tour, heeft het koele weer van de eerste dagen ertoe bijgedragen dat de kampioen die 'twee procent' verbetering waar coach Carmichael naar streefde, heeft bewerkstelligd. Daardoor zal Armstrong in topvorm zijn wanneer de Tour de bergen bereikt. Ze zullen het beiden binnenkort weten, wanneer de veertiende etappe door de Pyreneeën voert.

* * *

Tijdens de etappe naar Figéac – wanneer Flecha, Martinez en Moncoutié bij het ingaan van de laatste vierentwintig kilometer nog een voorsprong van acht volle minuten hebben – heeft Armstrong iets anders aan zijn hoofd. Hij is geërgerd vanwege een incident dat die morgen plaatsvond toen hij het hotel in Issoire verliet. Een Franse televisieploeg werd aangetroffen bij het filmen van zijn kamer, misschien op zoek naar 'bewijzen' van doping, zoals ze in 1999 deden met de afvalzakken.

Later die dag komt er verontrustender nieuws. Het Parijse dagblad *Le Monde* zal een interview publiceren met de eerste Amerikaanse Tour-winnaar, Greg LeMond. Het interview staat al op de website van de krant. Een van de vragen aan LeMond gaat over een telefoongesprek tussen hem en Armstrong, waarover LeMonds vrouw Kathy in het boek *LA Confidentiel* vertelt. LeMond beweert in het interview dat, hoewel hij zich toen de dopingkwestie in alle hevigheid losbarstte niet bepaald geestdriftig en eenduidig achter de Texaan had geschaard, Armstrongs telefoontje als een schok voor hem kwam. 'Hij was heel agressief en bijzonder bedreigend,' zegt LeMond. 'Lance zei dat ik de Tour niet zou hebben gewonnen zonder EPO. Dat is heel vals, aangezien er in die tijd [1986] niet eens EPO circuleerde.' Waar hij aan toevoegt: 'Lance zegt dat ik de enige Tourwinnaar ben die niet achter hem staat. De eerste keer dat Lance de Tour won, was ik een grote fan van hem. Maar met alle verhalen die de ronde doen, is het moeilijk om hem te blijven steunen.' Een paar dagen later zegt Armstrong wanneer hem wordt gevraagd om een reactie op LeMonds uitlatingen: 'Het is het beste als ik... niets zeg. Het is niet goed wat hij heeft beweerd.'

* * *

Op dit moment rijden Armstrong en zijn ploeg comfortabel in het peloton, over het heuvelachtige parcours richting Figéac. Daarvóór, met nog altijd enkele minuten voorsprong, probeert Flecha weg te komen bij zijn twee medevluchters, door op een korte klim zo'n tien kilometer van de finish een verrassingsaanval te plaatsen. Moncoutié reageert onmiddellijk – en gaat alleen weg. De negenentwintigjarige Parijzenaar, die op zo'n uurtje afstand van Figéac woont, heeft het parcours vele malen verkend en zal aan de meet uiteindelijk twee minuten op de Spanjaard hebben. Een schitterende overwinning, en de tweede voor Frankrijk in twee dagen.

Ondertussen heeft Armstrong zijn ploeg opgedragen om op kop van het peloton te gaan rijden. Ze jagen de heuvel af de stad in, waarna ze via een oude stenen brug de snelstromende rivier Celé overgaan en dan aanzetten voor een korte beklimming naar de finish. Deze sterke teamprestatie is een goede repetitie voor de volgende dag, wanneer Armstrongs acht ploeggenoten tijdens de eerste echte bergetappe in de Pyreneeën sterk en gedisciplineerd zullen moeten rijden. Alle deelnemers denken al aan die bergen. Hamilton hoopt dat zijn rug het zal houden, Ullrich dat hij beter zal klimmen dan onlangs in Zwitserland, en Armstrong dat het niet al te warm zal zijn en hij geen problemen met uitdroging zal krijgen.

Het peloton komt in Figéac aan met zes minuten achterstand op Moncoutié, wiens allereerste etappewinst in de Tour iets heel bijzonders is. Hij is door het dolle van vreugde. Niet alleen voor zichzelf, maar vooral voor zijn door schandalen geplaagde ploeg, Cofidis. Moncoutié is geen man van excessen. Hij traint hard, fietst hard en doet niets wat verboden is. Zijn overwinning is er een waar de hele wielersport zich in kan verheugen. Vooral de plaatselijke oudjes, voor wie er weer een lokale held is opgestaan. Er zal in Junhac ongetwijfeld een feestje gebouwd worden, en Robert Sergent schenkt voor zijn uitgelaten klanten iets sterkers dan *eau potable*, terwijl hij hun toevertrouwt: 'Ik weet nog wat er toen in '59 gebeurde.'

ETAPPE-UITSLAG *1. David Moncoutié (Frankrijk); 2. Juan Antonio Flecha (Spanje), op 2:15; 3. Eloi Martinez (Spanje), op 2:17; 4. Hushovd, op 5:58; 5. Zabel, zelfde tijd.*

ALGEMEEN KLASSEMENT *1. Voeckler; 2. O'Grady, op 3:00; 3. Casar, op 4:13; 4. Virenque, op 6:52; 5. Piil, op 7:43; 6. Armstrong, op 9:35; 11. Hamilton, op 10:18; 13. Klöden, op 10:20; 17. Ullrich, op 10:30.*

Dag 14 Waar adelaars vliegen

16 juli: de eerste etappe met de finish bergop begint in Castelsarrasin en is 197,5 kilometer lang. Het eerste gedeelte bestaat uit een lang, vlak traject door het agrarische gebied van Gascogne, alvorens de Pyreneeën worden bereikt. Daar staan twee beklimmingen te wachten: de Col d'Aspin na ruim 171 kilometer, en een steilere naar de finish in La Mongie.

Opeens, na bijna honderd kilometer koers, komt het peloton over een lage heuvelrug met uitzicht over een veld met gemaaide tarwe en zien de renners voor het eerst in de verte de gevreesde contouren: de Pyreneeën! Deze legendarische bergketen, die zich zonder onderbreking uitstrekt van de Middellandse Zee tot de Atlantische kust, omvat een prachtig onontgonnen gebied waar nog beren, steenbokken en adelaars voorkomen. Vandaag lijken de nog ver verwijderde, ruim drieduizend meter hoge besneeuwde toppen minuscuul klein onder de enorme donkere wolken die dreigend komen opzetten. We kunnen al dunne bliksemschichten en zwarte regensluiers zien. Deze etappe, die in het landelijke Gascogne van start ging in een hittegolf, zal hoog in de Pyreneeën ongetwijfeld eindigen onder zware weersomstandigheden.

Tot 1910 zagen Tour de France-pioniers deze bergen alleen vanuit de verte. Toen zei Alphonse Steinès, een sportverslaggever van *L'Auto*, tegen zijn hoofdredacteur Henri Desgrange dat een etappe over de hoogste passen in de Pyreneeën de koers enorm aan populariteit zou doen winnen. 'Ben je gek geworden?' antwoordde Desgrange. 'Wil je de renners over wegen laten gaan die niet eens bestaan?'

Desgrange had wel een beetje gelijk. De geitenpaden die er waren, lagen het grootste deel van het jaar onder de sneeuw, en de wel begaanbare 'wegen' waren slechts paden met een strook gras in het midden. Maar Steinès was koppig. Op een winterdag nam hij de nachttrein vanuit Parijs, huurde een auto met chauffeur en reed de bergen in. Hij ging zo ver als de auto de Tourmalet op kon, de hoogste Pyreneeënpas, en liep vervolgens in het duister tussen viereneenhalve meter hoge sneeuwbanken door om aan te tonen dat er wel degelijk een weg bestond. Toen Steinès bij terugkeer in Parijs nog enthousiaster was dan bij zijn vertrek, stemde Desgrange met tegenzin in met de plannen van zijn medewerker. Hij kondigde aan dat de Tour van 1910 de Tourmalet en andere hoge passen in de Pyreneeën zou omvatten.

Dit plan leek zes maanden later nog steeds even krankzinnig toen drieënzestig renners vóór het ochtendkrieken in Luchon op weg gingen voor een etappe van 344 kilometer. Het ging meteen de hoogte in, eerst over de Peyresourde en de Aspin, die nog wel te doen waren. Maar het leeuwendeel van het veld moest op de twee reuzen die volgden, de Tourmalet en de Aubisque, met de fiets aan de hand naar boven – en toen waren er nog zo'n 160 kilometer te gaan tot de finish in Bayonne. Negenendertig moedige kerels volbrachten de afmattende etappe, en ritwinnaar Octave Lapize, kwaad vanwege wat hij omschreef als een onmenselijke koers, zei: 'Desgrange is een moordenaar!' Moordenaar of niet, Desgrange en Steinès hadden een formule uitgedokterd die hun koers veranderde van hooguit heroïsch in mythisch.

* * *

Er is drie uur gekoerst en de eerste beklimming, de Aspin, is nog maar tweeëntwintig kilometer ver weg, wanneer de zon plaatsmaakt voor de regen die zich al had aangekondigd. Aanvankelijk zijn het sporadische dikke druppels, vervolgens begint het gestaag te regenen en tegen de tijd dat de ploegen van Armstrong en geletruidrager Voeckler het compacte peloton aan de voet van de Col d'Aspin aanvoeren, is het een compleet noodweer. De weg verandert in een rivier. De dikke rijen toeschouwers die langs het eerste gedeelte van de beklimming staan, veranderen in een bontgekleurde wal van parka's, regencapes en paraplu's. Een koers die grillig was wordt van het ene moment op het andere meedogenloos.

De Postal-ploeg negeert de zondvloed en draait op volle toeren. Armstrong dirigeert zijn mannen naar voren om het hoge tempo aan te geven waar ze tijdens trainingskampen aan werken en dat ze in ploegentijdritten perfectioneren. Ze rijden zó hard dat de concurrentie veeleer met moeite probeert te volgen dan dat er gretige vluchtpogingen worden ondernomen. De Amerikanen Hincapie en Landis maken het tempo, gevolgd door hun ploeggenoot Rubiera, die gereed is om over te nemen wanneer de eerste twee het niet meer kunnen volhouden. Pal daarachter volgt Armstrong, blij dat hij eindelijk zijn benen een beetje kan opwarmen op een echte beklimming, terwijl zijn Portugese troef Azevedo oplettend in het wiel van zijn kopman rijdt en hem beschermt tegen het gepeupel, alsof hij de presidentiële limousine escorteert. En de andere vier Postal-renners? De Russische oudgediende Ekimov en het Tsjechische krachtmens Padrnos hebben eerder die dag al hun werk gedaan door op het ruim 140 kilometer lange vlakke gedeelte voorafgaand aan de beklimming kopwerk te verrichten. De andere twee, de Spanjaarden Beltran en Noval, hebben ook bijgedragen aan het tempo tijdens het vroege gedeelte en zijn pas teruggevallen toen Hincapie het gaspedaal intrapte.

Maar het is geen schande om op deze uitzonderlijk zware klim niet mee te kunnen met de besten. Behalve de twee Postal-renners behoren tot de 'al gelosten' de winnaar van de etappe van gisteren Moncoutié en zijn Australische ploeggenoot O'Grady, net als de voormalige drager van de bolletjestrui Bettini en de Bask Landaluze, die bijna de etappe naar Guéret op zijn naam bracht.

Toen Octave Lapize in 1910 voor het eerst de Aspin beklom, had hij waarschijnlijk ongeveer een uur nodig om zijn veertien kilo zware fiets zonder versnellingen de slingerende klim van bijna dertien kilometer – met een maximaal stijgingspercentage van tien en een totaal hoogteverschil van 785 meter – op te sleuren. Het record tot vandaag is in handen van Virenque. Hij deed de beklimming in tweeëndertig minuten en dertig seconden (32:30) tijdens een beslissende ontsnapping in de Tour van 1995. Vandaag echter zullen Hincapie en de vijftig renners in zijn kielzog de klus klaren in 30:10! Hetgeen verklaart waarom de enige die uit de greep weet te blijven van de door Postal aangedreven machine, de magere Deen Rasmussen, op de top maar vijf seconden voorsprong heeft. In een andere koers zou zijn enorme inspanning hem een voorsprong van ten minste één of twee minuten hebben opgeleverd. Maar al die moeite voor vijf seconden? Niet

moeilijk in te zien dat het weinig zinvol lijkt – of liever gezegd bijzonder onverstandig – voor Armstrongs tegenstanders om hem hier
op deze plaats aan te vallen.

* * *

Het begint steeds harder te regenen wanneer Rasmussen aan de afdaling begint, met eerst een paar scherpe bochten door een dicht
bos met naaldbomen. Dalen bij zulk noodweer kan hachelijk zijn.
Niet alleen bestaat er door de gladheid kans op valpartijen, bij zulke
weersomstandigheden staat het lichaam bloot aan andere, even ernstige gevaren. Rasmussens kopman herinnert zich een eigen 'rege-
nervaring' tijdens de Catalaanse Week in Spanje. Het ene moment
reed hij in het zonnetje over een heuvel, het volgende moment stak
een noodweer op. 'Tijdens de afdaling deed de slagregen zo'n pijn
dat ik met mijn handen de luchtgaten in mijn helm afschermde,'
zegt Leipheimer, die kaal is. 'Toen ik beneden aankwam, weigerden
mijn benen gewoon dienst. Zo koud heb ik het nog nooit gehad op
de fiets. Ik trilde zo hevig dat ik er niet meer mee kon ophouden.
Mijn kaken waren verkrampt, ik kon mijn mond niet meer openen.
Mijn tanden klapperden niet gewoon, ze drilden. Ik kon er niet mee
ophouden. En mijn benen waren ijskoud, bijna onderkoeld.'
    Tijdens de afdaling van de Aspin is het niet zó koud, maar de
temperatuur is meer dan vijftien graden gedaald. Het was ruim dertig graden voor het bereiken van de Aspin, en nu is het zo'n vijftien
graden. Van zo'n temperatuursdaling heeft de een meer last dan de
ander – Armstrong rijdt altijd sterk in de kou en de regen, Ullrich
niet. Ook reageren renners anders op de combinatie van natte wegen en een snelle afdaling. De meesten van hen nemen het zoals het
komt, zoals alle beproevingen die ze iedere dag moeten ondergaan.
Maar er zijn er die het ronduit gevaarlijk vinden, weer anderen zien
er een mogelijkheid in om in de aanval te gaan.
    Rasmussen, die alleen op kop rijdt, heeft het voordeel dat hij een
goed uitzicht heeft in de regen en in de bochten de ideale lijn kan
kiezen. Terwijl zijn voorsprong oploopt tot vijfentwintig seconden,
besluiten Armstrong en zijn vier ploeggenoten gas terug te nemen.
Ze willen geen valpartij riskeren. Dat geldt niet voor Mayo, die altijd al een behendig en onverschrokken daler is geweest. De kopman

van Euskaltel hoopt de etappe van vandaag te winnen ten overstaan van een geschatte zestigduizend mede-Basken, die hier per bus en auto naartoe zijn gekomen om hun favoriet te steunen, dus glipt hij in gezelschap van een zestal anderen weg bij de groep-Armstrong. Tot dat zestal behoren, verbazingwekkend genoeg, ook Ullrich en zijn ploeggenoot bij T-Mobile Klöden, samen met een moedige Voeckler. Waarom nemen ze zo'n groot risico? Als je Armstrongs ploeg bergop niet kunt verslaan, blijft dan alleen aanvallen bergaf nog over?

Op een weg vol zand en kleine steentjes pakt de groep van Mayo al snel zo'n driehonderd meter op die van Armstrong. De potentiële dreiging voor de Amerikaan neemt af wanneer T-Mobile beseft dat het gat klein is en niet groeit, en dat deze inspanning haar tol zal eisen tijdens de laatste beklimming. Eerst komt Klöden overeind, dan Ullrich, om op de Postal-renners te wachten. Mayo en de anderen volgen hun voorbeeld. En Hamilton, die op de Aspin een grotere achterstand had dan verwacht mocht worden, heeft zich stilletjes naar voren gewerkt in de groep-Armstrong. Misschien hoopt hij door voor in de groep aan de laatste beklimming te beginnen, meer kans te maken op een hoge klassering.

Beneden in het dal, vlak voor de renners het plaatsje Ste. Marie-de-Campan binnenkomen, rijdt Rasmussen nog steeds vooruit, terwijl alle andere groepen vluchters steeds weer terugvallen in de vijftig man sterke groep. De finish is nog zo'n dertien kilometer ver, een stuk de Tourmalet op, in het skioord La Mongie.

Wanneer de laatste beklimming begint zijn alle grote namen – Armstrong, Ullrich, Hamilton, Basso en Mayo – bij elkaar. Voor ieder van hen komen een jaar van planningen, maanden van trainen, weken van koersen en dagen vol spanning in het volgende halfuur tot een climax. Zijn ze er klaar voor?

* * *

De beklimming naar La Mongie is niet bijzonder lang (na een makkelijk gedeelte beneden in het dal duurt de klim zelf maar zo'n acht kilometer) en niet bijzonder moeilijk (grotendeels brede, rechte stukken), maar het is wel steil, met een gemiddeld percentage van negen op dat laatste stuk van acht kilometer. Het is de tweede keer in drie jaar dat hier de finish van een Tour-etappe is. De vorige keer was het ook de finish van de eerste bergetappe en de ploeg die de grote groep toen aanvoerde was Postal. En net als toen is het een gemotiveerde Hincapie die het tempo aangeeft. 'Ik ben trots dat ik de enige in de ploeg ben die Lance tijdens al zijn Tour-overwinningen heeft bijgestaan,' laat hij me weten. 'Dat is een grote eer.'

Ter voorbereiding op de lange inspanningen op steile hellingen zoals deze, maakt Hincapie flinke trainingsritten in de bergen in de omgeving van zijn twee huizen: Greensboro, North Carolina en Gerona, Spanje. En dan zijn er nog de speciale trainingskampen, zoals Hincapie in mei in de Pyreneeën had belegd, samen met Armstrong en nog een paar ploeggenoten. 'Wanneer je in de aanloop van de Tour dit soort beklimmingen doet als training,' zegt hij, 'dan denk je: waarom doe ik dit? Maar dan begint de Tour de France en betaalt al dat harde werken zich uit als je je goed voelt tijdens een klim.'

Op dit moment voelt de lange, magere Hincapie zich goed, ondanks de zware regen. Hij en Landis doen hetzelfde als op de Aspin, tempo maken terwijl Armstrong redelijk comfortabel in hun wiel zit. Het gaat te hard om de anderen ook maar aan een aanval te laten denken. En wat is Armstrong van plan? 'We zijn van start gegaan met de bedoeling om vandaag te winnen,' zegt hij.

Hamiltons doel voor vandaag is minder hoog gegrepen. Hij wil alleen maar overleven. 'Bij de eerste beklimming was ik niet zo goed. Ik voelde me leeg, geen kracht meer. Ik weet ook niet precies waarom.' Dat gevoel komt weer terug tijdens deze laatste beklimming naar La Mongie. Naarmate het steiler wordt, zakt Hamilton langzaam terug in de groep. Via de zender laat hij zijn ploegleider Alvaro Pino weten dat hij niet goed is en dat de ploeggenoten die zich sterker voelen zo lang mogelijk met de groep mee moeten proberen te komen. Uiteindelijk kan Hamilton op ruim zes kilometer van de finish het tempo niet meer volhouden.

Hamilton gelost! Van dat dramatische bericht wordt met verbazing kennisgenomen. Zijn fans zijn verbijsterd, journalisten in de persruimte springen op en televisieverslaggevers slaan op tilt. 'Ik kreeg geen kracht meer uit mijn onderrug,' zal de man uit New England later verklaren. 'En tijdens het klimmen gebruik je je onderrug veel. Als ik op de pedalen sta, kan ik niet veel kracht zetten. Ik ben niet goed, dat is wel zeker. In de Dauphiné voelde ik me tien keer beter. Het is treurig dat ik niet lekker in mijn vel zit... Het leek misschien alsof ik niet mijn best deed, maar ik ging honderd procent voluit. Mijn ploeggenoten weten dat.'

Hamilton, die een zwarte band om zijn bovenarm draagt ter nagedachtenis aan Tugboat, voegt daaraan toe: 'Ik denk veel aan hem. Ik ben helemaal ondersteboven van dat verlies... Maar dat is geen excuus... het zijn de benen, de benen willen niet.'

Op weg naar boven trapt hij zo hard als hij kan, maar hij weet dat zijn droom om deze Tour te winnen plotsklaps is vervluchtigd. Zijn Spaanse ploeggenoot Perez blijft bij zijn geblesseerde kopman. Hij zal Hamilton naar de finish brengen en diens achterstand beperken, in de hoop dat hij zich morgen beter zal voelen.

* * *

Na Hamilton moeten twee andere 'namen' lossen: geletruidrager Voeckler en de drager van de bolletjestrui, Virenque. Hincapies tempo is te hoog voor de twee Fransen, die beiden vóór de top door Hamilton zullen worden ingehaald. Intussen laat de zon zich weer zien en Hincapie en Landis komen overeind omdat hun taak erop zit. Om krachten te sparen teneinde morgen hetzelfde werk te kunnen verzetten, schakelen ze terug naar toersnelheid en beginnen een praatje, zonder zich erom te bekommeren dat ze tien minuten achterstand zullen hebben. Nu is het aan Rubiera om het tempo aan te geven.

Terwijl de Postal-renners elkaar aflossen, ziet Basso's CSC-ploeggenoot Carlos Sastre dat de dappere Rasmussen, die inmiddels al zo'n vierentwintig kilometer vooruit rijdt, op het punt staat om bijgehaald te worden. Sastre weet dat dit het perfecte moment is om eroverheen te gaan. Renners die net een vluchter hebben bijgehaald, laten de teugels even vieren wanneer hun doel bereikt is, niet bereid om meteen weer een jacht te beginnen.

Sastres tactiek is verstandig. Maar hij heeft niet gerekend op een versnelling van Rubiera die Sastres poging onschadelijk maakt en een onverwacht gevolg heeft: Ullrich moet lossen!

De grote Duitser hapt naar adem. Zijn gestage pedaalslagen lijken moeizamer dan ooit. De verslaggevers gaan nu helemaal uit hun dak. Eerst Hamilton, nu Ullrich, en Armstrong heeft zich nog niet eens vooraan gemanifesteerd. De Duitser heeft evenwel geen rug-blessure, hij is zelfs niet gevallen tijdens deze Tour. Niemand kan er een verklaring voor geven.

'Ik wist al op de Aspin dat ik een slechte dag had,' vertelt Ull-rich de verslaggevers later. 'Aan de voet van de beklimming was het erg warm, maar boven daalde de temperatuur snel. Ik kreeg het erg koud en mijn benen waren zwaar door de regen. Maar ik was niet de enige die het moeilijk had, dus dat is geen verklaring, laat staan een excuus.'

Toen hij merkte dat hij een slechte dag had, zei Ullrich tegen zijn vriend Klöden dat hij moest proberen zo lang mogelijk met de voor-sten mee te komen. Zijn ploeggenoot had daar wel oren naar. Met nog zo'n vijf kilometer te klimmen – Rasmussen wordt bijgehaald en meteen achtergelaten – maakt Azevedo tempo voor Armstrong, met vlak achter hem Klöden, en Basso en Sastre van CSC. De andere renners die tot dan toe mee hebben kunnen komen, zijn de Rus De-nis Menchov en vier Spanjaarden: Mancebo, het duo Gonzales en Pereiro van Phonak, en Mayo. In plaats van een van zijn flitsende aanvallen te plaatsen kan Mayo alleen maar aanklampen. 'Toen US Postal het tempo opschroefde begreep ik algauw dat ik geen goede benen had.' En wanneer Sastre weer een aanval probeert, blijft Mayo achter in de groep hangen, niet in staat om gehoor te geven aan het massaal gescandeerde 'Aupa!' uit de monden van zijn Baskische fans, gehuld in oranje T-shirts.

Als Sastre op vier kilometer van de finish versnelt, moet Azevedo laten gaan, zodat Armstrong er nu alleen voor staat. Mancebo, de kampioen van Spanje, voelt zich sterk en gaat achter Sastre aan. Armstrong springt meteen in zijn wiel, hoewel, zegt hij, 'ik in La Mongie nooit goed ben'. Hij moet denken aan 2002, toen zijn ploeg-genoot Roberto Heras deed wat Azevedo vandaag heeft gedaan. 'De hele klim moest ik tot het uiterste gaan. Vandaag hetzelfde.' Het ver-schil tussen de Texaan en zijn concurrenten is dat Armstrong zelfs op een slechte dag nog beter is dan zij. Dat wordt al snel duidelijk. Terwijl Sastre nog tien seconden voorsprong heeft, springt Man-cebo weg, gevolgd door Basso en vervolgens Klöden. Armstrong slaat het gade, komt uit het zadel en rijdt ze vervolgens alledrie voor-bij. Alleen Basso is in staat om in het wiel van Armstrong te blijven wanneer de winnaar van de voorafgaande jaren het gat met Sastre dichtrijdt. Nu is het Armstrong tegen twee renners van CSC. Het is moeilijk om te zeggen wie er zal winnen.

De tactiek van CSC-ploegleider Bjarne Riis lijkt briljant. Nooit eerder moest Armstrong het zo dicht bij de finish van een bergetappe opnemen tegen twee renners van een en dezelfde concurrerende ploeg. Basso zegt dat Riis hem heeft geleerd hoe hij in zo'n situatie kalm moet blijven, en hoe de koers 'aan te voelen'. 'Ons trainingskamp voor de Tour in Toscane was fantastisch,' voegt de Italiaanse renner daaraan toe. 'Bjarnes huis daar was onze basis. Dat gaf me veel vertrouwen. Ik was klaar voor de Tour.'

Riis legt uit dat zijn methode moet aanslaan bij al zijn renners en hun niet alleen vertrouwen moet geven maar ook hun moraal moet vergroten. 'Iedere renner in je ploeg is weer anders,' zegt hij. 'En als je niet de tijd neemt om ze echt te coachen en op hún manier te motiveren, haal je niet het beste uit hen boven. Daar besteed ik een beetje meer tijd aan dan andere ploegleiders. Bij iedere renner.'

Met nog zo'n tweeëneenhalve kilometer te rijden, terwijl de mannen aan kop door een lawinetunnel rijden waar duizenden schreeuwende Basken nog hoop hebben dat Mayo terug kan komen, moet Sastre lossen. Nu komt Basso naar voren om Armstrong te tonen dat hij nog sterk is. Misschien kan de Texaan écht niet harder.

Basso en Armstrong, die sinds een paar jaar bevriend zijn, doen allebei kopwerk om zoveel mogelijk tijd te winnen op hun achterblijvende concurrenten. Basso heeft al twee jaar geen noemenswaardige koers gewonnen en wil dat vandaag heel graag veranderen. Het zou een van de belangrijkste overwinningen in zijn carrière zijn. Met nog ruim tweehonderd meter te gaan neemt hij de kop weer over terwijl het stijgingspercentage op dit stuk brede weg zo'n tien procent bedraagt. Toen Armstrong hier in 2002 won, hoefde hij niet te sprinten; hij had zeven seconden voorsprong op nummer twee. Misschien kan hij er nog een sprintje uitgooien – maar hij doet het niet. Hij houdt een paar meter afstand en kijkt toe hoe Basso triomfantelijk zijn armen in de lucht steekt wanneer hij in de stralende zon over de eindstreep gaat. Op de achterkant van Basso's shirt staat het gevleugelde symbool van zijn ploegleider Riis, die als actieve renner de bijnaam 'de Adelaar' had.

* * *

Armstrong is naar de tweede plaats in het algemeen klassement geklommen, nog maar 5:24 achter Voeckler, die vleugels lijkt te hebben gekregen. Basso is nu zesde, terwijl Klöden inmiddels de vijfde plaats bezet, beiden in dezelfde totaaltijd, iets meer dan een minuut achter Armstrong. 'Ivan was super vandaag, hij was heel sterk,' zegt de Texaan, die bekendmaakt dat hij en zijn stichting Basso's moeder bijstaan in haar gevecht tegen kanker. 'Het was nogal aangrijpend dat ik hier met Ivan reed. We doen wat we kunnen voor zijn moeder. Daar hebben we het de afgelopen tien dagen over gehad, niet over de koers.'

Een opgetogen Basso maakt zijn opwachting voor de huldiging, gaat als etappewinnaar naar het podium, praat in televisie- en radiomicrofoons en staat ten slotte de schrijvende pers te woord in de persruimte. 'Ik denk dat Lance me de overwinning geschonken heeft,' zegt hij, 'omdat mijn moeder in het ziekenhuis ligt met kanker. Maar Lance is nog steeds de sterkste renner in de koers.' Terwijl Basso praat rijdt Armstrong rustig bergopwaarts door het skioord, richting Tourmalet. Een paar kilometer onder de top wacht de auto van de ploeg op hem, zodat hij snel weg kan komen. Hij en zijn ploegleider Bruyneel zullen de pas overgaan en vervolgens afdalen naar Lourdes, op weg naar het hotel waar de ploeg verblijft, niet ver van de startplaats van morgen.

Ik krijg Armstrong in het oog terwijl hij over de steile weg omhoogrijdt. Terwijl ik achter hem aan begin te rennen in de ijle lucht op ruim 1800 meter hoogte, realiseer ik me weer waarom hij en de meeste andere renners in zuurstofarme tenten slapen, zelfs tijdens de Tour. Het toegenomen zuurstofgehalte in hun bloed komt op deze hoogte goed van pas.

Armstrong staat al een paar televisieverslaggevers te woord wanneer ik buiten adem bij hun ploegauto aankom. De zware inspanningen van vandaag hebben hem getekend. Er zitten modderspatten op zijn gezicht, afkomstig van achterwielen op de overstroomde wegen op de Aspin. Zijn wangen lijken nog meer ingevallen dan anders. Hij hijgt een beetje, moet weer op adem komen, want, zoals hij zegt: 'Het was een zware dag, vooral met dat weer – de hittegolf, toen het noodweer, nu weer zon. Maar voor het algemeen klassement is het geweldig, Voor mij zijn Ullrich en Hamilton de grootste verrassingen. Ik had niet gerekend op deze uitslag. Maar Jan heeft altijd moeite tijdens de eerste bergetappes. Vandaag heeft hij misschien een pak slaag gekregen, maar hij komt altijd terug, en gedurende de laatste week zal hij weer sterk zijn. Morgen zullen we wel merken hoe hij ervoor staat.'

Verderop probeert Ullrich bij de camper van T-Mobile aan de Duitse verslaggevers uit te leggen wat er is gebeurd, waarom hij tweeëneenhalve minuut heeft verloren tijdens deze eerste bergetappe. Terwijl hij aan het woord is komt Klöden eraan. Niemand heeft oog voor hem. Hij zet zijn fiets neer en gaat de camper in. Hij mag vandaag dan als derde zijn binnengekomen, twee minuten vóór zijn kopman, nog steeds noemt hij zichzelf knecht.

Buiten voor Hotel La Crête Blanche beantwoordt Phonak-ploegleider Pino onze vragen. 'De ploeg reed goed, maar het probleem is Tyler – en ook Sevilla, onze twee kopmannen hebben allebei tijd verloren. Tyler zei me gisteren dat het beter gaat met zijn rug, maar nog niet super.'

Binnen in het van houten vloeren voorziene hotel hebben de renners van Phonak en Euskaltel enkele kamers tot hun beschikking om te douchen en zich te verkleden. Na zo'n twintig minuten komt Hamilton de trap af met een wit petje achterstevoren op zijn hoofd, een tas over zijn schouder geslingerd en een afgepeigerde en ontmoedigde blik. Hij zet de tas neer en spreekt op vlakke toon: 'Ik ben teleurgesteld dat ik mijn ploeg in de steek heb gelaten, maar ze hebben er begrip voor en weten dat ik alles heb gegeven. Maar als je de Tour de France wilt winnen, kun je je geen slechte dag veroorloven. Na zo'n dag wordt het dus erg moeilijk, ook voor Jan Ullrich...' Hamilton zwijgt even, zijn blik vol berusting, zijn ogen uitdrukkingsloos. Hij lijkt weer wat op te monteren wanneer hij eraan toevoegt: 'Maar ik had me geen betere ploeg kunnen wensen. De eerste helft van de Tour hebben ze precies gedaan wat ze moesten doen, en dat was precies wat ik wilde. Vandaag was het woord aan mij. Het is jammer, maar ik had het gewoon niet.'

ETAPPE-UITSLAG *1. Ivan Basso (Italië); 2. Armstrong, zelfde tijd; 3. Klöden, op 0:20; 4. Mancebo, op 0:24; 5. Carlos Sastre (Spanje), op 0;33; 9. Mayo, op 1:03; 16. Leipheimer, op 1:59; 20. Ullrich, op 2:30; 34. Hamilton, op 3:27; 41. Voeckler, op 3:59.*

ALGEMEEN KLASSEMENT *1. Voeckler; 2. Armstrong, op 5:24; 3. Casar, op 5:50; 4. Virenque, op 6:20; 5. Klöden, op 6:33; 6. Basso, zelfde tijd; 12. Leipheimer, op 8:50; 16. Ullrich, op 9:01; 20. Hamilton, op 9:46; 32. Mayo, op 12:06.*

Dag 15 De zwaarste dag

17 juli: met zeven bergpassen en in totaal 4877 meter stijgen is deze etappe van Lannemezan naar Plateau de Beille, die 205,5 kilometer telt, de zwaarste tot nu toe. Alleen de allersterksten zullen elkaar op de zestien kilometer lange klim naar de finish de overwinning betwisten.

Terwijl ze zich koesteren in een warm zonnetje en een licht briesje, zouden de 165 renners die in het lieflijke plaatsje Lannemezan wachten op de start, de illusie kunnen hebben dat het een aangenaam dagje gaat worden. Niet dus. De komende zes à zeven uur zullen ze wellicht hun zwaarste beproeving van de Tour de France 2004 ondergaan. Terwijl alle mediabombarie gericht is op de tijdrit van Alpe d'Huez in de slotweek, als zou die de definitieve scherprechter zijn, weten Armstrong en de andere renners dat dit dé etappe is, met zeven bergpassen in de Pyreneeën, waar ze hun mannetje moeten staan. Ieder teken van zwakte zal een kopman kansloos maken voor de etappewinst of zelfs voor de eindoverwinning.

Statistisch gezien is dit niet de langste etappe – die van Limoges naar St. Flour telde ruim eenendertig kilometer meer. Er wordt vandaag ook niet het meest geklommen, 'slechts' 4877 meter stijging terwijl dat volgende week van Bourg d'Oisans naar Le Grand Bornand 5182 meter is. Noch kent deze etappe de meeste beklimmingen: zeven maar, terwijl dat er op weg naar St. Flour negen zijn. Maar naast de statistiek tellen andere belangrijke factoren mee: een bijna-hittegolf, smalle bochtige weggetjes, hier en daar het zwaarste stijgingspercentage van deze ronde en het hoogtepunt, Plateau de Beille, de langste slotbeklimming van deze Tour.

'Het is een ander soort etappe,' zegt Armstrong. 'Hoewel de Col d'Aspin gisteren ook zwaar was, was die toch niet echt slopend. Maar als je vijf of zes bergen over moet, zoals vandaag, met een paar hele steile, zoals de Portet d'Aspet en Latrape en andere waanzin, dan is een slotbeklimming van acht of negen procent zwaar. Heel zwaar.'

Het Plateau is voor sommigen wel het laatste waaraan ze willen denken. Ullrich, Hamilton, Mayo en de andere kopmannen die op La Mongie hebben gefaald, moeten vrezen dat deze etappe hun positie alleen maar zal verslechteren, niet verbeteren. Ullrich weet nog steeds niet waarom zijn benen gisteren niet wilden gehoorzamen, en hij hoopt dat de zon zijn kansen zal keren, zoals meestal. Hamilton zou ook graag het roer omgooien en zijn krachten herwinnen, maar hij is er niet van overtuigd of hij dat kan bewerkstelligen en hoe dan. En Mayo, wiens blessures na de val op de kasseien tijdens de etappe van Waterloo naar Wasquehal zijn genezen, is nog steeds boos op Armstrongs ploeg, die na zijn val zó hard is doorgereden dat hij tijd verloor die hij nog steeds niet heeft weten goed te maken. De Bask is er zich ook van bewust dat zijn 'oranje leger' er opnieuw op hoopt dat hij er op Plateau de Beille, waar al duizenden supporters zijn samengekomen, een overwinning uit kan slepen.

* * *

We zijn nog maar ruim twee uur op weg en hebben twee beklimmingen gehad tijdens deze loodzware dag en er is al sprake geweest van een vluchtpoging, een valpartij en drie renners die zijn afgestapt. De eerste groep vluchters van vandaag heeft vijf minuten voorsprong op het peloton. Onder hen Voigt van CSC, Rasmussen van Rabobank en Sylvain Chavanel van Boulangère, die heel wat meer dan vijf minuten nodig hebben om op de etappewinst te kunnen hopen... De eerste valpartij van de dag vond plaats toen Nazon van AG2R tijdens een afdaling uit de bocht vloog en tegen een paal klapte, waarna collega-sprinter McEwen over hem heen duikelde... De drie renners die het voor gezien hebben gehouden, zijn Mayo's medekopman Haimar Zubeldia, die in 2003 als vijfde eindigde in de Tour maar nu met een ontstoken knie kampt, de Rus Menchov, die op La Mongie zo sterk leek met zijn zevende plaats maar die is afgestapt vanwege een weer opspelende achillespeesblessure, en de Oostenrijker Gerrit Glomser, die al tijdens de eerste beklimming moest lossen.

De karavaan is langs het witmarmeren monument voor Fabio Casartelli gekomen, de plaats op de Portet d'Aspet waar Armstrongs toenmalige ploeggenoot in 1995 stierf na een valpartij in de afdaling. Bij de beklimming van de Aspet wordt geletruidrager Voeckler tijdens een gedeelte met een stijgingspercentage van vijftien procent gelost door het peloton, maar tijdens de afdaling vindt hij weer aansluiting.

Nu zijn we aan de voet van de derde beklimming van de dag, de Col de la Core.

Tyler Hamilton staat op het punt om iets te doen wat hij in acht deelnames aan de Tour de France nooit heeft gedaan: opgeven. 'Ik heb er in het verleden nog nooit aan gedacht,' vertelt hij me later. 'Toen we vanochtend in de bus op weg naar de start waren, stelde mijn ploegleider Alvaro Pino het voor. Als ik het gevoel had dat ik niet meer met de voorsten mee zou kunnen, dan had het geen zin om alleen maar door te gaan om in Parijs aan te komen. Ik antwoordde dat ik wilde zien hoe ik me tijdens de eerste beklimmingen zou voelen en dan een beslissing zou nemen. Maar het was hetzelfde als gisteren. Ik had geen kracht.'

En zo ligt de man, die met veel succes een uitstekende ploeg opbouwde, harder trainde dan wie ook en zijn ploeggenoten motiveerde tot het rijden van een opmerkelijke Tour, eruit. Uiteindelijk heeft de val in Angers van negen dagen geleden zijn tol geëist. Tijdens vorige edities van de Tour of andere koersen heeft hij veel meer pijn geleden, maar wanneer hij, naar eigen zeggen, 'niet voluit kan klimmen', is er geen keuze.

Als Armstrongs ploeggenoot Hincapie de vraag krijgt voorgelegd waarom Lance zelden blessures oploopt bij valpartijen en anderen wel, antwoordt hij: 'Dat is een kwestie van geluk. Een kwestie van hoe je valt. Toen Tyler onderuitging probeerde hij vooral niet op zijn rug terecht te komen, maar dat gebeurde juist wel. Da's gewoon pech.'

Pech of niet, Hamilton heeft het gevoel dat hij gefaald heeft. Maar niemand zal vergeten hoe hij tijdens de Tour van 2003 de pijn verbeet en uiteindelijk vierde werd. Ironisch genoeg was het niet de pijn vanwege zijn gebroken sleutelbeen die Hamilton dat jaar bijna tot opgave dwong, maar een mysterieuze rugpijn die zich aandiende tijdens de nacht voorafgaand aan de lange etappe naar Marseille. 'Ik had slecht geslapen en toen we na een uur rijden over een bochtige bergweg bij de start beneden aankwamen, was mijn rug helemaal ontstoken,' herinnert Hamilton zich nog. 'Ik wist niet wat er aan de hand was... Het leek wel of ik nog maar met één long ademde. Ik was heel, héél erg bang. Ik had alleen maar pijn. Gelukkig was het een vlakke etappe en bleef ik overeind. Vervolgens zaten we ongeveer drie uur in de bus op weg naar ons hotel en na het avondeten kon ik bijna niet meer naar mijn kamer lopen.

De volgende dag was een rustdag en zat ik een halfuur op de hometrainer, maar het deed te veel pijn. Mijn ruggengraat was verdraaid, waardoor de sciatische zenuw onder een enorme spanning stond. Ik ging bijna dood. Ole, mijn osteopaat, werkte er die morgen aan en wist de pijn te verlichten. Maar daarna bleek het toch niet in orde te zijn. Zonder die rugpijn had ik, denk ik, het podium kunnen halen.'

Misschien zou Ole Kaere Føli, zijn osteopaat bij CSC, hem ook door de Tour van 2004 kunnen helpen. Ik vraag de Deense therapeut waarom Hamilton volgens hem geen kracht kon zetten vanuit zijn onderrug. 'Tyler heeft een hele zwakke nek en ruggengraat,' legt Føli uit. 'En hij moet echt iemand in de buurt hebben wanneer hij een valpartij heeft, want het is heel moeilijk om zijn nek los te maken. Zijn zenuwen hebben daar weinig ruimte, wat is veroorzaakt doordat hij een paar jaar geleden op zijn hoofd is gevallen.'

Føli legt verder nog uit dat 'als je hoofd en nek niet los zijn, de energie in de rest van je lichaam niet meer goed circuleert. En wanneer je valt en je zorgen maakt – o, wat is er met mijn lichaam aan de hand? – dan werken je nieren een beetje minder goed, en dat is wat er volgens mij is gebeurd. Ik ben natuurlijk een beetje teleurgesteld dat hij heeft moeten opgeven. We hebben zo nauw samengewerkt... maar hij stapte over naar een andere ploeg, en ik kon hem niet meer helpen. Ik denk dat ik wel wat voor hem had kunnen betekenen bij dit probleem.'

De Phonak-ploeg heeft zijn eigen therapeut, maar die kent Hamiltons lichaam niet zo goed als Føli. Phonak heeft de tijd genomen om een geheel nieuwe ploeg samen te stellen. Het is pas hun eerste Tour en het lag voor de hand dat ze een paar problemen zouden krijgen en crises zouden doormaken. Dat ligt heel anders met de ploegen van Ullrich en Armstrong, beide geoliede machines, vooral US Postal.

***

'Het was ongelooflijk. Ik telde tweeëntwintig renners in de groep, met zeven US Postals voorin. Zoiets heb ik nog nooit gezien!' Levi Leipheimer beschrijft wat hij zag tijdens de vreselijk zware beklimming van de Col d'Agnes, van de eerste categorie, als de koers vier uur op weg is tijdens de moeilijkste dag van deze Tour. Om als ploeg tijdens een vlakke etappe zeven van de negen man voorin te hebben, is niet zo moeilijk. Maar dat zes van Armstrongs acht ploeggenoten hem omhoogrijden tijdens een van de steilste beklimmingen van de Tour, op een dag dat vijf renners de pijp aan Maarten hebben gegeven en 135 anderen hebben moeten lossen, is een fenomenale prestatie. Geen wonder dat de Texaan zegt: 'We hebben de allerbeste ploeg van de Tour.'

Leipheimer is niet de enige die nog nooit zo'n gedisciplineerde hegemonie in de Tour heeft gezien. Het is dit jaar niet eerder voorgevallen. En ook de afgelopen tien jaar niet. Wellicht nooit eerder in de 101-jarige Tour-geschiedenis. Natuurlijk, er zijn ploegen geweest die met meerdere renners in de top zijn geëindigd. In 1986 had de eerste Europese ploeg met een echt groot budget, La Vie Claire, Greg LeMond, Bernard Hinault, Andy Hampsten en Niki Ruttimann op respectievelijk de eerste, tweede, vierde en zevende plaats in het eindklassement van de Tour. Maar La Vie Claire won de ploegentijdrit niet en tijdens een zware bergetappe zouden ze hooguit de zojuist genoemde vier renners voorin hebben zitten. Niet zeven. Misschien komt de Faema-ploeg van Eddy Merckx uit 1970 het dichtst in de buurt van Armstrongs Postal. Dat Faema van toen verdedigde de gele trui van start tot finish en hielp Merckx aan drie bergetappezeges.

Een belangrijke overeenkomst tussen deze twee ploegen is dat Armstrong net als Merckx vertrouwen wekt. Floyd Landis, die bezig is aan zijn derde Tour in dienst van Armstrong, zegt dat het vertrouwen dat zij in hun kopman hebben ervoor zorgt dat Postal boven de andere ploegen uitsteekt. 'Er zijn een heleboel goede ploegen, maar ze hebben niet allemaal een kopman als Lance,' zegt Landis. 'Het is niet makkelijk om een heel team te motiveren zo te trainen als wij doen, als je niet een kopman hebt die kan winnen.'

Een week voor aanvang van deze Tour had Postal een trainingskamp in de Pyreneeën. Een van die dagen werden gedeelten van de etappe van vandaag gereden, met inbegrip van de Col d'Agnes en de slotbeklimming naar Plateau de Beille. Sinds de jaren zeventig is het heel gebruikelijk dat ploegen voorafgaand aan de Tour een trainingskamp beleggen, maar zelden reden ze de eigenlijke etappes. Dat werd door Armstrong en Bruyneel geïntroduceerd, te beginnen met de Tour van 1999, maar meestal maar met één of twee renners. Wanneer *alle* renners van een ploeg het parcours verkennen en weten wat hun te wachten staat, dan is het een stuk makkelijker om tijdens een zware bergetappe zeven jongens voorin te hebben.

Maar trainen is één ding, er stáán tijdens de koers is wat anders. Een kopman die zijn ploeggenoten motiveert en een hechte onderlinge verbondenheid die verdergaat dan de koers, dat helpt allemaal. Daarbij moet iedere renner van een ploeg tijdens de koers honderd procent geconcentreerd zijn, teneinde alles tot in de puntjes te laten verlopen. Landis zegt dat hij iedere afleiding vermijdt, zelfs het landschap: 'Er is geen tijd om rond te kijken, noch om een praatje te maken. Dat maakt het misschien zo dwingend, dat je niets om je heen ziet en helemaal gefixeerd bent op wat er in de koers gebeurt. En dat moet ook wel, want er loert voortdurend gevaar.'

Vandaag zijn Landis en Hincapie de aangewezen renners om de koers aan te voeren op deze drie beklimmingen, inclusief de Agnes, die direct gevolgd wordt door de laatste beklimming. Wanneer hun werk erop zit laten de twee Amerikanen zich aan de voet van de laatste beklimming, zestien kilometer naar Plateau de Beille, terugzakken. Het is nu aan Rubiera en Azevedo om het tempo voor Armstrong te maken. Rubiera – die zijn eigen fanclub heeft, ook al is hij een knecht – laat een sterk staaltje zien door meteen maar een vol kwartier aan de leiding te gaan. Als een volleerde klimgeit haalt hij niet alleen de twee belangrijkste vluchters van die dag, Rasmussen en Voigt, terug, maar hij zorgt er ook voor dat een flink aantal kopstukken eraf moet – inclusief Ullrich! De Duitser vecht zich dapper naar boven, maar hij is zwaar teleurgesteld in zichzelf, ook al eindigt hij in deze etappe uiteindelijk hoger dan gisteren. Zijn klassering wordt de zesde plaats, opnieuw achter ploeggenoot Klöden.

Nu zit Rubiera's taak erop en moet Azevedo eraan gaan trekken. De tien daaropvolgende minuten rijdt de Portugees zo'n hoog tempo dat uiteindelijk maar twee man hem kunnen volgen: Armstrong en Basso. Een grootse teamprestatie heeft Armstrong tot op vijf kilometer van de finish gebracht en opnieuw hoeft hij maar met één rivaal af te rekenen: Basso.

* * *

De etappe zit er bijna op. Armstrong zegt tegen Basso: 'Voluit gaan, we moeten zo veel mogelijk seconden zien te pakken.' Beiden gaan hard, net als gisteren. Opnieuw moet Klöden een minuut toegeven. En Ullrich tweeëneenhalf. En Mayo? Die heeft vandaag stijve benen. Het klimmen lukt niet. Op de vierde berg moet hij lossen en op de vijfde, de Agnes, staat hij op het punt af te stappen. Zijn ploeggenoten overtuigen hem ervan dat niet te doen. 'Zubeldia zijn we al kwijt. We willen jou niet ook verliezen, Iban.' Mayo gaat door, maar komt zijn oranje leger pas een halfuur na Armstrong en Basso onder ogen, in de wetenschap dat zijn Tour een mislukking is.

Op dit moment staan de gefrustreerde Baskische fans op pakweg drie kilometer voor de finish langs de weg en zijn, net als Mayo, boos op Armstrong vanwege het kasseienincident. Ze schreeuwen en joelen en steken hun middelvinger op wanneer de Texaan langskomt. Gelukkig is Basso er nog om hem te beschermen, en vóór en achter hen rijden motoren. En zo dadelijk beginnen de dranghekken.

Op de plek waar de huldiging zal plaatsvinden, zit Sheryl Crow aan de champagne. 'Ik ben gekomen om Lance te zien winnen,' verklaart ze tegen een Spaanse televisieploeg. Het duurt niet lang voordat Armstrong zich als etappewinnaar bij zijn geliefde voegt. Hij verslaat Basso gemakkelijk in de eindsprint, pakt de twintig bonusseconden en de zeventiende ritzege in zijn tienjarige Tour-loopbaan. Wat hij niet pakt is de gele trui, die in bezit blijft van de naderende Voeckler.

Thomas Voeckler rijdt dé etappe van zijn jonge loopbaan. Waar hij bij alle belangrijke beklimmingen heeft moeten lossen, heeft hij zich op alle afdalingen weer teruggeknokt. Hij heeft zijn gele trui opengeritst tot zijn middel en het zweet loopt van zijn gezicht wanneer hij de laatste drie kilometer uit het zadel komt en werkelijk alles geeft. De fans zijn door het dolle en de omroeper zegt dat hij niet meer dan vijf minuten mag toegeven om de *maillot jaune* te behouden. Uiteindelijk komt hij met een grote grijns en een gebalde vuist op 4:42 over de streep – hij is nog steeds leider in het algemeen klassement! Met nog tweeëntwintig seconden voorsprong! Ti-Blans foto zal morgen de voorpagina van iedere Franse krant sieren – niet die van Lance.

Nadat Sheryl hem gekust heeft en zijn verzorger zijn gezicht heeft afgeveegd, verwisselt Armstrong zijn stugge wielerschoeisel voor comfortabele sportschoenen en ontvangt hij een kleine trofee voor zijn etappewinst. Hij lacht tegen de camera's, zwaait naar de menigte, schudt een rijtje lokale gezagsdragers de hand en feliciteert dan Voeckler. Vervolgens wordt Armstrong kort geïnterviewd door de zender France 3, waarna hij richting de radio- en televisiever-slaggevers achter de dranghekken loopt die smachten naar wat tekst. Dan is het tijd voor de schrijvende pers. 'Ik heb de beste ploeg van de Tour,' zegt hij nog maar eens. 'Nu gaat het er alleen nog maar om of hun kopman de sterkste in de koers is.'

Bestaat daar twijfel over?

* * *

De 160 renners die Plateau de Beille hebben gehaald – van Arm-strong tot de allerlaatste, Jimmy Casper, achtenveertig minuten na de winnaar – hebben stuk voor stuk een moeilijke dag gehad. 'Het was waarschijnlijk de zwaarste etappe die ik ooit heb gereden,' zegt Leipheimer, die zich als negentiende over de eindstreep knokte. 'Langzamerhand raakte bij mij de brandstof op. Ik had niets meer over. Ik was totaal leeggereden.'

Vlakbij op de bergtop zit Michael Rogers, een lange Australiër die bezig is met zijn tweede Tour en hoopt die ooit nog eens te zullen winnen. Hij staart in de diepte van het dal waar hij zojuist vandaan is gekomen en zegt: 'Niet één klim vandaag was makkelijk. Ik dacht: het is zó lang en met zó veel beklimmingen. Er komt geen eind aan. Deze rit zal de geschiedenis ingaan...' Zijn woorden sterven weg. Ja, het is inderdaad de zwaarste dag in deze Tour geweest.

ETAPPE-UITSLAG *1. Armstrong; 2. Basso, zelfde tijd; 3. Georg Tot-schnig (Oostenrijk), op 1:05; 4. Klöden, op 1:27; 5. Mancebo, zelfde tijd; 6. Ullrich, op 2:42; 13. Voeckler, op 4:42; 19. Leipheimer, op 6:39; 115. Mayo, op 37:40.*

ALGEMEEN KLASSEMENT: *1. Voeckler; 2. Armstrong, op 0:22; 3. Basso, op 1:39; 4. Klöden, op 3:18; 5. Mancebo, op 3:28; 8. Ullrich, op 7:01; 14. Leipheimer, op 10.47; 49. Mayo, op 45:04.*

Kampioen Lance Atrmstrong verraadt zowel zijn concentratie als zijn vrolijke kant wanneer hij zich opmaakt voor de jacht op zijn zesde overwinning in de Tour de France, een recordjacht.

Jan Ulrich gelooft dat hij zijn drie tweede plaatsen achter Armstrong kan doen vergeten.

Tyler Hamilton wordt beschouwd als *de* man die zich kan meten met Armstrong.

Helemaal klaar voor de paparazzi. Het gezin Basso, Ivan, Michaela en Domitilla in de Provence.

Andreas Klöden bewijst een uitstekende stand-in te zijn voor vriend en ploeggenoot Jan Ullrich.

Boven. Ivan Basso heft zegevierend de handen ten hemel wanneer hij in La Mongie de kampioen verslaat.
Linkerpagina, links. Proloogwinnaar Fabian Cancellara verbergt zijn gelukstranen in de gele trui.
Rechtsboven. Lance stort zich op zijn avontuur in de proloog in Luik, die hij als tweede beëindigt.
Rechtsonder. Iban Mayo komt op de vierde dag, naar Wasquehal, al voor de kasseien ten val.

Boven. De Tour arriveert in La Roche-en-Ardennes op dag 2.
Onder. De Australische sprinter Robbie McEwen verslaat alles en iedereen in Namen op dag 3.
Linkerpagina, boven. Ulrich kampt op dag 14 in de klim naar La Mongie met een raadselachtige inzinking.
Onder. Thomas Voeckler behoudt op dag 15 met 22 seconden voorsprong de gele trui.

Boven. Tyler Hamilton verzamelt zijn troepen in de ploegentijdrit door Picardië op dag 5.
Onder. De US Postals als winnaars van de ploegentijdrit. Van links naar rechts: Beltran, Padrnos, Landis, Hincapie, Armstrong, Azevedo, Ekimov, Noval en Rubiera.

Boven. Het peloton raast voorbij het kasteel van Baugé in de Loire-vallei op dag 7.
Onder. De csc-ploeg voert de meute aan over een kustweg in Bretagne op dag 8.

Boven. Het peloton vertrekt op dag 16 vanuit Carcassonne met op de achtergrond het historische centrum en zijn vele torens.
Onder. Baskische fans staan langs de hellingen van het Plateau de Beille te wachte op Iban Mayo.

Op dag 20 over de Alpen, langs steile rotsen en meren op de prachtige Col du Glandon.

Monter en vol panache droogt Armstrong Basso en Ulrich af in Vil-le-de-Lans op dag 18, en twee dagen later verslaat hij Klöden in de sprint op Le Grand Bornand.

Boven. Een privé-moment tussen Lance en Sheryl Crow op dag 18. *Onder*. Dag 23. Volgende halte Parijs. Tour-directeur Jean-Marie Leblanc feliciteert winnaar Lance Amstrong.

Boven. Op de Champs-Élysées. De koorts van de zesde zege bij de triomferende Texaan.
Onder. Het podium in Parijs. Nog meer Sèvres-porselein voor Armstrongs prijzenkast.

Dag 16 Het land van de krekels

*18 juli: deze etappe van 192,5 kilometer tussen de oude steden Carcas-
sonne en Nîmes is een van de vlakste van deze Tour. Er zitten geen klimmen in, maar de warmte en de wind kunnen misschien voor problemen
zorgen.*

Wanneer je op een warme zomermiddag over een hobbelig landweggetje in de Midi rijdt, zijn twee dingen onontkoombaar: de niet-afla-
tende hitte en het constante schrille getjirp van de krekels, waarvan
je hoofd vol raakt. Ze zeggen dat er wel een miljoen van deze nogal
grote insecten, die op sprinkhanen lijken, bezit hebben genomen van
iedere vierkante meter in deze wijnstreek. Afgaande op het kabaal, is
dat aannemelijk. Er valt niet te ontkomen aan hun oergeluid. Of aan
de hitte. Beide zijn ze er altijd.

Ze waren er toen ik halverwege de jaren zestig voor het eerst door
de Midi fietste en zag hoe Tour-renners koolbladeren onder hun
witte katoenen, jockeyachtige petjes stopten als isolatie tegen de
zon, bars binnenstormden voor een drankje of te hoop liepen rond
een dorpsfontein om hun waterflessen te vullen.

Ze waren er in 1947 toen een onopvallende Franse renner genaamd Albert Bourlon van meet af aan in de aanval ging in de veertiende etappe van Carcassonne, waar ook vandaag wordt gestart,
naar Luchon. Niemand had er belang bij om achter een renner aan
te springen die een uur achterstand had op de top van het algemeen
klassement, dus reed Bourlon acht uur alleen en finishte met zestien
minuten voorsprong. Zijn solo-ontsnapping van 253 kilometer is
nog steeds een record in de Tour.

En ze waren er in 1951 toen een etappe die ook weer in Carcassonne vertrok een soortgelijk resultaat had kunnen opleveren, wat
niet geval was...

***

Voordat Radio Tour en livetelevisie-uitzendingen bestonden, waren journalisten op de motor de belangrijkste bron voor de directe-verslagen van de strijd. Sommige verslaggevers, zoals de enthousiaste Pierre Chany van *L'Équipe*, reden mee in gezelschap van de renners. Anderen in het legertje mannen van de schrijvende pers (vrouwen mochten tot begin jaren tachtig geen verslag doen van de Tour) reden voor de renners uit tot zich een kopgroep had gevormd, waar ze, wanneer het interessant genoeg was, achter gingen rijden. Op 20 juli 1951 dachten de meeste journalisten dat er niks 'interessants' zou gebeuren tijdens de goeddeels vlakke etappe van Carcassonne naar Montpellier, dus reden ze een flink stuk vooruit voor een vroege lunch. De verslaggevers wisten dat als er echt iets zou gebeuren, hun jonge collega Chany waarschijnlijk wel zou komen om hen op de hoogte te stellen.

Terwijl ze zaten te aten, gebeurde er echter wél iets opzienbarends. De betrokkenen waren Fausto Coppi, Tour-winnaar in 1949 en op dat moment 's werelds beste wielrenner, de kansloze Abd-el-Kader Zaaf, die dat jaar als laatste zou eindigen in de Tour, en de Zwitser Hugo Koblet, die de gele trui droeg en van wie verwacht werd dat hij in de laatste week door Coppi zou worden aangevallen. Chany vertelt het verhaal in zijn boek *La Fabuleuse Histoire du Tour de France*:

> De Tour kroop verder, in een oven, dwars door een dorre streek die verzengd was door de zon. [...] Klokslag twaalf werd een groep journalisten die in de schaduw bij een landelijk restaurant verse rivierkreeft aten met koele wijn erbij, opgeschrikt door een motorrijder die ongelooflijk nieuws kwam brengen. De man, ik, zei niet geheel zonder sarcasme: 'Goed gedaan, jongens. Er heeft daarnet een drama plaatsgevonden, en jullie zitten je hier vol te stoppen.'
>
> 'Drama?' herhaalde een van de eters terwijl hij niet echt geboeid opkeek van zijn bord.
>
> 'Zaaf is weggereden, Coppi kan niet volgen.'
>
> Er brak een gelach los.
>
> 'Zaaf... Coppi? Kom nou! Neem een glas wijn in plaats van onzin te verkopen. Deze rosé is erg lekker.'

Maar ik hield voet bij stuk. 'Ik verzeker jullie... het is waar... Fausto zit er helemaal doorheen. Hij gaat ongetwijfeld afstappen.' De rivierkreeft bleef achter op de borden en de Saint-Saturnin in de *pichets*!

Chany vertelde nog aan zijn collega's dat Zaaf, nadat de etappe heel langzaam van start was gegaan, gebruik had gemaakt van een afdalinkje om weg te komen van het peloton. Dat was van weinig belang, totdat twee van Coppi's grote rivalen, leider Koblet en de Fransman Raphaël, zich bij Zaaf voegden. Coppi werd verrast en probeerde vervolgens met behulp van een ploeggenoot het gat dicht te rijden. Maar de Italiaan had erge last van de warmte en verloor veel terrein. De journalisten hadden gehoopt hun heerlijke lunch te kunnen voltooien, naar de finish in Montpellier te tuffen en een stukje te tikken over 'een etappe waarin niets gebeurde'. In plaats daarvan moesten ze de hele middag aan de bak, óf achter de jagende kopgroep van vijf die de groep in tweeën spleet, óf verder terug in de buurt van de grote Coppi, om te zien of hij de streep wel zou halen.

Zes van Coppi's Italiaanse knechten bleven in zijn buurt om hem te steunen en de vaart erin te houden, waarbij ze koel water over zijn hoofd goten en hem helling op soms een vriendelijk zetje gaven. 'Badend in het zweet, zijn huid asgrauw, trapte Coppi half buiten bewustzijn verder,' schreef Chany. 'Af en toe moest hij braken. [...] Zonder zijn ploeggenoten zou hij hebben opgegeven...'

Aan de finish in Montpellier versloeg Koblet de andere vier in de sprint en won de etappe, waardoor hij zijn leidende positie in het algemeen klassement verstevigde; uiteindelijk zou hij de Tour op zijn naam schrijven. Coppi op zijn beurt kwam drieëndertig minuten later binnen. Zijn hoop om de Tour te winnen was vervluchtigd in de oven die de Midi heet.

* * *

Nu staat er in Carcassonne een andere Tour-etappe op het punt te beginnen. Het is twaalf uur 's middags. Tijd om op een lommerrijk terrasje plaats te nemen, een aperitiefje te bestellen, naar de krekels te luisteren en te genieten van het uitzicht over de rivier van La Cité, de oude stadsvesting. Dit juweeltje dat de heuvel bekroont heeft een omtrek van ruim anderhalve kilometer en is voorzien van dubbele muren en vierenvijftig torentjes. Het dateert uit de zesde eeuw, toen plunderende bendes een voortdurende bedreiging vormden voor de bewoners van stadjes als dit. De middeleeuwse vestingwal bleef onneembaar tot de Franse Revolutie en is daarna in volle glorie gerestaureerd.

Misschien was het ook wel gepast dat de enige ploeg die de nacht doorbracht in het viersterrenhotel bij de ingang van de Cité die van Armstrong was. Per slot van rekening is dat de enige formatie die de kracht lijkt te bezitten om het bastion van deze Tour te slechten. Er wordt vanochtend nog steeds gesproken over het ongelooflijke machtsvertoon van Armstrong en zijn ploeggenoten tijdens de etappe naar het Plateau de Beille en het ogenschijnlijke gemak waarmee de Amerikaan Basso in de sprint versloeg – hoewel Armstrong na afloop zei: 'Die sprint was echt alles wat ik nog in mijn benen had.'

Terwijl de Postal-ploeg in jubelstemming was, hebben de andere ploegen geprobeerd weer op krachten te komen, na een slopende etappe. Hamilton heeft afscheid genomen van zijn Phonak-ploeggenoten, na een laatste maaltijd in hun gezelschap in een rustig familiehotel in Pamiers. Hij is nu op weg naar Gerona, waar een mri-scan zal aantonen dat er niets is gebroken in zijn rug. Maar Phonak is geknakt, zonder kopman, en de enige hoop die het kan koesteren voor de slotweek is winst in een etappe.

In het nabijgelegen stadje Mirepoix heeft T-Mobile een ochtendbijeenkomst gehad in het bescheiden Hotel du Commerce. In het algemeen klassement heeft kopman Ullrich nu een achterstand van 3:43 op ploeggenoot Klöden, die op zijn beurt bijna drie minuten achterstand heeft op Armstrong. Ze beslissen dat Ullrich kopman blijft, omdat de slotweek twee individuele tijdritten kent, Ullrichs specialisme.

De csc-ploeg van Basso likt zijn wonden in het Campanile-hotel, in het industriegebied van Carcassonne. Basso zelf heeft twee dagen heel sterk gereden, maar zijn ploeggenoten zijn enigszins gehavend. Jakob Piil, de veelvuldige vluchter uit de eerste week, heeft last van zijn rechterknie, waarschijnlijk een peesontsteking. Carlos Sastre kampt nog steeds met verwondingen van een eerdere valpartij. En Bobby Julich, die is gevallen tijdens de ploegentijdrit én bij de massale valpartij in Angers, is vanochtend behandeld aan zijn flink gekwetste rechterpols en -onderarm – het resultaat van opnieuw een val tijdens de bergetappe van gisteren.

'Het was de raarste valpartij die ik ooit heb gehad,' zegt de Amerikaan terwijl hij me zijn verbonden arm toont. 'Normaal gesproken laat ik me niet terugzakken tot de ploegwagen om bidons te krijgen, maar ik was samen met Ivan en Carlos nog maar de enige van CSC, daarboven op de Col de la Core. Bjarne had me net vanuit de auto een bidon aangereikt en ik had hem aangepakt toen mijn stuur achter de spiegel bleef hangen. Precies op dat moment raakte een jongen van Gerolsteiner me van links en ik ging flink hard neer. De laatste honderd kilometer moest ik in mijn eentje rijden, ik kon nauwelijks het stuur vasthouden en iedere keer dat ik over een bobbel in de weg reed, verging ik van de pijn. Als Ivan niet kans had om de Tour te winnen, was ik afgestapt, zo'n pijn deed het.'

Een andere renner die flink is toegetakeld, is de leider in het puntenklassement, sprinter Robbie McEwen, die ook een valpartij heeft overleefd tijdens die zwaarste etappe. 'Ik zat tijdens de afdaling van de Portet d'Aspet in een klein groepje en probeerde weer aansluiting bij het peloton te vinden. Ik reed achter Jean-Patrick Nazon, die op topsnelheid een van de bochten naderde. Ik vond dat hij te hard ging, want je kon de bocht niet goed overzien. Ik nam een beetje afstand en hij vloog de bocht in. Ik dacht dat hij had gezien dat het niet zo'n hele scherpe was, maar opeens ging hij vol in de remmen en slipte, miste de bocht, vloog over zijn stuur en knalde tegen een grote betonnen stijl van een hek. Ook ík ging te hard. Ik probeerde te remmen, maar ik reed iemands oprijlaan op en de ijzeren poort was gesloten, dus ik kon nergens heen. Ik knalde tegen de fiets van Nazon, vloog over het stuur en kwam boven op mijn fiets terecht. Met mijn arm kwam ik tegen een tandwiel en mijn gezicht klapte ook ergens tegenaan. Ik heb een gezwollen lip en een blauw oog, alsof ik op de vuist ben gegaan.'

* * *

Nu de Pyreneeën achter de rug zijn, hebben McEwen en de andere matige klimmers alleen vandaag nog kans om een etappe te winnen, voordat we opnieuw bergen bereiken, de Alpen. Dit is de laatste kans voor de sprinters om punten te halen in de strijd voor de groene trui, die op het scherp van de snede wordt uitgevochten: McEwen leidt met 210 punten, gevolgd door Zabel met 201, Hushovd met 195 en O'Grady met 186. Maar McEwen is er niet zo zeker van dat de etappe in een massasprint zal eindigen. 'Ik denk dat het zo'n dag wordt dat sommige jongens het erop willen wagen met een ontsnapping,' zegt hij. 'Misschien slagen ze erin om zo'n grote voorsprong op te bouwen dat ze niet meer terug te halen zijn, want de sprinters zijn moe... iedeéén is moe.'

De etappe gaat oostwaarts over vlakke landweggetjes die parallel lopen aan het rustige Canal du Midi. Hier, onder de bomen die het kanaal afzomen, zijn de krekels werkelijk oorverdovend. Maar deze eenentwintigste-eeuwse Tour-renners hebben er weinig last van. Met hun helm en oortelefoontjes – waaruit een voortdurende spraakwaterval komt, op afstand teweeggebracht door hun ploegleiders – horen ze weinig van wat er om hen heen gebeurt. Bovendien gaat het, ondanks de vermoeidheid van de renners en de tegenwind, net zo hard als tijdens de vlakke etappes in de openingsweek.

Vooral de Phonak-renners azen op een vluchtpoging. Ze hebben drie ploeggenoten bij de eerste ontsnapping van twintig man, die bij een sterke schuine tegenwind drie grote groepen tot gevolg heeft. Maar de vluchters worden teruggehaald en al snel hergroepeert het peloton zich. Dan neemt Santos Gonzales van de Phonak-ploeg het voortouw bij een nieuwe ontsnapping van vier, die er niet in slagen om meer dan een minuut te pakken. Ze worden na ongeveer vierenzestig kilometer bijgehaald in de straten van Béziers, waar de snelheid zó hoog is dat het peloton één langgerekt lint is. Eenmaal het stadje uit breekt het lint en vormt zich vooraan een groepje van zo'n twaalf renners. Dit keer zit O'Grady erbij, en aangezien hij niet zo'n grote voorsprong heeft in het puntenklassement, zetten zijn rivalen voor de groene trui de jacht in.

Wanneer de groep met O'Grady uiteindelijk is teruggepakt, is iedereen uitgeput door twee uur voluit koersen op het warmste deel van de dag. Dan grijpt Nicolas Jalabert van Phonak zijn kans voor een uitbraak, hetgeen beslissend zal blijken te zijn. Hij krijgt gezelschap van negen anderen, van wie niemand een gevaar is voor de groene trui van McEwen of de gele van Voeckler. Dus krijgen de tien renners gelegenheid om een voorsprong van veertien minuten op te bouwen, waarna ze het in de laatste tien kilometer onderling uitvechten wanneer de een na de ander wegspringt. Uiteindelijk is het een Spanjaard met een veelbewogen verleden en een onzekere toekomst, Aitor Gonzales van Fassa Bortolo, die de beslissing forceert en alleen Nîmes binnenrijdt. Hij wordt verwelkomd door enorme massa's mensen in de straten van de oude stad en gaat vijfentwintig seconden vóór zijn medevluchters over de eindstreep. Misschien brengt deze overwinning zijn carrière wel weer op het goede spoor. De spurt voor de tweede plaats wordt gewonnen door Jalabert, die verschrikkelijk baalt vanwege het feit dat hij zó dicht bij zijn eerste Tour-etappeoverwinning zat, een succes dat de moraal in zijn Phonak-ploeg enorm had kunnen opkrikken. Julichs moraal is ondertussen prima, dank u, want 'dit moeten de egaalste wegen in heel Frankrijk zijn geweest'.

Er zijn dus wel wat dingen veranderd: de landweggetjes zijn minder hobbelig en renners hebben geen tijd meer om te stoppen bij fonteintjes. Maar sommige dingen zijn nog hetzelfde: de slopende hitte en die griezelig luidruchtige krekels. En in de koers is ook veel hetzelfde gebleven. Voeckler draagt nog geel en het algemeen klassement heeft weinig veranderingen ondergaan. Je zou kunnen zeggen dat dit een etappe was 'waarin niets is gebeurd', een dag waarop een journalist lekker op zijn gemak rivierkreeft had kunnen eten met daarbij een koel glas rosé.

ETAPPE-UITSLAG *1. Aitor Gonzales (Spanje); 2. Nicolas Jalabert (Frankrijk), op 0:25; 3. Christophe Mengin (Frankrijk); 4. Pierrick Fedrigo (Frankrijk), allen zelfde tijd; 5. Peter Wrolich (Oostenrijk), op 0:31.*

ALGEMEEN KLASSEMENT *1. Voeckler; 2. Armstrong, op 0:22; 3. Basso, op 1:39; 4. Klöden, op 3:18; 5. Mancebo, op 3:28; 8. Ullrich, op 7:01; 14. Leipheimer, op 10:47; 49. Mayo, op 45:04.*

Dag 17 Gedachten over *le Tour*

19 juli: rustdag in Nîmes

Toen Ernest Hemingway een zomerverblijf had in de heuvels bij Nice, kwam hij in juni in het weekend naar de stad om stierengevechten in het amfitheater bij te wonen, een hapje te eten in een restaurant op Avenue Victor Hugo en dan drinkend de nacht door te brengen in Hotel Imperator. De marmeren bar in het Imperator is een prettige plek om op een warme avond als deze te vertoeven, te luisteren naar het strijkkwartet dat in het chique restaurant speelt en vervolgens plaats te nemen op de bekoorlijke, lommerrijke binnenplaats.

Het is weer rustdag in de Tour de France, een maandag, en Bar Hemingway is gesloten. '*Desolé, messieurs,*' zegt de conciërge. En dus verkassen wij vieren, schrijvers en journalisten die geen boodschap hebben aan '*desolé*', naar de Place de la Maison Carré, een groot met keien geplaveid plein, geflankeerd door een tweeduizend jaar oude Romeinse tempel. Daar bestellen we op een terrasje een paar biertjes en een fles Côtes du Rhône. Er komt een lekker briesje van zee en de opgevoerde scootertjes die door de brede bochten van de avenue knetteren zijn niet al te irritant.

Nadat onze wijn op charmante wijze is ontkurkt door een oogverblindend mooie donkerharige serveerster die Hemingways aandacht zeker had getrokken, heffen we het glas op '*le Tour*'. En daarover gaat ook het gesprek. Wat vinden wij – Jonathan de Amerikaan, Rupert de Australiër, Andy de Canadees en ik, een Engelsman die in het buitenland woont – van de Tour de France? Niet deze editie in het bijzonder maar het fenomeen op zich, de uitstraling ervan, het chauvinisme, het hele circus eromheen en, inderdaad, de veramerikanisering.

Waar moeten we beginnen? Goed, het ís de laatste week van de Tour en het ís al twintig dagen geleden dat wij drieën afscheid namen van onze echtgenotes voor dit jaarlijkse zomerritueel. Wat is dus een beter onderwerp om mee te beginnen dan vrouwen? De mooie serveerster die het tafeltje naast ons afneemt, brengt ons in herinnering wat we missen, net zoals de twee geliefden die ze nu een kopje koffie brengt.

Het verhaal over vrouwen en de Tour is nogal ingewikkeld. Het is een lang en omslachtig verhaal dat, wat ons betreft, vandaag een hoogtepunt bereikte in het Park Hotel in Orange, toen de Tour-paparazzi zich om de vrouw van Ivan Basso, Michaela, verdrongen, die was gehuld in een elegante Italiaanse jurk en de uitbundigste zonnebril droeg (van Dior) die we hadden gezien sinds de zwartwitfilms van Antonioni uit de jaren zestig.

Tot nog niet eens zo lang geleden waren vrouwen officieel niet geoorloofd in de Tour, zelfs niet als het om hun beroep ging. En op de foto's zag je alleen maar mannen: transpirerende, zwoegende en met modder bespatte kerels. Nu is er een Italiaanse schoonheid die voor de Tour-fotografen poseert bij het zwembad, met haar man en dochtertje. Basso wordt wat betreft vrouwelijk schoon in ieder geval niet overklast door Lance, die met zijn liefje, rockster Sheryl, in een protserig zestiende-eeuws hotel verblijft.

'We hebben de beginselen van Tour-oprichter Henri Desgrange ver achter ons gelaten,' breng ik de anderen in herinnering. 'Hij schreef in zijn trainingshandboek dat seks en wielrennen niet samengaan. Hij raadde zelfs onthouding aan van een paar dagen – en nachten – voorafgaand aan de koers.'

Om ervoor te zorgen dat dat gebeurde, stonden noch de Tour-organisatoren noch de ploegen de aanwezigheid van vrouwen toe. De echtgenotes van de renners mochten hen tijdens rustdagen zelfs niet opzoeken in hun hotels.

Vrouwen hebben natuurlijk altijd wel naar de Tour gekeken. Maar officieel mochten vrouwelijke fotografen, journalisten of televisieverslaggevers tot begin jaren tachtig niet mee in de Tour-karavaan. En vandaag de dag is de Tour, hoewel er veel minder restricties zijn, nog steeds voor negentig procent een mannenwereld.

'Ik denk dat Colette de eerste vrouw was die over de Tour schreef,' zeg ik terwijl ik het glas op haar hef. 'Toen ze in 1912 de finish van de Tour zag, was ze verbaasd over alle voertuigen die voor en na de koers voorbijkwamen. Ze besloot haar stuk met een opmerking over deze enorme "mechanische storm" die werd veroorzaakt door "twee nietige maar onvermoeibare aandrijfassen... de twee spillebenen van de winnaar".'

'Spillebenen?' zegt Rupe. 'Dat is niet bepaald een compliment.'

'Tja. Misschien was het haar reactie op een gebeurtenis die zo sterk werd gedomineerd door mannen en machines.'

Hoewel vrouwen de eerste acht decennia uit de Tour werden geweerd – los van een Miss Tour de France-verkiezing die in 1920 in het leven werd geroepen – waren er een paar uitzonderingen. Als oudste aan tafel roep ik Yvette Horner in herinnering, 'die twaalf jaar lang, vanaf midden jaren vijftig, in de publiciteitskaravaan meereed en op haar accordeon speelde. Ze slipte door de mazen van het reglement omdat ze niet geaccrediteerd hoefde te worden door de Tour-organisatie. Ze vormde een van de grote attracties ervan.'

De grootste doorbraak op het gebied van seksegelijkstelling in de Tour vond, zegt Rupe, zo'n twintig jaar geleden plaats dankzij Greg LeMond en de Australiër Phil Anderson. 'Beiden reden voor Franse ploegen, beiden waren getrouwd en ze hadden allebei de pest aan de voorschriften – vooral dat een echtgenote niet op bezoek kon komen. Dus negeerden ze ze. De familie van Kathy LeMond en de toenmalige vrouw van Phil, Anne, huurden in juli een camper en volgden de koers. Soms parkeerden ze hun auto's pal voor het hotel waar hun man verbleef. Uiteindelijk begrepen de Franse officials de boodschap...'

'Dat is een groot verschil met de Tour zoals hij nu is,' zegt Andy. 'Kijk maar naar George Hincapie. Hij is vorig jaar een keer uitgegaan met een van de rondemissen van de Tour en nu staan ze op het punt een kind te krijgen. Ik ben benieuwd wat Henri Desgrange daarvan gezegd zou hebben!'

'En dan heb je nog Shelley Verses,' ga ik verder, 'de eerste vrouwelijke verzorger in de Tour. Ze maakte in 1986 deel uit van 7-Eleven. Ik sprak haar vorige maand en haalde herinneringen met haar op en ze vertelde me dat ze min of meer *ondervraagd* werd door een van de mensen uit de leiding voordat ze haar inhuurden, om er zeker van te zijn dat ze het niet zou aanleggen met een van de renners! Shelley ziet er nogal goed uit en ze is blond, dus je kunt je wel bedenken wat sommigen ervan dachten. Maar uiteindelijk bleek ze meer vakbekwaam dan al haar collega's.'

'Dat zal wel de eerste stap in de veramerikanisering van het peloton geweest zijn,' zegt Andy. 'Vandaag de dag hebben een heleboel ploegen vrouwelijke verzorgers en publiciteitsmedewerkers.'

'Ik heb gezien dat er zelfs een vrouw deel uitmaakte van een van die ploegen sterke jongens die iedere avond na afloop van de finish de dranghekken opruimen.'

'Maar laten we het weer hebben over de veramerikanisering van de Tour,' houdt Andy aan, 'of moeten we zeggen ver-lance-iëring?'

'Als Lance erbij is, is het niet echt een wedstrijd,' klaagt Jon. 'Je weet wat er gaat gebeuren, en als hij wil winnen dan wint hij ook, en dat is het dan. Misschien is hij eigenlijk te sterk? En het publiek doet gewoon mee, ze lijken er dol op te zijn... Maar ergens heb je het gevoel dat hij ons het spektakel onthoudt dat we graag zouden willen zien, toch?'

'Hetzelfde wat er gebeurde tijdens de jaren van Induráin,' weet Rupe nog.

'Feit is dat Amerikanen dol zijn op winnaars,' zegt Andy, die het gesprek weer op de Lance-factor brengt. 'Jan Ullrich werd tweede in de Tour van vorig jaar en uitgeroepen tot Sportman van het Jaar in Duitsland. Als Lance in 1999 tweede was geworden in de Tour, dan zou hij niet eens zijn uitgenodigd bij David Letterman!'

'Lance heeft de Tour de France net zo hard nodig als de Tour Lance nodig heeft, dat is gewoon zo.'

'Ja, de Tour en Lance. Het is een huwelijk waar beide partijen de vruchten van plukken. Hij heeft de Tour nodig, hij heeft hem *voortdurend* nodig, en als hij stopt met deze sport moet hij heel goed gaan nadenken over de vraag of hij een publiek figuur wil blijven.'

'Maar hij is niet groter dan de Tour als fenomeen,' zegt Rupe terwijl hij zijn glas pakt, 'want hij kan niet *zonder* de Tour.'

'Dat geldt ook voor een heleboel anderen,' antwoord ik. 'Neem Virenque.'

'Ja,' beaamt Rupe. 'Toen hij op 14 juli de etappe won, gaven alle Franse journalisten in de persruimte hem een staande ovatie, terwijl wij en de rest alleen maar vreselijk de pest in hadden. Hoe kan de grootste dopingzondaar in deze sport zo populair zijn? Dat zou hij niet zijn zonder de Tour de France.'

'Laten we het hebben over de Tour van dit jaar,' stel ik voor, terwijl ik de anderen wijn bijschenk. 'Er is nog een week te gaan. Lance heeft de gele trui nog niet in bezit. En hij heeft maar 1:17 voorsprong op Basso. Heeft Basso kans om te winnen?'

'Nee,' zegt Jon. 'Basso kan niet tijdrijden, dus Lance wint waarschijnlijk en pakt zes minuten.'

'Maar Lance ziet Ullrich nog steeds als zijn sterkste rivaal, al heeft hij bijna zeven minuten voorsprong op hem.'

'Ullrich kan de eindzege echt wel vergeten,' zegt Andy.

'Da's waar. Dus heeft Ullrich niets te verliezen. En als hij morgen in de aanval gaat, kan dat perspectieven bieden voor Basso, vooral wanneer Postal gefixeerd is op het terughalen van Ullrich. Morgen zijn er een heleboel beklimmingen, en niet al te lange. Dat betekent dat jongens als Voigt en Sastre Basso kunnen bijstaan. Echt jammer dat Julich geblesseerd is. Hij had ook zijn steentje kunnen bijdragen.'

'Kijk, Postal is zo sterk dat ze zich geen zorgen hoeven te maken,' zegt Andy. 'Ze kunnen net zo rijden als laatst en iedereen langzaam slopen.'

'Dat kunnen ze niet steeds maar weer doen. Die jongens moeten toch ook een keer moe worden, zelfs Lance.'

'We zien wel,' zegt Rupe. 'Ik vergeet nooit mijn eerste Tour in 1987. Jean-François Bernard pakte op de Ventoux de gele trui en heel Frankrijk dacht dat hij de Tour zou gaan winnen. Maar de volgende dag, tijdens een etappe zoals die van morgen – zelfde start en finish, maar een paar andere beklimmingen –, gingen Mottet, Roche en Delgado in de ravitailleringszone allemaal in de aanval en Bernard finishte met zo'n vier minuten achterstand.'

'De Tour is sindsdien veranderd,' stel ik. 'Vandaag de dag is het veel moeilijker om zoiets te doen. Maar ik vind wel dat jongens als Ullrich iets zouden moeten proberen. Ze zullen Lance niet verslaan in de tijdritten of tijdens de zware bergetappes, dus zullen ze het moeten proberen tijdens etappes als die van morgen. Het is moeilijk te begrijpen waarom geen van Armstrongs rivalen in het Massif Central iets heeft ondernomen, tijdens die etappes naar St. Flour en Figéac. Dat was het volmaakte parcours om aan te vallen. Als je tijdens dat soort etappes niets probeert, dan kun je Lance niet verslaan.'

'Inderdaad.' Andy is het daarmee eens en leegt zijn glas Cointreau. 'Maar het is jammer dat jongens als Tyler en Mayo zijn gevallen. Zíj zouden iets hebben ondernomen. Ik denk dat we nog een jaartje moeten wachten om te weten waartoe zij echt in staat zijn. Hoe dan ook, jongens, ik moet nu aan het werk. Jammer dat ik het feestje moet verlaten.'

Pas de problème. Want zelfs tijdens de rustdagen hebben onze bladen en websites verhalen nodig van ons. We rekenen af en laten een fooi achter voor de serveerster.

Het is laat, over enen al weer. Maar het is een goed gevoel om in Nîmes te zijn, met z'n heerlijke lucht, prachtige oude gebouwen en cafés die tot laat in de nacht open zijn. 'Zou het niet geweldig zijn wanneer alle etappeplaatsen zo waren?' zeg ik tegen niemand in het bijzonder terwijl we over de met bomen omzoomde boulevard naar ons hotel lopen. 'Misschien kunnen we de volgende keer dat de koers Nîmes aandoet wél naar Bar Hemingway.'

Hemingway was dol op vrouwen. Maar hij hield ook van machismo, strijd en kameraadschap, die hij zocht en vond in de mannenwereld. Hij was gefascineerd door stierenvechten, boksen, worstelen en wielrennen, en in *The Sun Also Rises* schreef hij: 'De Tour de France is het indrukwekkendste sportevenement ter wereld.'

Dag *18* Verzetsstrijders

20 juli: deze etappe van 180,5 kilometer van Valréas naar Villard-de-Lans leidt eerst in noordelijke richting over de flanken van het Rhônedal, waarna het oostwaarts gaat, de bosrijke heuvels van de regio Vercors in. Vijf beklimmingen tijdens de laatste honderd kilometer maken dit tot een lastige etappe.

Vinkjes kwetteren tussen het flikkerende gebladerte van berken, kastanjebomen en essen. Zoemende bijen doen zich te goed aan gele, blauwe en paarse bloemen die zich vastklampen aan de kalkstenen rand langs de smalle weg. Warm zonlicht schijnt tussen de verheven toppen van de naaldbomen die op deze bergkam van 1370 meter hoogte staan. Aan de andere kant van de weg, waarvan de oude onderlaag op sommige plaatsen door het asfalt heen te zien is, strekt zich in zuidelijke richting een dal uit van grazige weiden, tot de bergkammen in de verte.

Over deze kronkelige weg die over de Col de Chalimont leidt, vervoerden de Romeinen vaten wijn van de Provence naar de stad Gratianopolis, het huidige Grenoble, Franse verzetsstrijders namen deze route om hun hoofdkwartier in de heuvels te bevoorraden en vandaag zullen de deelnemers aan de Tour de France 2004 langs deze rotsen en door deze naaldbossen flitsen, op weg naar de finishplaats Villard-de-Lans, zo'n zestien kilometer verderop.

Hoewel de tijdrit van Alpe d'Huez, waar reikhalzend naar wordt uitgekeken, nog maar vierentwintig uur weg is, kunnen de renners het vandaag niet rustig aan doen. De 180,5 kilometer lange etappe, die start in Valréas, kent zeven beklimmingen en de geschiedenis heeft de belangrijkste kandidaten voor de eindoverwinning geleerd: wees bedacht op onverwacht gevaar. De laatste honderd kilometer van deze etappe gaat door de Vercors, een rotsachtig gebied met beboste heuveltoppen, diepe ravijnen en grazige dalen. Het was hier in de Vercors dat verzetsstrijders zestig jaar geleden hun land verdedigden tegen een Duits leger van vijftienduizend manschappen. In 1944 werden gedurende een paar dagen in juli 840 burgers en verzetsmensen gedood en twee plaatsen werden platgebrand, maar het verzet bleef actief. Op een rotspunt, precies waar de razendsnelle afdaling van de Col de Chalimont in de richting van Villard het bos uitkomt, staat een monument voor de gevallenen.

Dit is pas de tweede keer dat de Tour over de Chalimont trekt. De vorige keer was in 1987, toen een etappe vergelijkbaar met die van vandaag voor een enorme verschuiving in het algemeen klassement zorgde. Met minder dan een week voor de boeg leek de jonge Fransman Jean-François Bernard de gele trui stevig om de schouders te hebben, met bijna drie minuten voorsprong op zijn drie naaste belagers. Alledrie hadden ze het plan opgevat om tijdens de etappe van Valréas naar Villard in de aanval te gaan – en dat deden ze ook.

De ploeg van de Fransman Charly Mottet had heimelijk een guerrillatactiek uitgedacht. Eerst stuurde hij een paar ploeggenoten mee met een vroege ontsnapping, zodat zij voorin zouden zitten in het geval hij hen later op de dag nodig zou hebben. Daarnaast hadden Mottet en zijn ploeggenoten genoeg voedsel in hun achterzakken gedaan om geen snelheid te hoeven minderen in de ravitailleringszone. Op dat punt – op een smal stuk weg door het in een dal gelegen plaatsje Léoncel – wilden ze de aanval inzetten. Het was de bedoeling om Bernard zo te verrassen.

Het werkte, en beter dan ze hadden verwacht. Een paar kilometer voor Léoncel kreeg de gele trui een lekke band en hij bereikte de staart van het snel rijdende peloton pas weer toen de voorgekookte aanval aan de kop ervan al had plaatsgevonden.

Maar de tactiek verraste niet de twee andere kanshebbers, de Ier Stephen Roche en de Spanjaard Pedro Delgado, die beiden meesprongen met de ontsnapping. De ploeggenoten van Mottet die in de groep vroege vluchters zaten, wachtten op hun kopman en werkten vervolgens samen om Bernard op een zo groot mogelijke achterstand te zetten. Na de ravitailleringszone kwamen de ploeggenoten van geletruidrager Bernard om hem heen rijden en de drie uur die volgden joegen ze op de groep leiders, onder wie al zijn rivalen. Het gat tussen de groep vluchters en de achtervolgende groep met Bernard bleef vele kilometers rond de minuut hangen, terwijl het op en neer ging door de heuvels van de Vercors. Uiteindelijk moesten de mannen van Bernard het opgeven en vielen ze terug, en de man die de leiding had gehad verloor vier minuten en daarmee de gele trui en zakte naar de vierde plaats in het algemeen klassement.

Toen de kopgroep van zo'n twaalf man de Col de Chalimont bereikte, sprong Delgado, een gevreesd klimmer, weg. Hij werd bijgehaald door Roche en de twee reden gezamenlijk verder over die smalle weg, over de top van de heuvel en vervolgens naar beneden naar de finish in Villard. Delgado won de etappe en Roche pakte de gele trui.

Die dag vol spektakel liet de toeschouwers smullen, maakte de media dolenthousiast en zorgde ervoor dat Roche de eerste (en tot nu toe laatste) Ier werd die de Tour op zijn naam schreef. Het verloop van die etappe liet ook zien dat een slimme aanvalstactiek op geaccidenteerd terrein even effectief kan zijn als pure kracht in de bergen.

Op deze nieuwe dag in de Tour 2004 komen de renners bij de start bijeen, en leider in het algemeen klassement is nog steeds de jonge Fransman Voeckler, die tweeëntwintig seconden voorsprong heeft op Armstrong. Hij verwacht niet dat hij de gele trui nog lang zal dragen, vooral omdat Armstrong sterker lijkt dan ooit. Ondertussen wordt de lijst van diens naaste belagers met de dag korter. Vanochtend ontbreekt weer een van de aanvankelijke kanshebbers, Mayo, op het appèl. De aangeslagen Bask heeft uiteindelijk opgegeven en is op weg naar huis.

Kenners van de Tour bezien de slijtageslag en vragen zich af of de etappe Valréas-Villard van vandaag net zo'n slachting zal aanrichten als die van zeventien jaar geleden. Basso's csc-ploeg en de t-Mobiles van Klöden en Ullrich moeten in goeden doen zijn willen ze het Armstrong echt moeilijk kunnen maken. Misschien zijn er andere ploegen die guerrilla-aanvallen willen inzetten om de koers op z'n kop te zetten. Of misschien zullen Armstrong en zijn troepen toeslaan, zich van Voeckler ontdoen en hun kopman eindelijk de gele trui bezorgen.

* * *

Armstrong heeft zich rustig gehouden sinds zijn etappewinst in Plateau de Beille. Hij liet zijn team kalm aan doen tijdens de vlakke etappe naar Nîmes, en na de finish haastte hij zich naar de ploegbus, zonder interviews te geven; er stond nog een rit van anderhalf uur op het programma naar het hotel van Postal in St. Paul-Trois-Châteaux, waar ze vaak verblijven wanneer ze in het noordwestelijke deel van de Provence koersen of trainen. Armstrong gaf zelfs tijdens de rustdag geen persconferentie; hij liet het debiteren van de gebruikelijke clichés over aan ploegleider Bruyneel: 'Ullrich is nog steeds het grootste gevaar, en hij rijdt altijd een sterke slotweek. Dus we zijn blij dat hij zeven minuten achterstand heeft.'

Ullrich, wiens ploeg verblijft in het afgelegen plaatsje Grignan voorbij de Côtes-du-Rhône-wijngaarden, sprak wel een paar woorden tijdens de rustdag. 'Ik begrijp nog steeds niet wat er in de Pyreneeën is gebeurd,' zei de Duitser. 'Ik heb het gevoel dat ik dit jaar de goede voorbereiding heb gedaan, en dat hoop ik in de Alpen te bewijzen.'

De meest spraakzame van de kanshebbers was Basso. Behalve de fotosessie met zijn gezin gaf hij een luchtige persconferentie van een uur in een hete, overvolle ontvangstruimte in het hotel waar zijn ploeg verbleef. Omdat hij nu de belangrijkste belager van Armstrong is – op minder dan anderhalve minuut – waren er alleen nog maar staanplaatsen beschikbaar, en moesten sommige journalisten zelfs in de deuropening blijven staan. De jonge Italiaan onderwierp zich glimlachend aan de ondervraging en gaf vol zelfvertrouwen in zijn kreupele Engels antwoord op alle vragen. De eerste vragen gaan over zijn tweede plaats in Plateau de Beille. Hoe vond hij de beklimming? 'Lijden, normaal. Het is een hele zware beklimming. Maar ik voel me goed. Ik hoop dat ik deze vorm kan vasthouden.' Ga je voor een podiumplaats? 'Het is nog te vroeg om over het podium te praten. De Tour duurt nog heel lang en ik laat graag mijn pedalen voor me spreken.' Het interessantste deel van zijn persconferentie was toen hem een vraag werd gesteld over het trainingskamp van de ploeg, vroeg in de winter op de Canarische Eilanden. Ploegdirecteur Riis gebruikt verschillende methoden om de onderlinge samenwerking en het wederzijdse vertrouwen van zijn renners te vergroten. Basso beschreef een trainingsoefening waarbij de renners in het donker in rubberbootjes de zee op moesten roeien, en Basso, die niet kan zwemmen, overboord werd gegooid. Zijn ploeggenoten moesten ervoor zorgen dat ze hem aan land kregen, een flink eindje uit de kust.

Hij zei dat hij blij was dat zijn teammaatjes zulke goede zwemmers zijn. Misschien komen hun kracht en het onderlinge vertrouwen dat door de oefening werd vergroot, vandaag wel van pas.

* * *

Deze etappe gaat net als in 1987 over het stuk weg waar Bernard voluit ging om na zijn lekke band weer aansluiting te vinden bij het peloton. Maar in plaats van naar rechts, Léoncel in, langs de ravitailleringszone en dan naar boven op weg naar de zo toepasselijk genaamde Col de la Bataille (Pas van de Slag), gaan we vandaag recht het dal in. En tot nu toe is er nog geen teken geweest van verrassingstactieken.

Een groep van twaalf vluchters heeft drie minuten voorsprong op het peloton, maar de enige van hen die mogelijk een strategisch belang heeft, is Voigt, de Duitse ploeggenoot van Basso. De klimmers Virenque en Rasmussen zitten er ook bij, maar die zijn alleen maar uit op punten voor de bolletjestrui. En dan is er nog O'Grady. Hij rijdt zo'n zestien kilometer op kop en gaat op een snelle, bochtige afdaling voluit om bij de laatste tussensprint deze dag, in St. Jean-de-Royans, vier puntjes bijeen te sprokkelen.

Tienduizenden enthousiaste toeschouwers hebben zich langs de steile helling net buiten de stad verzameld, aangezien hier de vierde en zwaarste beklimming van de dag begint. Er staan dikke rijen langs de eerste acht stijgende kilometers van de Col de l'Echarasson, die de renners over een hobbelig weggetje voert dat door een kastanjebos slingert naar een gelijkmatige maar zware klim van acht procent. Dat steile gedeelte blijkt te veel voor de meeste vluchters. Alleen Rasmussen en Virenque weten weg te komen en nemen de leiding in de koers, op korte afstand gevolgd door Voigt. Maar de toeschouwers zullen pas echt spektakel zien wanneer de grote groep, die wordt aangevoerd door Armstrongs 'blauwe trein', een paar minuten later passeert.

Het lijkt erop dat de hard fietsende Postals de gebruikelijke slachting aan het aanrichten zijn. Een voor een, dan twee bij twee, moeten de renners eraf door het tempo van het Amerikaanse team. Een van hen is Voeckler, die tien etappes lang de gele trui moedig heeft verdedigd. Maar het lijkt erop dat zijn weerstand nu gebroken is.

Het tempo blijft hoog en dan, na ruim anderhalve kilometer klimmen, nemen Giuseppe Guerini, Klöden en Ullrich van T-Mobile met een duidelijk geplande zet de leiding over. Om te laten zien dat ze er klaar voor zijn, voeren ze het tempo nog maar eens een beetje op! Het lint van renners staat op knappen wanneer Guerini, Ullrichs beste knecht in de bergen, voluit aanzet. Halverwege het eerste rechte gedeelte moet Guerini van kop af en wordt de aanval van de Duitse ploeg voortgezet door Klöden met zijn dunne, malende benen, die nog steeds in dienst van Ullrich rijdt ondanks zijn hogere positie in het algemeen klassement. De magere Klöden – één meter drieëntachtig, 63 kilo – rijdt bijna twee kilometer aan kop, met indrukwekkend machtsvertoon de pedalen rondmalend. Zijn lange sleuren versplintert het toch al gedecimeerde groepje – en toont voor de eerste keer deze Tour dat zelfs de Postal-ploeg zijn beperkingen heeft. Hincapie, Rubiera en Manuel Beltran kunnen niet volgen, zodat Armstrong alleen nog Landis en Azevedo heeft om voor hem gang te maken... en er zijn nog ruim zestig kilometer te gaan.

Als Klöden het beste gegeven heeft en er nog ruim anderhalve kilometer van de klim van acht procent te gaan zijn, voert Ullrich het tempo nog iets verder op en gaat er alleen vandoor! De Duitse superster is helemaal op stoom gekomen en hij wil de wereld dolgraag laten zien dat hij nog vol vechtlust zit. Hij slaat een groot gat, neemt een bocht en komt vervolgens op een smal weggetje dat door een bosachtig gebied kronkelt in de richting van de top. Dit gedeelte is veel minder steil en Ullrich begint meteen meer vaart te maken.

Voordat de Duitser uit het zicht verdwijnt, wisselt Armstrong snel een paar woorden met Landis, waaruit blijkt dat hij totaal niet verontrust is over de aanval van zijn rivaal. 'Hé, daar staan je ouders, Floyd.' Armstrong heeft langs de weg de vader, moeder en drie jongere zussen van Landis ontwaard. Dit is de eerste keer dat de familie van Landis, leden van de Amish-gemeenschap, hem ziet koersen in de Tour, en het is ook de eerste keer dat ze in Europa zijn. 'Ik heb naar ze gezwaaid,' zegt Landis, 'maar ik kon niet lang kijken, want op dat punt besloten we het tempo op te voeren.'

Landis doet nu al het werk om Ullrichs voorsprong, die om en nabij een minuut is wanneer hij de top bereikt, niet te groot te laten worden. Ullrich blijft ondertussen renners bijhalen die zijn teruggevallen uit de aanvankelijke kopgroep, onder wie Voigt. Tegen de tijd dat hij de top van de volgende, korte beklimming heeft bereikt, hebben de leiders in de etappe, Rasmussen en Virenque, minder dan anderhalve minuut voorsprong.

Terwijl Ullrichs voorsprong op de groep-Armstrong groeit en inmiddels zesenzestig seconden bedraagt, krijgt de koers opeens een nieuwe wending – in het nadeel van Ullrich. CSC-ploegleider Riis zegt tegen Voigt dat hij moet wachten op de groep met Armstrong, en komt dan overeen met Bruyneel van Postal om samen te werken. Dus krijgt Landis in de jacht op Ullrich nu steun van de sterke Voigt, en het gat wordt de volgende dertien dalende kilometers langzaam kleiner. Als Riis niet had besloten om Postal te helpen, was het mogelijk geweest dat Landis en ploeggenoot Azevedo zich over de kop hadden gereden in de jacht op Ullrich, zodat Armstrong er alleen voor had gestaan op de volgende beklimming – de Chalimont. In dat geval had hij het moeten opnemen tegen drie renners van CSC, Basso, Sastre en Voigt, twee van T-Mobile, Klöden en Ullrich, en Leipheimer van Rabobank.

Dat zou voor CSC een enorm tactisch voordeel hebben betekend, dus vraag ik Riis later waarom hij Postal niet het werk alleen liet opknappen. De sluwe Deen antwoordt: 'Daar heb ik wel over gedacht, weet je, maar...' Zijn woorden sterven weg alsof hij wil zeggen dat het zo heeft moeten zijn. Maar nee, hij legt uit dat hij met het oog op het algemeen klassement niet wilde dat Ullrich tijd won ten opzichte van Basso en dat Basso hem had laten weten zich goed te voelen en te willen proberen de etappe te winnen.

De tactiek van Riis blijkt een goede: Ullrich wordt aan de voet van de Chalimont bijgehaald, met nog vierentwintig kilometer te gaan. Kort daarop is het de beurt aan Rasmussen en Virenque, Leipheimer doet een kortstondige vluchtpoging en een uitgeputte Landis valt terug. Hierdoor zijn er nog drie man van CSC tegen twee van zowel Postal als T-Mobile, en Leipheimer van Rabobank. Maar de leeggereden Voigt moet tijdens de laatste klim van 2,4 kilometer in Villard lossen en ook zijn ploeggenoot Sastre gaat eraf wanneer Klöden het tempo opvoert. De strijdlustige Leipheimer is de laatste die moet laten gaan, zodat alleen nog Basso, Ullrich en Armstrong in het spoor van Klöden zijn gebleven. Basso ziet er sterk uit en weet zowaar te demarreren, in een gooi naar de etappewinst. Maar Armstrong geeft niets weg: hij springt naar Basso toe, gaat over hem heen en terwijl hij de finishlijn passeert balt hij eerst één, dan twee vuisten om een opnieuw indrukwekkende overwinning te vieren. Toch was het Postal-kamp duidelijk bezorgd over Basso. Voordat Armstrong zijn laatste sprint inzette, schreeuwde Bruyneel via de ploegzender dat hij voor de etappewinst moest gaan om de twintig bonusseconden te pakken. Zonder die bonus zou Armstrongs voorsprong op Basso in het algemeen klassement zijn teruggelopen tot rond de minuut, in plaats van te groeien tot 1:25. Armstrong is uitgelaten dat hij de etappe in een sprint heeft gewonnen, iets wat hij niet meer heeft gedaan sinds hij op zijn eenentwintigste zijn eerste Tour-ritzege behaalde, elf jaar geleden. Het bezorgt hem ook een enorme kick dat hij de gele trui, die hij de afgelopen twaalf dagen aan Voeckler had 'uitgeleend', weer heeft opgeëist. De uitgeputte jonge Fransman eindigt met negen minuten achterstand en valt terug naar de achtste plaats in het algemeen klassement. Hij heeft het uitstekend gedaan, maar de *maillot jaune* is terug om de schouders van de man die hem heel graag weer in bezit wilde hebben vóór de tijdrit van Alpe d'Huez. 'Ik kan niets mooiers bedenken dan die mythische berg op te rijden in het geel,' jubelt Armstrong.

* * *

Als de etappe is afgelopen, de huldiging achter de rug is en de interviews zijn gegeven, vertrekken de ploegen allemaal naar hun hotels in Grenoble. De renners willen graag uitrusten van opnieuw een zware dag en zich voorbereiden op die van morgen: de vreeswekkende tijdrit op Alpe d'Huez waar iedereen al over praat en aan denkt sinds vorig jaar oktober het parcours van deze Tour werd gepresenteerd.

De vele toeschouwers op de Col de Chalimont zijn vertrokken nadat ze de achterblijvers voorbij hadden zien komen, zo'n halfuur na de leiders. In het westen zakt de zon naar de horizon, de bloemen hebben zich gesloten en de vogels zoeken hun plekje voor de nacht op. Zo'n vijftig kilometer in oostelijke richting, achter de blauwe heuvelkammen van de Vercors, proberen op de flanken van een berg genaamd Alpe d'Huez een half miljoen fans het beste plekje te vinden voor de etappe van morgen. Daarna maken ze zich op voor een nacht onder de sterren.

ETAPPE-UITSLAG *1. Armstrong; 2. Basso, zelfde tijd; 3. Ullrich, op 0:03; 4. Klöden, op 0:06; 5. Leipheimer, op 0:13.*

ALGEMEEN KLASSEMENT *1. Armstrong; 2. Basso, op 1:25; 3. Klöden, op 3:22; 4. Mancebo, op 5:39; 5. Ullrich, op 6:54; 8. Voeckler, op 9:28; 10. Leipheimer, op 10:58.*

Dag 19 Pelgrims en legendes

21 juli: een 15,5 kilometer lange individuele klimtijdrit, over de eenen-
twintig bochten tellende weg van Bourg d'Oisans naar het skioord Alpe
d'Huez. Het is een etappe die weleens bepalend zou kunnen zijn voor de
einduitslag van de Tour 2004.

Terwijl de 157 renners die over zijn in de Tour nog vredig liggen te
slapen in Grenoble, zijn op de plaats waar ze het later deze dag tegen
elkaar zullen opnemen de mensen al klaarwakker en vol verwachting. Duizenden fans kuieren door de straten van Bourg d'Oisans
wanneer we om halftwee 's nachts het stadje binnen komen rijden.
De winkels zijn open, de bars puilen uit en overal waar pizza of frites wordt verkocht, staat een rij. Opgewonden fans komen bij elkaar op de hoeken van de straten, met een glas bier in de hand, en
praten over de etappe die gaat komen. Sommigen testen de bellen
die ze voor hun favorieten zullen laten klinken, terwijl anderen hun
gezicht hebben geschilderd in de kleur van hun land of het team
van hun voorkeur. We rijden over de hoofdstraat, waar *gendarmes* in
lange blauwe mantels en gewapend met lampen het voortkruipende
verkeer regelen. Hier zal morgen de start worden opgesteld, en hier
zal de eerste man die vertrekt voor de tijdrit van Alpe d'Huez over
een uur of twaalf die magische mantra horen: '*5-4-3-2-1-partez!*'

* * *

De beklimming van Alpe d'Huez werd legendarisch tijdens de Tour
de France van 1952, toen Fausto Coppi, zelf ook een legende, de
eerste etappe naar de top won. Sinds dat veelbelovende begin hebben zeventien andere renners hier op dit spectaculaire parcours gewonnen, sommigen meerdere malen. Maar dit is de eerste keer in
de Tour-geschiedenis dat er een individuele tijdrit zal plaatsvinden

op Alpe d'Huez. Elke renner zal de persoonlijke uitdaging moeten aangaan om zich vanaf dit gletsjerplaatsje met spitse daken en luiken voor de ramen omhoog te knokken via dat kronkelende asfaltlint tegen de steile flanken van die met groen begroeide, rotsachtige berg, via eenentwintig haarspeldbochten, om uiteindelijk helemaal boven de houten chalets en betonnen appartementengebouwen te bereiken van een elfhonderd meter hoger gelegen skioord. Een race naar de top van de meest aansprekende berg in de Tour, met een vlak gedeelte van anderhalve kilometer als aanloop tot de beklimming van bijna veertien kilometer lengte met een gemiddeld stijgingspercentage van 7,9 procent. Een ontzagwekkende uitdaging in een ontzagwekkend decor, te midden van de pieken van de Alpen, sommige in sneeuw gehuld, zo ver het oog reikt. Het is een zware test voor de renners die al zijn uitgeput door tweeëneenhalve week van keihard werken en beproevingen.

Een tijdrit kent geen genade. Het fenomeen werd in 1895 door de Britten bedacht en is populair vanwege de sportieve puurheid. Geen ploegenbelangen, geen tactisch spel, geen achterbaks gedoe, alleen maar een man die zo hard mogelijk op de fiets van het ene punt naar het andere wil komen. Ieder fietst, zoals de Britse uitvinders stelden, zijn race 'alleen en zonder hulp', kwetsbaar en onbeschermd. De Fransen noemen het de 'wedstrijd van de waarheid'. Iedere renner neemt het niet alleen op tegen het voorttikken van de tijd, maar ook tegen onzichtbare tegenstanders die net zo hard hun best doen als hij zelf.

Een tijdrit op vlak terrein, zoals de proloog in Luik tijdens de eerste dag in de Tour, wordt betwist op pure snelheid. De hoge snelheden betekenen dat de aërodynamica en de houding op de fiets even belangrijk zijn als de kracht in de benen van de renner en zijn mate van concentratie. Een klimtijdrit stelt deels dezelfde eisen: kracht, concentratie, ritme. Maar aangezien de snelheden veel lager zijn – minder dan vierentwintig kilometer per uur bij een beklimming als die van Alpe d'Huez – is een comfortabele positie op de fiets te verkiezen boven een lage, meer gestrekte houding. Aan de andere kant trekt een langdurige kliminspanning lichamelijk een zwaardere wissel. Soms moeten renners overgeven na steile klimtijdritten, vanwege het melkzuur dat hun lichaam afscheidt wanneer ze te lang anaëroob zijn.

Al deze factoren moeten in beschouwing worden genomen bij de voorbereiding van een klimtijdrit als die naar Alpe d'Huez. Het heeft geen zin om hard van start te gaan op een beklimming van bijna veertien kilometer lang en na de eerste anderhalve kilometer al stuk te zitten. Maar je moet ook niet te voorzichtig beginnen, want anders eindig je waarschijnlijk met een te volle tank en verlies je tijd.

* * *

Rijdend tussen de auto's en campers die het vlakke stuk weg na Bourg d'Oisans omzomen, komen we al snel bij de afslag waar de renners naar links zullen gaan richting de voet van de beklimming. Het is twee uur 's nachts en de weg is al afgesloten voor het publiek. De politie schijnt met lichten op onze groene *Tour de France Média*-sticker en gebaart dat we verder mogen. We zijn op weg naar een appartement op de top van de in duisternis gehulde berg en slingeren van de ene haarspeldbocht naar de andere – van nummer 21 beneden tot nummer 1 boven – en krijgen een goede indruk van de slag die Armstrong later deze dag zal leveren tegen Basso, Klöden en Ullrich. Allemaal hebben ze in de Alpen getraind, maar alleen Armstrong is obsessief geweest in zijn verkenningswerk... omhoogrijden, en weer naar beneden... naar boven, naar beneden... om iedere bocht gedetailleerd te bestuderen, iedere verandering in stijgingspercentage. 'Ik verdeel de beklimming in drie gedeelten,' zegt hij, 'van beneden naar het eerste plaatsje (la Garde), dan het stuk naar het volgende plaatsje (Huez), en dan tot aan de finish. Ik kijk naar de nummers van de bochten en ik weet dat het steilste gedeelte [bijna twaalf procent] tussen bocht zes en vijf is.' Aangezien ieder plaatsje gemarkeerd wordt door een kerktoren, maakt Armstrong hier zijn doelen van, een manier om zijn ritme te bepalen en zijn energie te doseren over de drie gedeelten. Hij zegt dat hij hier in de loop van mei komt om te trainen, want 'ik hou ervan om Alpe d'Huez in mijn eentje op te gaan, wanneer er niemand is, alleen een handjevol gasten in de paar hotels en wat lui die aan de weg werken'.

Deze donkere julinacht zijn er nog duizenden mensen onderweg. Terwijl we omhoogrijden, met de eerste anderhalve kilometer die zo steil is dat het wel een muur lijkt, moeten we af en toe stoppen waar campers strijd leveren om een plaatsje in de parkeervakken vlak langs de weg. We moeten ook luidruchtige straatfeesten omzeilen en uitkijken voor fans op fietsen die nog steeds omhoogzwoegen of omlaagdenderen – jawel, om twee uur 's nachts. Behalve de campers met hun schotelantennes, fietsdragers en nationale vlaggen, staan er op ieder open stukje terrein kleine tentjes en er liggen zelfs lui in slaapzakken in de goot.

Als ik mensen zo zie overnachten, moet ik denken aan de Tour van 1979, de zomer dat het personeel van mijn krant, *The Sunday Times*, in staking ging. Hoewel ik geen verslag hoefde te doen, kwam ik toch naar de Tour en maakte op de fiets een pelgrimstocht naar Alpe d'Huez. Ik kwam uit het noorden via enkele bergpassen en ging ervan uit dat een hotel vlak bij de Col du Glandon waar ik graag kwam, open zou zijn. Het bleek dicht vanwege een verbouwing, dus ging ik verder de pas op, stopte en nuttigde wat kaas en wijn in gezelschap van een familie wielerfans die vlak bij de top kampeerden, en reed vervolgens naar het hoogste punt. Het was een nacht zoals deze: koel, windstil en heel donker. Het moet rond twee uur zijn geweest dat ik aankwam in Bourg d'Oisans. Alles was dicht, dus bracht ik de rest van de nacht door op het houten bankje van een bushalte.

Deze nacht zijn er veel meer pelgrims op deze Alp. De onderste helft van de beklimming is het meest in trek bij de toeschouwers, omdat daar geen dranghekken staan. Dat betekent dat ze op de weg zullen kunnen staan en dus dat ongelooflijke mooie gevoel kunnen ervaren wanneer de renners op maar een paar centimeter afstand langskomen en je het zweet op hun gezicht kunt zien, hun bloeddoorlopen ogen die in de verte staren en hun open monden die zoveel mogelijk lucht proberen binnen te zuigen. Waar zo'n zes kilometer voor de finish de dranghekken beginnen, wordt de hoeveelheid mensen kleiner. Het is niet alleen onmogelijk om op dit gedeelte langs de weg te parkeren, maar de dranghekken staan zo dicht tegen de rand van de weg dat er bijna geen ruimte is om te staan. En behalve dat stralen de dranghekken iets koels en afstandelijks uit. Ze nemen het gevoel van verbondenheid en interactie tussen renner en toeschouwer dat zo'n onlosmakelijk deel is van de sport weg.

In 1986 stonden hier nog géén dranghekken, behalve dan bij de finish zelf. Het was de dag dat Greg LeMond trots de gele trui droeg naar de top van Alpe d'Huez, tijdens een ontsnapping met zijn Franse ploeggenoot Bernard Hinault, de dag nadat LeMond de allereerste Amerikaanse geletruidrager in de Tour werd. En ook stonden hier geen dranghekken in 1992, toen Andy Hampsten uit Boulder, Colorado, de eerste Amerikaan werd die de etappe naar Alpe d'Huez won. Hampsten werd zo gehinderd door de opdringende toeschouwers dat hij zijn vuist gebruikte om ze als vliegen van zich af te slaan.

* * *

Het is net na vijf uur 's middags wanneer opnieuw een Amerikaan in het geel, Lance Armstrong, aan de legendarische beklimming begint, met nog veel meer toeschouwers langs de weg dan waarmee Hampsten te maken kreeg. Elke meter van de weg wordt omzoomd door samengepakte toeschouwers. Volgens de politie zijn het er zo'n vijfhonderdduizend, allemaal besmet met het Tour-virus. Ze staan aan weerskanten, met tussen hen in nog ongeveer een metertje voor de Amerikaan om doorheen te fietsen. Politiemotoren met gillende sirenes banen een tijdelijk pad. Maar als ze eenmaal voorbij zijn, dringen de fans weer op. Nog even en ze staan oog in oog met Armstrong, schreeuwen hem toe, wapperen een paar centimeter voor zijn gezicht met hun vlaggen of ballen hun vuist, rennen een paar meter mee om hem aan te moedigen of knielen even om een foto te nemen en vervolgens weg te duiken. 'Sommige toeschouwers waren een beetje agressief,' verklaart Armstrong later met een understatement. 'Maar de Tour de France is een groots evenement en het ligt voor de hand dat de mensen opgewonden zijn.'

Het lawaai van de toeschouwers achtervolgt iedere renner die over de rotsachtige, met bomen begroeide bergflank naar boven rijdt: de oorverdovende toeters, Afrikaanse trommels, uitbundig gezang, dronkemansliederen, de kakofonie van een blaasorkest, het gegalm van koebellen en het '*Allez, allez, allez!*' van de Fransen.

Sommige renners zijn het slachtoffer van nationalistisch fanatisme. De Duitse fans, die zwaaien met grote, paarse plastic T-Mobile-handen, jouwen Voigt uit omdat hij tijdens de etappe van gisteren de jacht inzette op zijn landgenoot Ullrich, en ze fluiten McEwen uit omdat hij de groene trui draagt en hún Erik Zabel op punten verslaat.

Als geletruidrager start Armstrong als laatste in de tijdrit, en hij is blij dat hij onderweg is. Voorafgaand aan de start ligt zijn mecanicien in de clinch met de fiets van Lance. Hij moet hem vier keer aan de inspecteurs presenteren, totdat het gewicht meer bedraagt dan het minimum van 6,8 kilogram. Een paar dagen eerder wees de wijzer nog het goede gewicht aan, maar alles weegt minder op grotere hoogte. Daarom werden er iets zwaardere cranks en tandkransen gemonteerd.

Teneinde hetzelfde doel te bereiken heeft Basso's mecanicien kleine aërodynamische handgrepen op het stuur vastgeklikt, die de nummer twee in het algemeen klassement op de rechtere, vlakkere gedeelten van het parcours wat extra seconden voordeel kunnen geven. Ullrich heeft ze ook laten aanbrengen omdat hij ze de hele tijd gebruiken wil.

Naarmate de middag vordert wordt de zon minder heet in het dal, wat licht in het voordeel is van de late starters. Maar ook zij krijgen het al snel warm door hun inspanningen en sommige fans gooien koel water over hun hoofd wanneer ze langsfietsen.

De enige concurrenten van Armstrong voor de eindoverwinning rijden met intervallen van twee minuten vóór hem: Basso op twee minuten, Klöden op vier en Ullrich op acht. Dit geeft Postal-ploegleider Bruyneel – die zo dicht achter Armstrong aan rijdt als de regels toestaan – de gelegenheid om de Texaan via zijn oortelefoontje op de hoogte te houden van de verschillen in tussentijd. Ze weten al dat Lance na de eerste anderhalve vlakke kilometer drie seconden *langzamer* is dan Ullrich, één seconde sneller dan Basso en vijf seconden sneller dan Klöden.

Er bestaat nog een legende over Alpe d'Huez. Er wordt gezegd dat de renner die na afloop van de etappe hier het geel in bezit heeft, dat ook op de Champs-Élysées zal dragen. En dat klopt vaker wel dan niet. Armstrong kent deze legende maar al te goed, en hetzelfde geldt voor de anderen. Ze weten dat dit de beslissende dag is, en allemaal hebben ze hun eigen dromen – vooral Ullrich. 'Ik ben enorm teleurgesteld dat ik in de Pyreneeën niet goed was,' zegt hij, 'maar ik ben nu in topvorm en ik wil de tijdrit winnen.'

Om dat te realiseren geeft de sterke, moedige Duitser werkelijk alles. Hij weet dat de enige manier om Armstrong te verslaan is om zijn surplus aan kracht te gebruiken voor een grote versnelling, veel groter dan Armstrong gebruikt. Daartoe moet Ullrich in het zadel blijven, waardoor hij zijn sterke rugspieren en quadriceps hun werk laat doen terwijl hij de pedalen met een metronomisch ritme tachtig keer per minuut rondmaalt. En door het opzetstuur heeft Ullrich een lage en dus aërodynamischere houding, wat hem misschien een seconde of twee laat winnen op de snellere gedeelten. Hij heeft zelfs zijn nauwsluitende tenue helemaal tot boven dichtgeritst, om de luchtweerstand zo laag mogelijk te houden. De forse Duitser mag vanwege zijn lagere pedaalcadans langzamer lijken in de ogen van zijn fans, maar ze hoeven maar naar zijn vertrokken gezicht en aangespannen armspieren te kijken om zijn echte en ongelooflijke snelheid in te schatten.

In tegenstelling tot zijn ploeggenoot Ullrich ritst Klöden het bovenste gedeelte van zijn tenue open en blijft hij uit het zadel komen om meer kracht te zetten op de steilere gedeelten. Basso moet zijn relatief geringere kracht compenseren door af en toe uit het zadel te komen. Opnieuw overtreft de populaire, donkerharige Italiaan ieders verwachtingen. Zijn pedaalslag van zevenentachtig omwentelingen per minuut komt overeen met die van Klöden, een van de grote tijdritspecialisten in de Tour.

Maar alle prestaties verbleken naast die van Armstrong. In samenwerking met coaches Carmichael en Ferrari heeft hij zijn dynamische pedaalslag geperfectioneerd door een kleinere versnelling te gebruiken dan de anderen, die hij met een ongelooflijk tempo rondmaalt. Daardoor kost iedere omwenteling minder kracht en kan hij langer een hogere snelheid aanhouden. Halverwege de klim, als hij voor de eerste keer Basso in het zicht krijgt, ligt zijn aantal pedaalslagen op zesennegentig per minuut. Maar hij wint het niet alleen op techniek, het gaat ook om kracht en het vermogen om de beschikbare zuurstof zo efficiënt mogelijk te gebruiken. Aan beide aspecten heeft hij gedurende de lente en zomer met een speciaal trainingsprogramma gewerkt. Dat programma behelst geestdodende intervaltrainingen op zowel lange als korte klimmen, steeds weer opnieuw. Geen wonder dat Armstrong beweert dat zijn succes is gebaseerd op toewijding en voorbereiding, en dat een wedstrijd als die van vandaag alleen maar een 'invuloefening' is.

Zijn tussentijden vormen het bewijs dat de gele trui in topvorm is. Na tien kilometer, op het middelste gedeelte van zijn dorp-totdorptraject, is Armstrong al veertig seconden sneller dan Ullrich, zevenenzestig seconden sneller dan Klöden en vijfenzeventig dan Basso. En de voorsprong blijft groeien terwijl hij door de haarspeldbochten zwiert en snel inloopt op de man die twee minuten vóór hem is vertrokken.

'Toen ik Ivan in het vizier kreeg,' zegt Armstrong, 'gaf me dat echt extra kracht.' De arme Basso ziet de Texaan niet achter zich, maar hij hoort de toejuichingen voor Armstrong steeds luider worden en hij weet dat hij over niet al te lange tijd zal worden ingehaald en een flink pak slaag zal krijgen. Met nog iets meer dan drie kilometer te gaan haalt de Texaan Basso genadeloos bij... en gaat over zijn Italiaanse vriend heen zonder hem zelfs maar een blik waardig te keuren. Armstrong is zojuist zijn enige overgebleven rivaal voorbijgegaan en dendert verder.

Op datzelfde moment gaat Ullrich, die de laatste meters uit het zadel komt en wild slingerend alles geeft, over de finish, terwijl hij met wijdopen mond naar adem hapt en zijn spieren verschrikkelijk veel pijn doen. Hij gaat over de streep met de snelste tijd tot dan toe: 40:42.

De volgende die binnenkomt is Klöden, ook uit het zadel, badend in het zweet en op het punt van instorten. Zijn tijd is ook indrukwekkend, hoewel veertig seconden langzamer dan Ullrich, die vandaag heeft laten zien waarom hij nog steeds de kopman van t-Mobile is, hoewel hij in het algemeen klassement nog altijd achter zijn ploeggenoot staat.

Ullrich staat bij de finish en kijkt op de televisie naar Armstrong. De blik van de Duitser verraadt zowel jaloezie als woede, in de wetenschap dat hij opnieuw een nederlaag gaat lijden. De toeschouwers achter de dranghekken richten zich nu op Armstrong, die door de laatste bocht komt aanvliegen. De honderden Amerikanen die hier aanwezig zijn, schreeuwen hem vooruit. Als het ware voortgestuwd door hun aanmoedigingen legt de kampioen de laatste tweehonderd meter sprintend af. Hij weet dat hij gewonnen heeft maar hij wil iedere seconde op zijn tegenstanders pakken die maar mogelijk is. Tot het allerlaatst blijft hij alles geven, zijn doorzettingsvermogen en macht zijn even imponerend als de berg zelf. De tijd van Armstrong licht op: 39:41. Weer heeft hij een minuut gepakt op Ullrich, 1:40 op Klöden en 2:10 op Basso.

Phil Liggett, de befaamde Britse Tour-verslaggever, laat de televisiekijkers weten: 'Lance heeft nu geen concurrentie meer, alleen de koers zelf nog!'

Het is waar. Als hij ergens zijn zesde Tour-overwinning zeker heeft gesteld, dan hier op Alpe d'Huez. Op deze legendarische berg deed Lance wat nodig was om zelf een legende te worden.

ETAPPE-UITSLAG *1. Armstrong, 39:41; 2. Ullrich, 40:42; 3. Klöden, 41:22; 4. José Azevedo (Portugal), 41:26; 5. Santos Gonzales (Spanje), 41:51.*

ALGEMEEN KLASSEMENT *1. Armstrong; 2. Basso, op 3:48; 3. Klöden, op 5:03; 4. Ullrich, op 7:55; 5. Azevedo, op 9:19; 10. Leipheimer, op 15:04; 13. Voeckler, op 16:04.*

Dag 20 Geen cadeautjes meer

22 juli: deze etappe van Bourg d'Oisans naar Le Grand Bornand is statistisch gezien de zwaarste van de Tour: 204,5 kilometer met in totaal 5181 meter hoogteverschil via vijf bergpassen. Het belooft een lange en slopende dag te worden.

Iedereen lijdt pijn. Het is nu bijna zes uur geleden dat het 152 renners tellende peloton vanochtend uit Bourg d'Oisans is vertrokken voor een afstand van 204,5 kilometer en in totaal 5181 meter hoogteverschil. Het is een uitputtingsslag geweest. De kopgroep bestaat nog maar uit zes man – drie Amerikanen, twee Duitsers en een Italiaan. Ze zijn op weg naar de laatste top van vandaag en allemaal hebben ze hun laatste reserves aangesproken. Voorop rijdt een jonge Amerikaan, Floyd Landis, die deze zeer steile, ruim elf kilometer lange beklimming een enorm tempo heeft volgehouden. Aan de voet van de klim had Landis nog twintig man in zijn wiel. Op vijf na hebben ze allemaal moeten lossen.

Pal achter Landis rijdt zijn kopman, Lance Armstrong, in de gele trui. Daarachter, als aan een draadje, komt Jan Ullrich, die op zijn beurt weer wordt gevolgd door Ivan Basso, Levi Leipheimer en Andreas Klöden. Na drie slopende weken tonen zij zich de sterkste renners van deze Tour.

Landis, de achtentwintigjarige knecht afkomstig van het platteland van Pennsylvania, is een verrassing en een openbaring gebleken. Op deze laatste zware beklimming van de Tour lijkt hij te vliegen. 'Ik gaf alles om maar aan kop te blijven,' zegt Leipheimer, die de andere renners altijd goed in de gaten houdt. 'Iedereen had het moeilijk, Klöden moest er steeds bijna af, dus ging ik hem voorbij. Ik kon zien dat Ullrich het zwaar had... dat Lance het steeds zwaarder kreeg... en dat Floyd nog steeds goed was. Het was duidelijk dat hij te hard fietste om een ontsnapping mogelijk te maken.'

Te hard dus voor Leipheimer, die alleen maar wil overleven, in het wiel wil blijven. Hij weet dat als hij dit moordende tempo nog slechts zo'n anderhalve kilometer kan volhouden, de kopgroep van zes gezamenlijk de top zal bereiken. En vandaar is het alleen nog maar afdalen tot de finish in het wintersportplaatsje Le Grand Bornand. Als hij weet vol te houden, heeft hij zelfs kans om de etappe te winnen. Dat zou allerlei teleurstellingen die hij in deze Tour te verwerken heeft gekregen, weer goedmaken. Het zou de Tour ook goedmaken voor zijn ploeg, Rabobank, die tot nu toe nog geen enkele etappewinst heeft geboekt. Het is een mooie droom. Maar deze verzengend hete dag richt een ware slachting aan, en Leipheimer wordt een van de laatste slachtoffers. 'Ik stortte helemaal in,' zegt hij.

Terwijl de Amerikaan terugvalt, hoopt Klöden dat hij niet de volgende zal zijn die wordt gelost. De Duitser haalt echt alles uit de kast. Hij is er zich terdege van bewust dat als hij wordt gelost, zijn kansen om als tweede in Parijs aan te komen bijna verkeken zijn. Terwijl Klöden zich omhoogknokt en Ullrich en Basso zich voorstellen hoe ze op de top aankomen, maken Landis en Armstrong een praatje.

'Floyd,' zegt Armstrong tegen zijn protégé, 'hoe graag wil jij een etappe in de Tour de France winnen?'

'Heel erg graag.'

'Hoe hard kun jij dalen?'

'Behoorlijk hard. Maar zal het me lukken?'

'Natuurlijk lukt het je. Doe alsof je iets gestolen hebt, Floyd, dan wil je wel hard gaan.'

Dat is een kans waar Landis niet op had gerekend. Per slot van rekening heeft geen enkele Postal-renner, behalve Armstrong, ooit een etappe in de Tour gewonnen. Nu krijgt Landis van zijn kopman het groene licht. Maar kan hij het ook echt?

* * *

Elk jaar is er wel weer zo'n dag in de Tour dat de renners weten dat als ze die maar overleven, ze ook Parijs wel zullen bereiken. Die dag is vandaag, en het is geen makkelijke. Behalve de hitte (rond de vijfendertig graden) zijn er vijf bergen die beklommen moeten worden:

een van de tweede categorie, drie van de eerste categorie en één buiten-categorie. Het is zo'n ontmoedigende opgave dat drie man besluiten om niet eens meer van start te gaan. Een van hen is Roberto Heras, kopman van de Liberty-ploeg. De Spaanse klimmer begon aan de Tour met de hoge verwachting om Armstrong in de bergen aan te kunnen vallen, maar hij heeft totaal verzaakt. Heras had gehoopt in ieder geval op Alpe d'Huez een goede prestatie te kunnen leveren. De eenenzestigste plaats, bijna zes minuten langzamer dan Armstrong, was niet bepaald wat hij in gedachten had. 'Zoals het nu gaat,' zegt hij, 'heeft het geen zin om door te fietsen.'

De matige vorm van Heras en zijn opgave zijn een grote teleurstelling voor zijn ploeggenoot Christian Vande Velde. Vóór de Tour zag de Amerikaan ernaar uit om de Spanjaard aan een hoge klassering te helpen. Nu heeft hij nog maar één doel, de eindstreep halen. En Vande Velde weet dat dat niet vanzelfsprekend is met een etappe als die van vandaag. Vooral als hij terechtkomt in de bus, de grote groep renners die op de beklimmingen worden gelost en hun uiterste best moeten doen om binnen de tijdslimiet binnen te komen.

'Ik weet dat ik er nog niet zeker van kan zijn dat ik Parijs haal,' zegt Vande Velde, die zich nog herinnert hoeveel moeite het hem kostte om zijn eerste Tour, in 1999, uit te rijden. 'Ik was pas tweeentwintig en kreeg, met de tweede bergetappe op het programma, een peesontsteking in mijn knie. Aan de voet van Alpe d'Huez zat ik helemaal stuk en ik haalde de finish op mijn tandvlees. Maar er waren jongens die het nog slechter hadden dan ik. Ik keek om me heen in de bus en zag hoe toeschouwers tijdens de laatste kilometers van de beklimming de grote Magnus Bäckstedt omhoogduwden. En een ander pal rechts van me moest overgeven. Afschuwelijk.'

Dit jaar nadert Vande Velde de eindstreep in een veel betere toestand. Maar hij weet dat hij deze etappe nog een keer vol aan de bak moet. In de openingskilometer krijgt de Est Janek Tombak een krankzinnig ongeluk. Hij reikt naar achter om zijn transponder – een kleine computerchip die alle renners op hun fiets hebben teneinde de finishposities te kunnen bepalen – in orde te brengen, maar zijn hand komt tussen de spaken van zijn achterwiel en er wordt bijna een vinger van zijn rechterhand gerukt. Hij wordt in allerijl naar het ziekenhuis in Grenoble gebracht om de zaak te laten hechten.

Op de tweede klim van de dag, de ontzagwekkende Col de la Madeleine, buiten-categorie, wordt de Franse veteraan Didier Rous gelost. Rous heeft enorm veel werk verzet in dienst van de Boulangère-ploeg om de gele trui van Voeckler te verdedigen. Maar nu ziet hij het niet meer zitten en houdt de Tour voor gezien. De Italiaan Massimo Giunti, die totaal uitgeput is, stapt ook af. En op de gevaarlijke afdaling van de Madeleine maakt een jonge Duitser uit de Balears-ploeg, Daniel Becke, een zware val. Onder de schaafwonden en blauwe plekken moet ook hij opgeven.

De anderen zwoegen voort. De bus achter in het veld bestaat uit zo'n vijftig man, onder wie bijna alle winnaars van de massasprints gedurende de openingsweek: Cancellara, McEwen, Nazon, Boonen, Pozzato en Hushovd. Ze zullen vandaag vijfendertig minuten achter de leiders finishen – maar ze finishen tenminste, en allemaal zullen ze zondag in Parijs proberen om de laatste etappe op hun naam te brengen.

* * *

Voor in de koers, op de smalle, bochtige afdaling van de Col de la Croix-Fry, gaat Landis ervandoor 'alsof hij iets gestolen heeft'. Het lijkt erop dat hij een flink gat gaat slaan... maar na zo'n vijf kilometer razendsnel dalen over een smal weggetje, komt hij op een bredere, minder steile verkeersweg, waar hij in het zicht van zijn achtervolgers komt en makkelijker is bij te halen. De eerste die zich bij hem voegt is Ullrich. Dan krijgt ook Armstrong aansluiting, terwijl Basso en Klöden verslagen lijken. Ullrich vraagt de twee Postal-renners om met hem mee te werken, want hij hoopt tijd te winnen op Basso en de CSC-kopman voorbij te gaan in het algemeen klassement. Wanneer ze die hulp weigeren, trekt Ullrich een lelijk gezicht naar de twee Amerikanen. Ondanks de hoge snelheid waarmee ze dalen, heeft Armstrong nog tijd voor een dolletje met een fotograaf die naast hem achter op een motor zit. Hij doet eerst Ullrichs grimas na en lacht vervolgens in de camera.

Als ze even wat minder hard gaan, vinden Basso en Klöden dankbaar aansluiting. Nu gaan ze met z'n vijven op de finish af, terwijl Armstrong nog steeds probeert om Landis de overwinning te bezorgen. De jonge Amerikaan plaatst nogmaals een aanval, maar hij komt niet ver. Dan, met nog iets minder dan een kilometer te gaan, krijgt

Klöden het op zijn heupen. De andere vier kijken naar elkaar. En op het moment dat het erop lijkt dat ze Klöden zijn eerste Tour-etappezege gunnen, gaat Armstrong achter hem aan. De gele trui rijdt als een jonge hond in zijn eerste wedstrijd, fanatiek en gretig. Hij is geërgerd dat Ullrich Landis heeft teruggehaald, dus doet hij hetzelfde bij diens Duitse ploeggenoot. Armstrong gaat voluit en rijdt zo hard als hij kan. Hij komt snel dichterbij... en nog dichterbij... en nog dichterbij... en haalt Klöden een armlengte voor de finish in. De Texaan gaat over de Duitser heen en heeft weer een etappezege binnen. Het is zijn derde in drie dagen – en zijn vierde bergetappezege op rij! Dat heeft nog niemand vóór hem gedaan – Coppi niet, Merckx niet, Hinault niet. Niemand. Wat een groots kampioen.

* * *

Wanneer Armstrong naar het podium loopt om te worden gehuldigd vanwege zijn etappeoverwinning en om weer een gele trui te ontvangen, krijgt hij boven aan het trapje een hand van Bernard Hinault, de vijfvoudige Tour-winnaar uit de jaren tachtig. Hinault zegt tegen de Texaan: 'Goed gedaan, Lance. Perfect. Geen cadeautjes in de Tour. Geen cadeautjes. Dit is de Tour. Geen cadeautjes.'

Wanneer hij later onthult wat de Fransman tegen hem zei, geeft Armstrong als commentaar: 'In het verleden heb ik cadeautjes gegeven in de Tour de France, maar slechts heel zelden heeft men daar iets voor teruggedaan. Dit is de belangrijkste wielerkoers ter wereld en ik wil winnen. Geen cadeautjes.'

De Franse televisie vraagt aan de Amerikaan of hij zich beschouwt als de nieuwe 'Kannibaal', de bijnaam die Merckx kreeg tijdens zijn hoogtijdagen, toen hij zijn concurrenten 'opvrat'. 'Ik, de nieuwe Kannibaal? Het antwoord is nee,' zegt Armstrong, die alleen maar respect voelt voor de man die hij beschouwt als 'de grootste renner uit de geschiedenis'. 'Ik voel me meer als de zoon van Eddy. En zijn zoon Axel is als een broer voor me. Maar ik ben niet de nieuwe Eddy Merckx.'

Niet iedereen is blij dat Armstrong zich vier bergetappes heeft toegeëigend (en het hadden er vijf kunnen zijn als hij op La Mongie de eerste niet aan Basso had 'geschonken'). De tweevoudige Giro-winnaar Gilberto Simoni, die vandaag heel veel werk heeft gedaan

– hij zat bij de eerste ontsnapping en reed zo'n honderdtachtig van de 204,5 kilometer aan kop –, is nogal boos. Hij vindt dat een leider als Armstrong ook nog wat kruimels voor de anderen moet overlaten. De zwaar teleurgestelde en gefrustreerde Simoni krijgt de vraag voorgelegd of hij Armstrongs vierde winst in een bergetappe beschouwt als de daad van een 'kannibaal'. De Italiaanse klimmer antwoordt: 'Hij is geen kannibaal, maar een piranha.'

ETAPPE-UITSLAG *1. Armstrong; 2. Klöden, zelfde tijd; 3. Ullrich, op 0:01; 4. Basso, zelfde tijd; 5. Floyd Landis (VS), op 0:13; 7. Leipheimer, op 1:01.*

ALGEMEEN KLASSEMENT *1. Armstrong; 2. Basso, op 4:09; 3. Klöden, op 5:11; 4. Ullrich, op 8:08; 5. Azevedo, op 10:41; 9. Leipheimer, op 16:25.*

Dag 21 Le patron

23 juli: deze etappe van Annemasse naar Lons-le-Saunier, met een lengte van 166,5 kilometer, kent geen echt moeilijke beklimmingen, maar het parcours is heuvelachtig genoeg voor vluchtpogingen. De grote mannen zullen met de laatste tijdrit op komst hopen op een rustige dag.

Tijdens zijn periode van heerschappij in de Tour de France heeft Lance Armstrong vaak de vraag gekregen of hij de nieuwe *patron* van het wielrennen is. Het Franse woord *patron* betekent letterlijk 'baas' of 'directeur'. Maar in wielerjargon betekent het veel meer. Misschien dekt 'godfather' het best de lading. Hij is de renner die het peloton controleert door zijn sterke karakter, zijn persoonlijkheid én zijn prestaties. De vorige vijfvoudige Tour-winnaar, Miguel Induráin, boezemde ontzag in vanwege zijn enorme sportieve vermogen en zijn herhaalde overwinningen, maar deze gentleman werd nooit beschouwd als *le patron*. Dan heb je nog Bernard Hinault, die zichzelf in zijn allereerste Tour in 1978 naar voren schoof als de leider van het peloton en de rest van zijn wielercarrière zijn gezag bleef uitoefenen.

Kenners die erbij waren in 1985, het jaar dat Hinault voor de vijfde keer de Tour won, zullen nooit vergeten wat er op de Col de la Colombière gebeurde, de eerste beklimming van een geweldig lange Alpenetappe. Een eigenwijze jonge Franse renner, Joël Pelier, besloot een vluchtpoging te wagen en begon in volle vaart aan de beklimming. Hij wist dat een vroege demarrage tijdens een lange bergetappe van 267 kilometer andere aanvallen teweeg kon brengen, en dat zou het langzame, gestage tempo verstoren waartoe Hinault en zijn ploeg voor de openingsfase hadden besloten. Peliers ontsnapping zou naar verwachting de snelheid opvoeren, het peloton doen breken en ervoor zorgen dat alle minder sterke knechten moesten lossen. En renners die er op deze acht uur durende etappe al vroeg

246

af moesten, zouden bijna zeker buiten de tijdslimiet eindigen en uit de strijd genomen worden.

Dus trad Hinault, *le patron*, op. In zijn prominente gele trui reed de Tour-leider bij het peloton weg, haalde Pelier in en begon naar hem te schreeuwen en te gesticuleren. Pelier, die ten overstaan van het gehele peloton werd vernederd, staakte zijn aanval en liet zich helemaal achter in de groep terugvallen, achter *le patron*. Hinault had de jonge renner – en de wielerwereld – getoond dat hij het voor het zeggen had, en niemand zette vraagtekens bij zijn autoriteit.

* * *

Wanneer deze etappe, die de overbrugging vormt tussen de veeleisende Alpen en de laatste tijdrit van de Tour 2004, zo'n tweeëndertig kilometer oud is, steekt het peloton de Rhône over en zet koers richting een korte, bochtige beklimming. Net als tijdens die etappe in 1985 toen Hinault Pelier de les las, hoopt het grootste deel van de renners op een rustige dag, na de drie zware etappes in de Alpen. Een groepje van zes vluchters heeft een voorsprong van vijfenveertig seconden en het lijkt erop dat die alleen maar zal groeien. Toch maakt niemand zich druk, aangezien geen van de zes renners ook maar in de verste verte een bedreiging vormt voor de kop van het algemeen klassement – de hoogst geklasseerde is de jonge Spanjaard Juan Mercado, die op de vierenveertigste plaats staat, met een achterstand van één uur en twaalf minuten op Armstrong.

Opeens rijdt Filippo Simeoni, die de afgelopen tien dagen een aantal keren bij een ontsnapping zat, bij het peloton weg in de hoop de zes vluchters bij te halen voordat hun voorsprong te groot is geworden. De Italiaan wil nog één keer kans hebben op etappewinst. Het dichtst bij dat doel was hij in Guéret op dag elf, toen hij en zijn medevluchter Iñigo Landaluze pas in de laatste vijftig meters werden opgeslokt door het peloton.

Alles lijkt normaal te verlopen als het peloton over de heuvelrug het Rhônedal achter zich laat. Was er eerst nog sprake van hevige regenbuien, 's middags begint het behaaglijk warm te worden. En Armstrongs Postal-ploeg draait een lekker kalm tempo, blij dat de zes man sterke ontsnapping slaagt. Maar Lance Armstrong is niet blij. Hij rijdt opeens weg bij het peloton, haalt Simeoni bij en rijdt een paar kilometer in diens kielzog. Zo'n anderhalve kilometer na de top van de heuvel draaien de zes vluchters zich om en zien tot hun grote schrik hoe de man in het geel zich in gezelschap van de bescheiden Simeoni bij hen voegt.

De meesten van hen zeggen later dat ze niet wisten dat Armstrong en Simeoni de afgelopen twee jaar steeds weer een oorlogje hebben uitgevochten via de media. Maar of ze er nu wel of niet van op de hoogte waren, ze klagen niet aangezien Armstrong en Simeoni ook hun aandeel in het kopwerk verrichten waardoor hun voorsprong op het peloton tot meer dan twee minuten oploopt. Maar ze weten allemaal wat de aanwezigheid van de gele trui in hun midden zal losmaken: het peloton zal zich gedwongen voelen om de jacht te openen en hun ontsnapping zal tot mislukken gedoemd zijn. Na een kort gesprek tussen Armstrong, de Nederlander Marc Lotz en de Spaanse renner Vicente Garcia Acosta, krijgt Simeoni te horen dat hij eraf moet. Waarop hij en Armstrong zich terug laten vallen en op het peloton wachten, terwijl de groep vluchters rustig verder kan rijden.

Armstrong zal de media later vertellen: 'Ik wil deze kwestie niet opblazen. Het probleem met jullie journalisten is dat jullie niet uitpluizen hoe de zaak in elkaar zit. Jullie vertellen maar één kant van het verhaal. Dit met Simeoni speelt al heel lang.'

Wat Armstrong in het bijzonder hoog opneemt is een lang interview met Simeoni dat *L'Équipe* in de eerste week van de Tour publiceerde. Dat interview vertelt Simeoni's – en alleen Simeoni's – versie van het verhaal hoe en waarom hij zijn getuigenis tijdens de in Italië gevoerde rechtszaak tegen dr. Michele Ferrari, een van Armstrongs adviseurs, herriep. In het stuk in *L'Équipe* zei Simeoni dat hij zijn getuigenis niet herroepen had, hij was alleen meer in detail getreden. De eerste keer dat hij getuigde sprak hij niet de volle waarheid, beweerde hij, maar dat deed hij de keren daarna wel. De Italiaanse renner, die even oud is als Armstrong, zei tijdens zijn laatste getuigenis in 2001 dat hij tussen 1996 en 1998 op advies van Ferrari EPO had gebruikt. Simeoni werd vervolgens voor zes maanden geschorst.

Toen Armstrong in maart 2002 door de Italiaanse televisie werd gevraagd om commentaar op Simeoni's getuigenis in de zaak tegen Ferrari – voor wie Lance veel respect heeft –, zei hij dat de Italiaanse renner een leugenaar was omdat hij zijn dopinggebruik aan Ferrari toeschreef, en hij beschuldigde Simeoni ervan zijn sport in diskrediet te brengen. Later klaagde Simeoni de Amerikaan aan wegens laster, een zaak die nimmer tot een uitspraak kwam.

In het *L'Équipe*-interview kreeg Simeoni ook de vraag voorgelegd of hij tijdens de eerste Tour-week aanvaringen had gehad met Armstrong. Simeoni antwoordde: 'Hij doet alsof ik niet besta. [...] Dat maakt me niet uit. Maar hij is de *patron*, de grote man op dit moment. Dus respecteren alle renners hem en gaan ze uit de weg wanneer hij eraan komt in het peloton. Ze verdringen zich om achter hem te zitten, niet vóór hem.'

* * *

Het oorspronkelijke groepje van zes vluchters blijft tot de laatste beklimming samen. Daar springen Mercado en Garcia Acosta weg. Nadat Mercado in Lons-le-Saunier de eindsprint heeft gewonnen van zijn landgenoot Acosta, komt Simeoni twaalf minuten later achter in het peloton binnen, naast twee van zijn Domina Vacanzeploeggenoten. Hij staat kort de pers te woord en zegt dat veel rijders tegen hem zijn uitgevaren en hebben gezegd dat hij een schande voor het profwielrennen is. Maar hij wil niet openlijk herhalen wat Armstrong tijdens de etappe tegen hem heeft gezegd. Wat hij wél zegt: 'Als een grote renner een kleine jongen zoals ik in zo'n belangrijke wedstrijd als de Tour tegenhoudt, dan zegt dat wel iets over die persoon.' Met deze woorden verlaat hij de finishplaats, in gezelschap van een van de uit de kluiten gewassen veiligheidsmensen van de Tour-organisatie.

Armstrong zegt: 'Ik handelde in het belang van het peloton en de andere renners waren me daar zeer dankbaar voor... Toen ik uiteindelijk in de grote groep terugkwam, gaven een heleboel jongens me een schouderklopje en zeiden dank je.'

Zo reageerden de renners ook toen Hinault in 1985 samen met Pelier terugkwam in het peloton, al was dat om andere redenen.

* * *

Drie jaar nadat Hinault was gestopt met wielrennen, in 1989, won Pelier in ongewone omstandigheden een Tour-etappe. Naar verluidt vroeg Pelier de kopmannen toestemming om vooruit te sprinten zodat hij zijn gevoeg kon doen. Probleem was alleen dat Pelier niet stopte, maar hard doorging – en de etappe van Rennes naar Futuroscope won dank zij een solo-ontsnapping, met een uiteindelijke voorsprong van anderhalve minuut op het peloton. De Tour had in die tijd geen *patron*.

ETAPPE-UITSLAG *1. Juan Mercado (Spanje); 2. Vicente Garcia Acosta (Spanje), zelfde tijd; 3. Dmitri Fofonov (Kazachstan), op 0:11; 4. Sébastien Joly (Frankrijk); 5. Marc Lotz (Nederland), allen zelfde tijd.*

ALGEMEEN KLASSEMENT *1. Armstrong; 2. Basso, op 4:09; 3. Klöden, op 5:11; 4. Ullrich, op 8:08; 5. Azevedo, op 10:41.*

Dag 22 Inspiratie en motivatie

24 juli: deze individuele tijdrit van vijfenvijftig kilometer met start en finish in Besançon, is behoorlijk lastig, met in het gebied ten zuiden van de stad meerdere heuvels.

Het is 1983. Ik ben in Bagnères-de-Luchon, een Victoriaans kuuroord dat wel een opknapbeurt kan gebruiken. Ongeveer een uur geleden is hier de beslissende etappe van de Tour de France geëindigd – nogal spectaculair. Een slopende, zes uur durende Pyreneeënrit heeft het algemeen klassement op z'n kop gezet. Etappewinnaar is de kleine Schotse klimmer Robert Millar geworden, terwijl zijn Franse ploeggenoot Pascal Simon als derde is binnengekomen en de gele trui overneemt. Het zal een feestavond worden voor de Peugeot-Shell-Michelin-ploeg, het US Postal uit die tijd. Naast Millar en Simon heeft de ploeg toppers als Phil Anderson uit Australië en toekomstig Tour-winnaar Stephen Roche uit Ierland in de gelederen. Ik ben op weg naar hun onderkomen, om hun verhaal van die dag op te tekenen.

De Peugeot-renners verblijven niet in een hotel. In plaats daarvan zijn ze, samen met nog een twaalftal andere ploegen, ingekwartierd in een lelijk gebouw dat ooit onderdak bood aan patiënten die naar Luchon kwamen voor een behandeling in de befaamde zwavelbronnen. Ik loop een brede, krakende trap op naar een enorme ruimte waarin ziekenhuis- en stapelbedden staan. Er lopen renners rond, sommige met handdoeken rond hun middel geslagen die zich net met grote, vierkante stukken karnemelkzeep hebben gedoucht in de gezamenlijke wasruimte. Alleen in deze ruimte zijn waarschijnlijk al vijftig renners zich aan het omkleden. Ik neem plaats op een krukje naast het bed van Millar. Er hangen kleren uit de grote koffer die geopend op de stoffige houten vloer ligt. Aan de andere kant van het middenpad is Simon bezig zijn spullen op te ruimen. Zijn kersverse gele trui ligt op een stugge legerdeken, waaronder hij vannacht moet slapen.

* * *

Het is 2004. Ik ben in Besançon, een oude stad van horlogemakers die recentelijk een opleving heeft gekregen door de *precision-enginee-ring*-industrie. Ongeveer een jaar geleden eindigde hier de voorlaatste etappe in de Tour. Vandaag is een beslissende dag in deze Tour geweest, een zware individuele tijdrit die de puntjes op de i heeft gezet in het algemeen klassement. Winnaar is geworden Lance Armstrong, die zojuist de vijfenzestigste gele trui uit zijn carrière heeft gekregen. Het zal een feestavond worden voor zijn US Postal Service-ploeg. Naast etappewinnaar Armstrong had het team vandaag nog vijf andere renners bij de eerste twintig. De Amerikaan Floyd Landis werd vierde, Chechu Rubiera uit Spanje negende en José Azevedo uit Portugal tiende.

Ik loop naar de grote persruimte in een glanzend, modern expositiegebouw dat Micropolis is gedoopt. Armstrong gaat zo dadelijk een persconferentie geven, alvorens per auto te worden overgebracht naar het hotel waar zijn ploeg verblijft, veertig kilometer van hier tussen de groene heuvels van de regio Franche-Comté. Daar wacht Armstrong een luxe suite in een witgeschilderd, achttiende-eeuws kasteel met een uitgestrekte eigen tuin achter een smeedijzeren poort. Als hij daar eenmaal is aangekomen, kan hij op zijn kamer die voorzien is van weelderige tapijten en een cederparketvloer, zijn kersverse gele trui in een met dure stof beklede leunstoel gooien. De privé-badkamer van de Amerikaan is uitgerust met witte badhanddoeken en dure toiletartikelen. Hij slaapt in een hemelbed, onder zacht linnengoed.

* * *

'Vanavond in het château gaan we met de renners en de begeleiders heerlijk dineren in de grote eetzaal en misschien een wijntje drinken. En we gaan zes Tours evalueren. Als je naar deze koers komt zonder goede voorbereiding en motivatie, dan win je de Tour niet en vinden deze hoogtepunten in je leven niet plaats. Vanavond wordt zo'n hoogtepunt. Daaruit put ik mijn motivatie. Als het hard regent en je moet zes uur in de bergen fietsen, dan is dat geen lolletje. Er staat niemand langs de kant van de weg om je aan te moedigen of zelfs maar uit te jouwen. Maar dat soort dagen maken het verschil en zorgen ervoor dat een avond als die van vandaag mogelijk is.'

Met die woorden loopt de aanstaande zesvoudige Tour-winnaar met zijn ploegleider door de glazen terrasdeur de avondzon in, waar hun blauw-rode ploegwagen wacht.

Voordat hij naar het château vertrekt, zegt Armstrong dat hij intens van deze Tour heeft genoten. 'Op een of andere manier, en ik kan het echt niet uitleggen, heb ik meer plezier in de koers dan ooit. Niet vanwege het geschiedenis schrijven of het geld... gewoon vanwege de kick om het op de fiets op te nemen tegen tweehonderd andere jongens. Dit jaar heb ik dat als echt heel bijzonder ervaren, als heel motiverend. Als je naar de etappes kijkt, om in een sprint te winnen of korte hevige gevechten in je voordeel te beslissen, dat had ik nog niet eerder gedaan tijdens de Tour. Ik kan het niet uitleggen, maar dat soort dingen op m'n drieëndertigste doen, nadat ik al twaalf of dertien keer heb meegedaan hier, bezorgt me meer plezier dan ik ooit tijdens mijn wielercarrière heb gehad.'

* * *

Een lange, vlakke tijdrit vereist uiterste concentratie, een gedegen voorbereiding, het vermogen om te pieken, een uitgekiend gebruikmaken van de fiets en spierkracht om de bijzonder ongemakkelijke aërodynamische houding meer dan een uur vol te houden. De vijfenvijftig kilometer lange omgang bij Besançon is uitzonderlijk zwaar vanwege het geaccidenteerde terrein: meerdere beklimmingen van anderhalve kilometer of langer, scherpe bochten binnen de bebouwde kom en snelle afdalingen op veelal smalle weggetjes. Hierdoor zijn de renners gedwongen voortdurend te schakelen, precies op het goede moment te remmen voor een bocht en permanent alert te zijn op iedere verandering van de wind. Daarom was Armstrong hier al in maart om het parcours te verkennen en alle lastige punten te bestuderen.

Drie uur voor het Armstrongs beurt is om op het startpodium te verschijnen, rijdt onze persauto het centrum van Besançon uit in het kielzog van Armstrongs ploeggenoot Pavel Padrnos, nummer zeventien op de startlijst. Mistbanken hangen boven de stenen kaden – de temperatuur ligt rond de achttien graden – en de duizenden in parka's gehulde toeschouwers houden behalve hun vlaggen en spandoeken ook paraplu's omhoog. De drieëndertigjarige Padrnos, één meter negentig lang en net boven de tachtig kilo, is groot voor een wielrenner. Hij is de ultieme knecht: in acht jaar heeft hij niet één overwinning behaald en toch geniet hij het respect van het complete peloton. Vandaag rijdt hij de tijdrit zonder een speciaal doel, behalve ongeschonden aankomen en finishen binnen de tijdslimiet.

Na een kort klimmetje en een verraderlijke afdaling verlaat het parcours de stad met een bocht langs het hoge water van de rivier de Doubs. De Tsjechische reus draait zijn hand niet om voor deze lange klim en onderhoudt een constante snelheid van zo'n veertig kilometer per uur tegen een heuvel met een stijging van 175 meter op een afstand van ruim drie kilometer. Zonder tot het uiterste te gaan zet hij een respectabele eindtijd neer van 1:15:18, met een gemiddelde snelheid van ruim drieënveertig kilometer per uur, goed voor de zevenenzestigste plaats, met nog tachtig renners die langzamer zijn.

Wij volgen ook nog de voormalige wereldkampioen tijdrijden, de Colombiaan Santiago de Botero, een ploeggenoot van Ullrich. Hij jaagt over het middelste gedeelte van het parcours, met verraderlijke bochten door een zestal oude plaatsjes in de heuvels en de diepe dalen. Dichte hagen van toeschouwers staan langs de beklimmingen, die nauwelijks zijn aangegeven op de officiële kaart van het parcours van vandaag maar die toch behoorlijk zwaar zijn als je een gemiddelde van zo'n achtenveertig kilometer per uur wilt aanhouden. Het is een behoorlijk pittig parcours dat een beroep doet op alle kwaliteiten die een professionele wielrenner moet bezitten. Botero, die als uitgangspunt heeft T-Mobile de leiding te laten behouden in het ploegenklassement van de Tour, komt binnen met de prima tijd van 1:13:34, die hem uiteindelijk de achtendertigste plaats zal opleveren. Met die eindtijd is hij de derde van zijn ploeg in het etappeklassement (het ploegenresultaat per etappe is gebaseerd op de drie snelste renners van die ploeg), hetgeen T-Mobile uiteindelijk de eindoverwinning in het ploegenklassement zal opleveren, met een paar minuten voorsprong op Postal.

We beëindigen onze rondgang over het parcours achter de Spanjaard Isidro Nozal. Hij lijkt pap in de benen te hebben op het laatste hogere gedeelte, zoals ook veel anderen. De Amerikaan Bobby Julich beschrijft het zo: 'Het leek wel alsof ik door drijfzand ploegde.' Wanneer Nozal dit gedeelte eenmaal achter zich heeft, daalt hij een bochtig, ruim zes kilometer lang weggetje af naar de Doubs, om vervolgens op volle snelheid het drie kilometer lange vlakke gedeelte naar de finish bij Metropolis af te leggen.

Een uur later komt Julich binnen met wat tot dan toe de snelste tijd is: 1:09:37. 'Nadat ik voor de start mijn tenue had aangetrokken prentte ik me in dat dit iets was tussen mij en de Tour, dat ik het helemaal alleen moest doen. Ik wil alleen maar rijden, de volle honderd procent geven, dat is het. Mijn doel was om bij de eerste vijf te eindigen.' Daarin slaagt hij, met uiteindelijk een vijfde tijd.

Een halfuur nadat Julich van csc is gefinisht, zet Landis van Postal de beste tijd tot dan toe neer, drieëntwintig seconden sneller dan Julich. Het is een verbazingwekkende prestatie, aan het einde van een Tour waarin hij iedere dag weer voor in het peloton zat om Armstrong bij te staan. 'Het is hier drukkend en warm,' zegt hij, 'maar mijn vrouw in de wagen bezorgt me inspiratie.' Heb je moeilijke momenten gekend? 'In het middengedeelte maakte ik me een beetje zorgen dat ik te snel van start was gegaan... maar in het laatste deel begon ik me weer beter te voelen.' Dat was een fantastische rit. 'Dank je.' Heb je het gevoel dat je volgend jaar of het jaar daarop weleens in het geel zou kunnen rijden? 'Hmmm, ik hou niet zo van voorspellingen, maar dromen is leuk.' Nou, je ligt lekker op koers. 'Bedankt, dat is erg goed om te horen. Het is goed om dat soort steun te hebben. Stel ik echt op prijs.'

* * *

Landis krijgt de vraag welk advies hij zijn kopman Armstrong, die op het punt staat te beginnen aan zijn race tegen de klok, zou geven. 'Ah!' bromt Landis, 'hij heeft geen hulp nodig.' En is dit een geschikt parcours voor de Texaan? 'Welk parcours is *niet* geschikt voor hem? De afgelopen vijf dagen heeft hij elk soort etappe gewonnen, dus ik denk dat hij het wel redt.'

Armstrong redt het, en méér dan dat. Hij rijdt weergaloos. De man die in één week al vier etappes heeft gewonnen – twee in de ber-

255

gen en twee met een eindsprint – staat op het punt een uitroepteken te plaatsen achter zijn Tour-zege door de laatste tijdrit op zijn naam te brengen. Zijn verrichtingen in de Pyreneeën en vervolgens in de Alpen betekenen een uitzonderlijke sportieve prestatie. En nu gaat hij een poging doen om deze 'helse' Tour-week te bekronen met opnieuw een uitmuntend optreden in een van de moeilijkste disciplines in deze tak van sport.

Armstrong hoeft niet per se te winnen, aangezien hij een comfortabele voorsprong heeft op al zijn concurrenten. Maar hij wíl winnen. Hij wil laten zien dat hij de beste is: de beste klimmer, de beste sprinter, de beste kopman, de beste tijdritspecialist.

De zon is te voorschijn gekomen, de wegen zijn opgedroogd en binnenkort zal hij over het hoogste gedeelte van het parcours jagen met een cadans van 108 pedaalslagen per minuut. Na 17,5 kilometer is de man uit Texas al drieënveertig seconden sneller dan Ullrich. Basso en Klöden geven elkaar weinig toe, nog weer vier seconden daarachter. Na veertig kilometer is het gat met Ullrich eenenvijftig seconden, terwijl Klöden tweeënvijftig seconden sneller is dan Basso – en op weg lijkt naar een tweede plaats op het podium in Parijs. Op de meet heeft Armstrong één minuut en één seconde voorsprong op Ullrich. Klöden komt op de derde plek, zesentwintig seconden achter zijn Duitse kopman, terwijl Landis de vierde plek bezet.

Vanavond in het château zal er in besloten kring worden gefeest, terwijl er morgen in Parijs een publieke eredienst zal plaatsvinden.

ETAPPE–UITSLAG *1. Armstrong, 1:06:49; 2. Ullrich, 1:07:50; 3. Klöden, 1:08:16; 4. Landis, 1:09:14; 5. Bobby Julich (VS), 1:09:37; 6. Basso, 1:09:39; 12. Leipheimer, 1:10:55.*

ALGEMEEN KLASSEMENT *1. Armstrong; 2. Klöden, op 6:38; 3. Basso, op 6:59; 4. Ullrich, op 9:09; 5. Azevedo, op 14:30.*

Dag 23 Op de Elyzeese velden

25 juli: nadat de renners 's ochtends drie uur per trein worden verplaatst, volgt een vooral ceremoniële etappe van 163 kilometer van Montereau naar Parijs, die wordt besloten met acht rondjes van zes kilometer rond de Place de la Concorde en de Champs-Élysées. Die rondjes zullen, zoals altijd, in een moordend tempo worden afgelegd, met waarschijnlijk een massasprint tot besluit.

Parijs ligt er stralend bij. Zijn gouden koepels en adelaars en vergulde poorten staan in gloed in het zonlicht van deze late namiddag. De diepgroene platanen aan de Champs-Élysées zijn kortgeleden gesnoeid. In het fijne opspattende water van de kristallen fonteinen op de Place de la Concorde vertonen zich regenbogen. Nooit glom het witte marmer van de Arc de Triomphe zo als vandaag. En aan de andere kant van de Seine steekt de driehonderd meter hoge Eiffeltoren fier af tegen de avondblauwe hemel.

Er is zojuist weer een Tour de France geëindigd, bekroond door een historische zesde overwinning op rij van een veelbesproken jonge man uit *the lone star state* Texas. Hij staat nu op de bovenste trede van het podium, bij de eindstreep op de Champs-Élysées. Gehuld in een gouden tuniek houdt Lance Armstrong een LiveStrong-petje ter hoogte van zijn hart, terwijl een schallende versie van de *Star Spangled Banner* te horen is die trots weerklinkt over de roodbruine keien van deze Elyzeese velden.

Er lopen andere renners over de gele loper naar het podium om het eerbetoon van het publiek en de felicitaties van hun collega's in ontvangst te nemen. De jonge Belg Tom Boonen, winnaar van deze allerlaatste etappe, vertoont de glimlach van een aanstormende sprinter die weet dat hij hier nog weleens zal staan. Een Australier genaamd McEwen, als beste sprinter van deze Tour gehuld in de groene trui, toont de wereld zijn zoontje Ewen door hem hoog boven zijn hoofd te tillen. Een Fransman genaamd Virenque, in de bolletjestrui, is voor de zevende keer gekroond als bergkoning, een record. En Jan Ullrich, die voor de eerste keer niet in de toptwee van het algemeen klassement is geëindigd, komt het podium op wanneer hij en zijn ploeg t-Mobile worden gelauwerd als winnaars van het ploegenklassement.

Dan is het moment aangebroken voor de podiumfoto's. Armstrong staat helemaal bovenaan, geflankeerd door twee slanke, donkerharige twintigers: een voormalige Oost-Duitser, talent Andreas Klöden, en een Noord-Italiaan die luistert naar de naam Ivan Basso. Uit hun lach spreekt opluchting, opwinding en trots. Hun gedachten zijn nog bij de ontberingen en de vreugdevolle momenten van de afgelopen drie weken.

Onder aan de gele treden van het overkapte, uitbundig uitgedoste erepodium brengt Armstrongs coach Chris Carmichael me in herinnering: 'Ik zei je in maart al dat er geen maat op hem stond. Je zou moeten weten hoe gedreven die jongen is. Niemand heeft die gedrevenheid. Niemand. Het is ongelooflijk.'

De zesvoudige Tour-winnaar zei aan de vooravond van deze dag: 'Toen ik in 1999 won was dat een totale schok en verrassing voor me. Niet dat het nu routine voor me is geworden om de Tour de France te winnen, maar ik weet wat het inhoudt en hoe het voelt om de Champs-Élysées op te rijden... Deze is heel, heel erg bijzonder voor me. Ze zijn allemaal bijzonder, maar dit keer is het er een die ik in 1999 nooit voor mogelijk had gehouden. Ik had nooit gedacht dat ik een tweede, of derde keer zou winnen, of hoe vaak ook. Deze is ongelooflijk bijzonder. Ik word er stil van. Nog maar een maand geleden dachten een heleboel mensen dat ik het niet zou kunnen. We probeerden rustig te blijven, de ploeg probeerde kalm te blijven... en we bleven erop vertrouwen dat we een goede kans hadden.'

Ik denk terug aan die keer in december toen Armstrong me in Austin zei: 'Op dit moment doe ik drie à vier uur per dag oefeningen. Gisteren was ik in dc, dus ik moest vroeg op – ik was net terug uit Europa en had een jetlag – en ik ging naar beneden naar de fitnessruimte voor een uurtje of anderhalf... met gewichten, ja. Het regende buiten pijpenstelen dus daarna ging ik weer naar mijn kamer en zat een uur op de rollerfiets. Dat is behoorlijk zwaar, ik heb daar een hekel aan.'

Maar waar hij geen hekel aan heeft: een eerbetoon van een half miljoen mensen die langs 's werelds meest prestigieuze boulevard staan. Wanneer hij en zijn US Postal-ploeg door wedstrijdomroeper Daniel Mangeas worden aangekondigd als de laatste ploeg die een ereronde gaat maken over de Champs-Élysées, schalt de eigentijdse 'hymne' van de Britse popgroep Queen door de zachte Parijse lucht: '*We are the champions, my friend. [...] We are the champions. We are the champions. We are the champions... of the world.*'

Meisjes zitten op de schouders van hun vriendjes om een beter uitzicht te hebben. Er worden spandoeken ontrold, onder andere met de tekst: 'Heel Texas kijkt naar je.' Duizenden fans uit alle uithoeken van de Verenigde Staten staan achter de dranghekken, de meesten gehuld in geel. Te midden van het publiek staan twee kerels uit Texas die zeggen: 'We hebben het voor elkaar. En volgend jaar zijn we er weer!'

Wanneer de ploeg van T-Mobile voorbijkomt, begroeten de Duitse fans Ullrich en zijn goede vriend Klöden met toejuichingen. De Italianen bejubelen Basso wanneer hij langsrijdt in gezelschap van zijn CSC-collega's, inclusief ploegleider Riis, 'de Adelaar', ook hij op de fiets. De Franse fans onthalen de als achttiende geëindigde Voeckler geestdriftig, als dank voor de tien dagen dat hij in het geel heeft gereden. En daar is ook Tyler Hamilton, die met zijn ploeg meerijdt, maar niet in het tenue van het team. Hij is uit Spanje overgekomen om zijn Phonak-ploeggenoot Oscar Pereiro te feliciteren met zijn toptienklassering en nogmaals zijn ploegmaats te bedanken voor hun sterke rijden dat, zo wilde het lot, hem op het laatst niet meer kon redden. Maar het enthousiasme onder de fans bereikt een hoogtepunt wanneer de Postals, allen met een geel petje, tijdens hun ereronde voorbijrijden, met in hun midden de Tour-winnaar. Texaanse en Amerikaanse vlaggen wapperen in de wind.

'Het enthousiasme blijft, het *blijft* gewoon,' zegt de coach van Lance, Carmichael. 'Mensen vragen me steeds maar weer hoe het is om al zes keer zo gewonnen te hebben, en ik antwoord steeds maar weer: "Ik heb er geen woorden voor." Het dringt nog niet helemaal tot me door. Ik denk dat dat over een week wel zal gebeuren, wanneer ik met mijn vrouw een glaasje wijn zit te drinken en denk: allemachtig.'

Er klinkt inmiddels een ander nummer uit de luidsprekers. De

259

tekst golft over de boulevard, ondersteund door het stampende gitaargeluid van de vriendin van de winnaar: '*All I want to do is have some fun...*' En dat is wat Lance doet. De viering zal de hele nacht doorgaan, misschien wel zijn hele verdere leven. Een leven dat in 1996 bijna was afgelopen. Daar zijn zes Tour-zeges op gevolgd, sinds zijn chemoverpleegster La Trice hem dat zilveren kruis gaf. 'Ik hou echt van de Tour,' zegt Armstrong. 'Het is, denk ik, een heroïsche sport. Later zal ik er op tv naar kijken, over tien jaar, en over twintig jaar.' Hij zal altijd een Tour-liefhebber zijn, maar nu, op dit moment, is hij de winnaar. De *patron*.

Het is zeven uur in de avond, en de toeschouwers beginnen op te breken. Een van de laatsten die weggaan is een streekgenoot van Lance, een man van middelbare leeftijd die zijn Texaanse vlag oprolt, de hand van zijn vrouw pakt en alvorens de stenen trappen naar de metro af te dalen aan de wereld laat weten: '*He's the man!*'

ETAPPE–UITSLAG *1. Boonen; 2. Nazon; 3. Hondo; 4. McEwen; 5. Zabel, allen zelfde tijd.*

EINDUITSLAG *1. Armstrong, 3391 kilometer in 83 uur, 36 minuten en 2 seconden (gemiddelde snelheid 40,3 kilometer per uur); 2. Andreas Klöden, op 6:19; 3. Ivan Basso, op 6:40; 4. Jan Ullrich, op 9:50; 5. José Azevedo, op 14:30; 6. Francisco Mancebo, op 18:01; 7. Georg Totschnig, op 18:27; 8. Carlos Sastre, op 19:51; 9. Levi Leipheimer, op 20:12; 10. Oscar Pereiro, op 22:54.*

Epiloog Het lot

We zijn bijna negen maanden verder. Lance Armstrong is weer in Amerika, waar hij zich voorbereidt op zijn laatste Tour-deelname. Het wordt de laatste wedstrijd van zijn leven. Velen verwachten dat hij de wielersport op een hoogtepunt zal willen verlaten door nog een gele trui op te eisen. Maar het winnen van een zevende gele trui voor aan de muur van zijn nieuwe huis in hartje Austin heeft voor Armstrong niet dezelfde betekenis. 'Ik stel me ten doel een zevende Tour te winnen,' zegt hij in antwoord op vragen naar de aanstaande wedstrijd. 'Maar zeven is alleen maar eentje erbij, terwijl zes magisch was!'

Die magie had niets met toverstafjes te maken. Ze was het gevolg van Armstrongs dwangmatige ambitie. 'Lance was vorig jaar *geobsedeerd* door zijn voorbereiding op de Tour,' vertelt zijn coach Chris Carmichael. 'Hij besefte dat dit de unieke gelegenheid was om de eerste zesvoudige winnaar te worden, om geschiedenis te schrijven.'

Toen Armstrong zijn adembenemende doel bereikte, en met zoveel bravoure, bezorgde dat hem een plaatsje in het pantheon van de Amerikaanse sportgeschiedenis, te midden van mensen als Babe Ruth, Jesse Owens en Mohammed Ali.

Zijn heroïsche overwinning resulteerde in heroïsche festiviteiten. Die begonnen op de avond waarop de Tour eindigde, met een banket in Parijs. Honderden genodigden bezorgden de Amerikaan een staande ovatie toen hij met Sheryl Crow de van kroonluchters voorziene *beaux arts*-balzaal van het Musée d'Orsay betrad. Vervolgens werd hij dagenlang door tienduizenden toegejuicht tijdens een reeks criteriums in heel Europa. Toch drong de betekenis van zijn prestatie pas tot Armstrong door toen hij in augustus door heel Texas werd binnengehaald. Staand op een podium naast het goudkleurig verlichte State Capitol, in gezelschap van zijn drie kinderen en Crow, zei de kampioen tegen zijn stadgenoten: 'Toen ik in 1996 een paar straten verderop bekendmaakte dat ik kanker had, had ik nooit kunnen voorspellen dat ik ooit hier zou staan als iemand die wielergeschiedenis heeft geschreven.'

Maar er is maar weinig in de 'Lance Armstrong Story' dat waarschijnlijk overkomt, vanaf het moment dat hij op zijn zestiende triatlonkampioen werd en vervolgens de jongste winnaar van een Tour-etappe in vijftig jaar, tot aan het genezen van levensbedreigende kanker en het winnen van de ene Tour na de andere. En dan nu dit record van een zesde Tour-zege.

Maar wat heeft deze periode van zes jaar van de man gevergd? 'Die intensiteit kan niemand jarenlang volhouden,' vertelt coach Carmichael. 'Zelfs Lance niet.'

Als de plechtigheden achter de rug zijn, wil Armstrong niet eens denken aan nog een Tour. Hij beseft dat in het tweejarige contract dat hij heeft getekend voor Discovery Channel, de nieuwe sponsor van zijn ploeg, een bepaling staat die hem verplicht om nog een keer de Tour te rijden. Maar ach, er zijn wel vaker contracten verbroken.

'Na de Tour van 2004 weigerde hij afspraken te maken over een volgende,' erkent Carmichael. 'Ik heb ook pas in januari een trainingsschema voor hem opgesteld, hoewel hij in november, december alweer fietste. Maar hij is nu zo beroemd dat hij het niet kan maken om iets te beloven en dat vervolgens niet na te komen.'

Daarom stelde Armstrong het besluit om zijn titel te verdedigen tot halverwege februari uit en heeft hij vervolgens in alle rust op zijn website aangekondigd dat hij mee zal doen aan de Tour van 2005. Onverwacht is het niet, want een van Armstrongs beste eigenschappen is dat hij zijn beloften nakomt. Maar kan hij zich weer helemaal geven na een winter zo overladen door glitter en glamour? Zijn veelvuldige televisieoptredens met Crow, met name bij de Oscars, de Grammy's en bij Oprah Winfrey, hebben zijn sterrenstatus enorm vergroot, terwijl een reeks van dopinggerelateerde aantijgingen zijn imago hebben geschaad en hem veel stress hebben opgeleverd.

Het boek LA Confidentiel, dat kort voor de Tour van 2004 in Frankrijk werd uitgebracht, plaatste vraagtekens bij Armstrongs integriteit en heeft geleid tot een serie gedingen. Zijn reactie op de aantijgingen werd samengevat in een verklaring van Armstrongs advocaten voor een rechtbank in Dallas op 1 april: '[Dit is] een flagrante karaktermoord gebaseerd op een aantoonbaar leugenachtige reeks sensationele, onware en verzonnen verdachtmakingen.'

Te midden van al die storende zaken en met nog slechts enkele maanden te gaan tot aan de Tour van 2005 heeft Armstrong zich voor zijn vertrek naar Europa in maart rigoureus aan Carmichaels schema gehouden. 'Het was fout om Parijs-Nice als eerste wedstrijd van het jaar te rijden,' vindt Carmichael. 'Dat is zelfs een zware wedstrijd als je al gekoerst hebt.' Van de achtdaagse wedstrijd reed Armstrong slechts vier wegens sneeuwval ingekorte etappes en stapte toen af. Hij compenseerde die tegenslag door lange dagen in de hete zon te gaan klimmen op de Canarische Eilanden en was vervolgens goed in vorm tijdens drie voorjaarsklassiekers in Frankrijk en België. Zijn voorbereiding op de Tour is gelijk aan die van 2004: eind april proberen de Ronde van Georgia te winnen, in mei Touretappes verkennen en in juni de Dauphiné Libéré rijden.

Terwijl de naam van Armstrong voortdurend in het nieuws is, is zijn aartsrivaal Jan Ullrich bezig buiten het zicht van het publiek zijn gezondheid en zelfvertrouwen te herwinnen. Meerdere verkoudheden en maagproblemen hebben hem tot april van het koersen afgehouden. Vervolgens verschijnt de Duitser, na de hele winter in warmere streken als Toscane, Zuid-Afrika en Mallorca te hebben getraind, in een ongekend goede stemming aan de start van een onbelangrijke Franse koers, de Circuit de la Sarthe. 'Ik beleef momenteel veel plezier aan het fietsen,' aldus Ullrich. 'Ik voel me geweldig, mijn vorm en conditie zijn goed.' Hij bewijst zijn fitheid door de vierdaagse wedstrijd als tiende af te sluiten.

Zijn vriend en ploeggenoot Andreas Klöden, die in de wolken was na zijn onverwachte tweede plaats achter Armstrong, staat weer met beide benen op de grond. In de winter heeft hij een aantal verleidelijke aanbiedingen gehad van andere ploegen, maar hij heeft besloten T-Mobile trouw te blijven. Het nieuwe seizoen valt hem zwaar, en onverwacht is hij tijdens de vijfdaagse ronde van het Baskenland afgestapt. 'Het gaat niet naar verwachting,' zegt Klöden, die door zijn ploegarts en begeleiders aan prestatieproeven wordt onderworpen. Ze zijn zijn trainingsprogramma aan het herinrichten in de hoop dat hij tijdens de Tour Ullrich weer zal kunnen assisteren.

De enerverende derde plaats die Ivan Basso in de Tour behaalde, werd gevolgd door het tragische verlies van zijn 49-jarige moeder. Nu staat Basso voor de kolossale taak om eerst in mei mee te doen aan de drie weken durende Giro d'Italia in de hoop dat de zware bergetappes hem zullen harden voor de Tour van 2005. 'Ik ga naar de Giro met de Tour in gedachten,' zegt hij. 'Ik begin op honderd procent en hoop op nog meer.'

Hoop is het enige wat Tyler Hamilton momenteel rest, want zijn carrière zit in het slop. Nadat hij tijdens de Olympische Spelen van Athene de gouden plak won op de tijdrit, verklaarde de Tour-deelnemer die vanwege ernstige rugklachten moest opgeven: 'Ik heb een vreselijke julimaand gehad. Maar als je niet tegen tegenslagen kunt, moet je niet aan deze sport beginnen.' Hij besefte niet hoe veelbetekenend die woorden zouden worden.

Bloedmonsters die hij in Athene en na een tijdrit in de Vuelta in september afstond, gaven beide een positief resultaat bij een pas ingevoerde test op homologe bloedtransfusies (geïnjecteerd bloed van iemand anders). Hamilton was verbijsterd en houdt nog altijd vol onschuldig te zijn. Dankzij afwijkingen in de metingen mocht hij zijn gouden olympische medaille behouden, maar de positieve uitslag uit de Vuelta werd bevestigd door de contra-expertise. Het slechte nieuws werd nog verergerd toen hij op 18 april door het Amerikaanse dopinginstituut voor twee jaar werd geschorst. Hij doet nu een ultiem verzoek aan het Arbitragehof voor de Sport. 'Dit is allerminst voorbij,' stelt hij. 'Ze hebben een onschuldige sporter geschorst.'

Mocht Hamilton worden vrijgesproken, en is hij bovendien op tijd om nog wedstrijden te rijden ter voorbereiding op de Tour, dan doet hij wellicht nog mee tegen dezelfde sterke tegenstanders: Ullrich, Basso en Armstrong. En gezien zijn aangeboren kracht en talent zou Hamilton zelfs de man kunnen zijn die eindelijk Armstrong ten val brengt. Of is die eer toch weggelegd voor de Spaanse Iban Mayo, die zich dit voorjaar opvallend stil houdt, of het aanstormende Italiaanse talent Damiano Cunego, die op zijn tweeëntwintigste de Giro 2004 op zijn naam schreef? Maar misschien is Armstrong wel op weg naar zijn zevende zege. Nu, in april, valt er nog niets van te zeggen.

Wat wel valt te zeggen is dat er wat Lance Armstrong betreft geen gebeurtenis kan tippen aan wat hij in juli 2004 meemaakte, toen hij ontmoedigend vastberaden begon aan zijn poging om een legendarische zesde Tour-zege op zijn naam te schrijven.

Sommigen zeggen dat het een wonder is dat iemand een levensbedreigende vorm van kanker overleeft, als wielrenner zijn comeback maakt en vervolgens zes keer op rij de meest prestigieuze wielerronde wint.

Sommigen zeggen dat er geen wonderen bestaan, alleen wonderdoping, en ze belasteren een man die altijd negatief heeft getest bij controle.

Sommigen zeggen dat het zijn genen zijn, zijn fanatisme, zijn obsessieve trainingsmethoden en zijn intensieve voorbereiding... of misschien dat hij gewoon een ongelooflijke goede en onverslaanbare sporter is.

Sommigen zeggen dat hij het voor *alle* mensen heeft gedaan die zijn genezen van kanker, om hun te laten zien dat alles mogelijk is.

Waar het uiteindelijk alleen maar om gaat, is dat het hem is gelukt. Op 25 juli 2004 werd Lance Armstrong de eerste zesvoudige Tour-winnaar in de 101-jarige geschiedenis van deze wielerkoers. Die prestatie bezorgde hem een plaatsje in het pantheon van de Amerikaanse sportgeschiedenis, tussen mensen als Babe Ruth, Jesse Owens en Mohammed Ali.

Hij deed het minder dan acht jaar nadat zijn artsen hadden gezegd dat hij maar vijftig procent overlevingskans had.

Hij deed het na 3391 kilometer op de fiets te hebben afgelegd met een gemiddelde van 40,3 kilometer per uur, waarmee hij 187 andere renners achter zich liet.

Hij deed het gedurende 23 dagen in juli.

Dankbetuiging

Allereerst wil ik mijn collega's van Inside Communications, vooral de uitgevers en redacteuren bij VeloPress-boeken en het tijdschrift *VeloNews*, bedanken voor hun hulp, begrip en medewerking in de tijd dat ik met dit project bezig was. Dit boek had niet geschreven kunnen worden zonder het schrijftalent, de redactionele inbreng en de enorme steun van mijn vrouw Rivvy Neshama. Ook mijn New Yorkse vriend en literair agent Jim Levine, en mijn redacteur bij Da Capo Press Kevin Hanover zijn onmisbaar geweest bij de totstandkoming van dit boek. Ik wil tevens alle renners, in het bijzonder Lance Armstrong, Tyler Hamilton, Jan Ullrich en Ivan Basso, bedanken voor hun geduld en oprechtheid, zelfs als het ging om afgezaagde vragen. Eveneens wil ik mijn waardering uitspreken voor de tijd die Chris Carmichael, Eddy Merckx, Jean-Marie Leblanc en Jim Ochowicz voor me genomen hebben en voor hun waardevolle antwoorden.

Dank ook voor de aangename uurtjes en inspirerende gesprekken met Tour de France-*compadres* van toen en nu, zoals Graham Watson, Rupert Guinness, Andy Hood, Louis Viggio, David Walsh, Steve Wood, Charles Pelkey, Lennard Zinn, Kip Mikler, Bryan Jew, Felix Magowan, Sam Abt, Susan Bickelhaupt, Robin Magowan, Chico Perez, Julia Dean, Jonathan Fowlie en Noël Truyers. De steun van mijn vrienden uit Boulder is van onschatbare waarde geweest. Paul Hansen hielp me met de uiteindelijke titel en Willie Wilson leverde met een frisse blik commentaar op het manuscript. Ook dank aan Chas Chamberlin voor de cartografie, Darcy Kiefel voor haar fotografie, Anne Becher voor de vertalingen Spaans, Luuc Eisenga voor de vertalingen Duits, Jenny Wrenn en Andy Kayner voor een volmaakt plekje om te schrijven en Coleen Cannon voor de koffie, de telefoonverbinding en de steun op precies die momenten dat ik het nodig had.

Ten slotte wil ik drie heren noemen die mijn interesse voor de Tour de France hebben aangewakkerd. Mijn vader, Arthur Wilcockson, van wie ik een racefiets en een passie voor de wielersport heb geërfd, John B. Wadley, die door zijn geweldige verhalen zijn liefde voor de Tour op mij overbracht, en Pierre Chany, wiens proza de heroïek, de geschiedenis en de spanning van het mooiste sportevenement ter wereld tot leven heeft geroepen. *Merci à tous!*

Register